国家自然科学青年基金项目（71903089）
江苏省社会科学青年基金项目（21EYC012）
中国博士后科学基金面上（二等）项目（2021M700868）
江苏产业集群决策咨询研究基地成果
江苏国际经贸问题研究中心研究成果

The Cleaner Transformation of China's Industry:
Green Innovation and Structure Upgrading

中国工业"清洁化"转型之路：绿色创新与结构升级

谢荣辉　黄菁菁　著

中国财经出版传媒集团
经济科学出版社
Economic Science Press

图书在版编目（CIP）数据

中国工业"清洁化"转型之路：绿色创新与结构升级/谢荣辉，黄菁菁著．－－北京：经济科学出版社，2022.11

ISBN 978 - 7 - 5218 - 4233 - 3

Ⅰ．①中⋯　Ⅱ．①谢⋯②黄⋯　Ⅲ．①工业经济－绿色经济－转型经济－经济发展－研究－中国　Ⅳ．①F424

中国版本图书馆 CIP 数据核字（2022）第 208756 号

责任编辑：孙怡虹　魏　岚
责任校对：杨　海
责任印制：张佳裕

中国工业"清洁化"转型之路：绿色创新与结构升级

谢荣辉　黄菁菁　著

经济科学出版社出版、发行　新华书店经销

社址：北京市海淀区阜成路甲 28 号　邮编：100142

总编部电话：010 - 88191217　发行部电话：010 - 88191522

网址：www.esp.com.cn

电子邮箱：esp@esp.com.cn

天猫网店：经济科学出版社旗舰店

网址：http://jjkxcbs.tmall.com

北京季蜂印刷有限公司印装

710×1000　16 开　20.75 印张　354000 字

2022 年 11 月第 1 版　2022 年 11 月第 1 次印刷

ISBN 978 - 7 - 5218 - 4233 - 3　定价：88.00 元

（图书出现印装问题，本社负责调换。电话：010 - 88191545）

（版权所有　侵权必究　打击盗版　举报热线：010 - 88191661

QQ：2242791300　营销中心电话：010 - 88191537

电子邮箱：dbts@esp.com.cn）

序

绿色创新与结构升级导向下
研究中国工业"清洁化"转型规律

　　进入 21 世纪的第三个"十年"后，国际形势更加错综复杂，世界经济多极化发展不断深化，国际秩序正经历新旧交替的转型过渡，多领域的全球治理体系亟待重构，大国间的科技博弈和竞争空前激烈。2022 年 11 月在埃及沙姆沙伊赫召开的《联合国气候变化框架公约》第二十七次缔约方大会（COP27）刚刚落下帷幕，近 200 个国家的 4 万多名各界人士齐聚一堂，就如何全面落实《巴黎协定》、推动发达国家兑现资金和技术支持的承诺，贡献着各自的力量和智慧。然而，当前，全球经济社会正持续面临多重危机的叠加影响，俄乌冲突的胶着、欧洲能源危机的困境、新冠疫情的持续蔓延，都给"2℃以内、争取 1.5℃"的全球温控目标的实现增添了较为浓重的悲观情绪。

　　即便在如此艰难的现实背景下，中国作为世界上最大的发展中国家，仍然坚定不移、竭尽所能地践行着生态优先、绿色低碳发展的担当和使命，切实落实着《巴黎协定》的国家自主贡献承诺，在全球气候治理体系的构建中积极贡献着中国的智慧和方案。2020 年 9 月，国家主席习近平在第 75 届联合国大会一般性辩论上提出了中国的"双碳"目标，即力争2030年前二氧化碳排放达到峰值，努力争取2060年前实现碳中和。2021年11月，中共中央、国务院发布《关于深入打好污染防治攻坚战的意见》，提出了以实现"减污降碳协同增效"为总抓手，以更高的标准打好蓝天、碧水、净土保卫战，从而根本性地解决重点区域、重点行业的污染问题。2022年10月，党的二十大报告中更是强调，要协同推进降碳、减污、扩绿、增长，推进生态优先、节约集约、绿色低碳发展。在"双碳"目标的硬性约束下，在打好污染防治攻坚战的战略任务要求下，"减污降碳协同增效"行动方案的重中之重，在于中国工业行业的"清洁化"转型发展和结构升级。这正是谢荣辉博士自攻读博士学位以来的研究课题，也是本书的主题。这一主题的研究结论对于新时代中国工业高质量发展具有重要的理论价值和政策含义。

本书聚焦于中国工业结构向清洁化路径转型发展新动力的挖掘和构筑，提出并充分论证了"绿色创新驱动"战略的有效性和合理性，这是本书的核心内容和价值所在。作者系统性论述了工业"清洁化"转型升级的概念和内涵，认为未来中国工业经济的转型升级应是兼顾高端化和清洁化双重目标的转型升级，进而深层次剖析了高质量发展要求下工业"清洁化"转型升级的实现机制与路径。关于绿色技术创新、绿色生产率提升、多重目标下工业结构升级的内涵、工业经济高质量发展思路等问题，作者提出了许多新观点。

当前，中国经济正处于由高速增长向高质量发展转型的新阶段，在工业经济高速增长阶段，支撑工业结构不断优化升级的动力因素正在减弱甚至失效，人口红利窗口加速关闭、资本边际产出进入下降通道、对发达国家模仿创新的技术进步空间不断缩小。中国工业经济已站在了绿色转型升级的历史时点上，而"双碳"目标的提出、"减污降碳协同增效"方案的实施，为传统工业经济发展道路的根本性变革提供了重要契机。那么，探究如何适时选择新的动力机制，以破解工业结构高端化不够、清洁化不足的升级困境，就显得尤为重要。因此，希望更多的青年学者能够投入到工业绿色升级与低碳转型的研究中来，助力中国在新一轮产业革命和科技革命中能够从"跟随者"成长为"领跑者"。

近年来，青年学者谢荣辉和黄菁菁在国家自然科学基金项目的资助下，致力于工业绿色升级与低碳转型问题的研究，她们勤于思考，刻苦钻研，勇于探索，在相关领域产出了较多优秀研究成果，《中国工业"清洁化"转型之路：绿色创新与结构升级》就是她们最新研究成果的集萃。本书是她们学术研究的新起点，在学术研究的漫漫征程上，希望她们虚怀前行，潜心耕读，不断寻求新突破，涌现出更多新成果。

欣闻她们的合著即将付梓，可喜可贺。

是为序！

朱英明
2022 年 11 月于江苏产业集群决策咨询研究基地

前　言

2008 年国际金融危机发生以来，中国经济增长中"人口红利"等传统比较优势逐渐消失，改革开放四十余年来，经济运行中被高增长率所掩盖的内在矛盾正在显现。一方面，全球价值链低端嵌入以及对低成本初级要素的过度依赖，导致了中国产业竞争力非常脆弱，粗放型的经济发展模式不可持续；另一方面，重化工业化阶段以高污染、高能耗产业为主的产业结构，造成了严峻的能源耗竭和环境污染问题，生态环境显著恶化。产业升级，尤其是工业结构的转型升级是解决制约中国经济可持续发展问题的重要途径，而"清洁化"升级则是未来工业结构变动的必然趋势。基于此，本书认为工业结构升级的内涵应该与当前建设资源节约、环境友好型社会的要求相适应，不仅应包含技术升级、结构调整等经济内涵，也应包含清洁生产、节能减排等环境内涵，即实现工业结构的"绿色化""清洁化"升级。对于应该如何实现工业结构"清洁化"转型升级的问题，本书提出了绿色技术创新与绿色生产率驱动的思路，即不断激励绿色技术研发活动、提升绿色生产率是中国经济实现高质量发展、绿色转型的根本路径。

本书基于理论研究和实证研究两个层面，分别探讨了兼顾经济目标与环境目标的工业结构升级的内涵、理论基础、实现激励与动力机制等系列问题，对本书提出的主要论点进行了充分论证和科学分析，为绿色生产率驱动战略的有效性和合理性提供了科学依据。本书的主要研究内容共分为四篇：第一篇是本书的概论，主要介绍和阐述了本书的研究基础，包括研究背景、主要研究思路及文献综述等；第二篇重点关注了环境保护目标下中国工业绿色技术创新决策的发生机制、绿色技术的环境效应、绿色生产率增长的测评与动因分析等问题；第三篇着重探讨了环境保护目标下工业结构升级的经济内涵与环境内涵、中国工业结构变动的现状与特征、污染减排约束下中国工业结构转型升级的机制与路径等问题；第四篇重点论证了绿色创新驱动策略的作用机制及作用效果，包括基于新古典经济增长理论的框架，构建了考虑能源和环境要素的单部门绿色增长模型及多部门结构调整模型，从理论上分析了绿色生产率驱动机制的有效性，并进一步对理论研究的结论进行了实证检验。

本书的主要贡献在于：（1）着重考察工业结构升级的环境内涵，即工业结构的"清洁化"升级，并运用经济学理论对其内涵及实现机理进行了较为充分的理论解释，丰富并拓展了"产业升级"的传统内涵：在建设环境友好型社会、推动绿色低碳发展的要求下，工业结构"清洁化"升级是指由高污染、高排放的粗放型生产方式向清洁化、集约型生产方式动态演变，继而工业结构从以污染密集型产业为主导向以清洁产业为主导的变迁过程。本书基于经济系统与环境系统协调发展能力的视角，研究了工业结构向清洁化路径升级的过程及机理，改变了以往仅基于增值能力提升等经济内涵研究产业结构升级的单一视角。（2）在区分传统污染技术和绿色技术的基础上，以绿色创新与绿色生产率驱动的思路切入，深挖绿色创新在中国工业结构"清洁化"升级中的长效驱动机制，为实现经济高质量发展提供了一个较好的研究视角和思路。在创新驱动的战略框架下，进一步聚焦于绿色技术创新与绿色生产率的提升，构建理论模型揭示了绿色技术创新在污染行业和清洁行业之间所引致的"绿色偏向性技术进步——部门间绿色生产率差异——要素重新配置——期望产出和非期望产出相对变动"这一驱动机制的内在传导过程，从而为绿色创新与绿色生产率驱动的思路提供了较为充分的解释和理论支撑，对现有研究进行了有益的补充。（3）在理论研究方面，对布鲁克和泰勒（Brock & Taylor，2004）的绿色索洛模型进行了扩展和改进，构建了单部门绿色增长模型，指出当生产函数中纳入能源、环境因素时，将传统的技术进步因子界定为绿色全要素生产率，才能够准确反映其真实内涵，并进一步论证了绿色全要素生产率的提升是增加产出、降低污染的主要因素；进一步地，在恩盖和皮萨里德斯（Ngai & Pissarides，2007）的产业结构调整模型的基础上，将能源投入、污染排放分别作为生产要素和非期望产出，扩展了相应的生产函数和效用函数，建立了包含能源和环境因素的多部门结构调整模型，为绿色生产率驱动路径的有效性提供了理论依据，从而丰富并完善了当前的研究框架。

目　　录

第一篇　概　　论

第二篇　环境保护目标下中国工业的绿色
技术创新与生产率提升

第三篇 环境约束下中国工业结构的"清洁化"升级

第四篇　绿色创新驱动与中国工业结构
"清洁化"升级的实现机理

第一篇 概 论

第一章

绪　论

第一节　研究背景与问题提出

改革开放 40 多年以来，中国凭借廉价而丰富的劳动力等低成本要素比较优势，长期承接着发达国家的产业转移，通过接受外资企业代工合同、为外资企业贴牌生产的方式，迅速嵌入了全球价值链，不仅使产品生产能力和出口能力显著提升，也拉动了中国经济的高速增长，被世界称为"中国奇迹"。然而，2012 年以来，中国经济增速降至 8% 以下，开始由高速增长阶段向高质量发展阶段转型。随着中国经济增速持续放缓，"人口红利"等传统比较优势逐渐消失，工业发展中被高增长率所掩盖的内在矛盾日益凸显。一方面，全球价值链低端嵌入以及对出口过度依赖的发展模式，导致中国经济被低水平加工、低附加值、高消耗、高排放的粗放型增长路径所"俘获"。特别是 2008 年国际金融危机爆发后，中国以资源消耗和政府主导的大规模投资为支撑的经济增长模式受到了巨大的冲击。另一方面，由于中国所处工业化中期发展阶段的客观事实，重化工业化是中国当前经济发展的必经之路（李钢等，2011）。然而，由于技术水平相对落后、对非清洁能源的大量消耗、环境保护意识和能力相对低下等产业特点，在重化工业的生产过程中不可避免地产生了大量污染物排放，导致了环境污染状况日趋严重，环境质量与工业发展之间的矛盾日益激化。2013 年全国大气灰霾的大面积、高频度爆发，则是中国环境污染正不断逼近生态自然环境承受力"临界点"

的重要警示。2020 年，中国国内生产总值（GDP）占全球 17.4%，但煤炭消耗量占全球 54.33%，居世界首位；石油消耗量占全球 16.70%，仅次于美国，位居第二；铁矿石消耗量占全球 56.0%；一次能源消费量占全球 26.13%，位居世界第一；[①] 在碳排放方面，中国二氧化碳排放量全球占比为 30.7%，已经超过美国，居世界首位，人均二氧化碳排放量为 6.9 吨/人，远远超过全球的平均水平 4.5 吨/人。[②]

　　基于经济不可持续和环境不可持续的现实，中国亟须提高经济质量、缓解环境压力、培育可持续发展的能力。学术界普遍认为产业结构升级，尤其是工业内部的结构升级，是使一国经济走出当前困境、实现可持续发展的最本质的要求（黄亮雄等，2013；林伯强等，2017；杨丽君和邵军，2018）。长期以来，中国工业产业结构低度化问题明显（中国人民大学宏观经济分析与预测课题组，2013），大量文献一致认为中国工业结构升级的重点是突破"微笑曲线"的低洼阶段，实现向价值链高端环节的攀升（Ernst & Kim，2002；张杰和刘志彪，2009；史丹和张成，2017）。

　　在相关研究中，对"产业升级"的内涵和边界存在普遍的理解偏误，主要表现在三个方面：一是把产业升级的战略路径简单理解为研发投入占 GDP 比重的提高，认为这样就能够实现技术进步，进入创新驱动的升级轨道（刘志彪，2015）；二是把产业升级理解为战略性新兴产业对传统产业的替代，即着重发展战略性新兴产业，而逐步淘汰传统产业；三是把产业升级理解为以第二产业为主导向第三产业为主导的产业结构演进，即服务业比重不断提高，第二产业比重不断下降。然而，第一，研发投入增加并不意味着创新产出的增长，一味强调研发投入比重，可能会对企业效益产生不利影响；第二，发展战略性新兴产业是实现产业升级的一种路径，并不是意味着对传统产业的放弃，相反，许多传统产业依然是中国经济发展中的支柱产业和优势产业；第三，虽然目前发达国家第三产业的比重远高于第二产业，但这并不意味着第三产业比第二产业高级。2008 年国际金融危机以后，西方国家纷纷提出"再工业化战略"，鼓励运用新的技术手段重新创造在制造业和实体经济中的领导优势，这充分说明了第二产业在经济发展中的主导地位

---

① 《世界能源统计年鉴 2021》。
② 世界银行数据库（https：//data. worldbank. org. cn/indicator）。

和基础作用是无可替代的。

　　与经济增长放缓相适应,中国产业已到了转型升级的关键阶段,转型升级也将成为未来一段时期中国经济发展的主要特征。然而,中国未来的产业升级将面临两大难题。首先,近现代经济增长历史显示,大国崛起过程中无一例外都经历了严重的经济危机,而且在时点上看,我国目前的阶段正是风险高发期(刘世锦,2014)。因此,中国政府提出了经济发展"新常态"中保持经济发展中高速增长和迈向中高端水平的"双重目标"。然而,新古典经济学理论的众多研究表明,一国的产业升级过程多伴随着经济衰退,正是因为经济增速放缓才倒逼了产业升级(Kohpaiboon & Poapongaakorn, 2011)。从一定意义上说,产业升级能否成功,很大程度上取决于升级动力的转换能否成功。因此,第一个难题是,如何选择新的升级动力,以在保持经济增速的前提下实现产业升级,即实现一种无衰退的产业升级(黄先海和诸竹君,2015)。其次,在"绿色"革命席卷全球、发达国家纷纷制定"绿色"发展战略的背景下,在资源环境约束日益趋紧的硬性要求下,工业结构的高端化升级并不足以满足中国经济高质量发展的要求,至少还应包含生态环保目标。洪银兴(2014)指出,中国当前产业结构转型升级的战略重点应与生态文明建设相关。由此可知,中国未来的工业结构升级应实现"清洁化"与"升级"的有机结合,即兼顾高端化与清洁化双重目标的升级。那么,如何实现环境刚性约束下经济目标与环境目标兼顾的产业升级,尤其是工业结构升级,这是第二个难题。由上述分析可知,"产业升级"内涵的模糊不清将必然导致对其战略路径的理解偏误,甚至将误导各级政府经济发展战略的制定,从而使中国宏观经济发展走向歪路。

　　面对当前经济发展的困境和环境资源的硬性约束,积极寻找有效的战略措施以驱动中国工业结构高端化升级的同时,实现经济系统尤其是工业经济系统的"绿色"转型,是当务之急。为了适应经济发展阶段的转换及环境可持续发展的要求,如何准确界定工业结构"清洁化"升级的真实内涵?更深层次的问题是,兼顾高端化和清洁化双重目标的工业结构升级应如何实现?"清洁化"升级的新动力如何挖掘?应采取怎样的路径或战略以克服中国目前工业升级中的两大难题?在不同经济发展阶段,工业结构升级的动力机制很可能是不同的(张德荣,2013)。当前,中国经济正处于由高速增长向高质量发展转型的新阶段,在工业经济高速增长阶段,支撑工业结构不断优化升级的动力因素正在减弱甚至失效，人口红利窗口加速关闭、资本边际产出进入下降通道、对发达国家模仿创新的技术进步空间不断缩小，导致工业结构升级陷入全球价值链低端锁定、资源环境"瓶颈"难以突破的僵局。那么，适时选择新的动力机制，以破解工业结构高端化不够、清洁化不足的升级困境，就显得尤为重要。

2015 年，党的十八届五中全会提出"创新、协调、绿色、开放、共享"的新发展理念，把"创新"和"绿色"放在了重要的位置上；2017 年，党的十九大报告再次强调，中国未来应构建市场导向的绿色技术创新体系，在创新引领、绿色低碳等领域培育新增长点、形成新动能，促进我国产业迈向全球价值链中高端环节。那么，被学术界视作环境约束下经济发展方式转变和质量提升的判断依据的绿色技术进步和绿色全要素生产率，能否作为有效战略，驱动环境约束下的工业结构"清洁化"升级？与此相关，作为产业微观主体的企业，又需要采取哪些行为选择和决策以开展绿色技术创新活动、提升绿色全要素生产率？这些都是中国当前迫切需要解决的问题，也是本书的主要研究内容。

第二节　研究意义与研究价值

从 20 世纪 90 年代开始，中国通过承接全球价值链中的劳动密集型和初级组装加工环节，迅速成为了世界最具竞争力的代工平台。然而，经过长期发展，这种从价值链低端嵌入的增长模式所导致的问题逐渐凸显。一方面，中国制造业以生产初级产品为主，产业选择则以高污染、高能耗产业为主（高煜，2011），形成了粗放型的经济发展模式，并造成了严峻的能源耗竭和环境污染；另一方面，在以出口导向为主的外向型经济发展过程中，中国企业对国外的资本、技术和核心设备等已形成较强的依赖，因而其处于全球价值链中边缘位置的现实难以改变（Cramer，1999）。因此，这种建立在低成本初级要素基础上的竞争优势非常脆弱，中国亟须产业转型和升级。此外，从生产方式和消费模式变革的角度看，以减少温室气体排放、开发清洁能源为核心的"绿色化"经济发展模式及低碳经济理念被越来越多的国家所接受，发达国家和地区纷纷制定"绿色"发展战略，如欧盟推出的"低碳转型计划""绿色产业计划"等，均强调了节能环保和新能源产业在未来经济发展中的重要性。因此，有学者认为，在促进环境保护和节能减排的基础上发展起来的新兴环境保护产业和环境保护技术研发将成为新一轮的经济增长点（中国社会科学院工业经济研究所课题组，2010）。在此现实背景下，如何在平稳度过经济转型攻坚期的同时，改善环境污染状况、缓解经济增长与环境质量之间日渐激化的矛盾，是当前中国必须思考和解决的重大问题。

自 2008 年国际金融危机爆发以来，世界经济复苏仍面临不确定性，全球产业发展进入深度调整和深刻变革的新时期，中国的经济发展也进入增长速度换挡期、结构调整阵痛期、高速投资消化期"三期叠加"的新阶段。既面临着产业升级和跨越式发展的重大历史契机，也面临着外部环境不确定、国内步入改革"深水区"等带来的风险和挑战。因此，在中国步入速度趋缓、结构趋优的"新常态"之际，在"绿色化"和"清洁化"成为未来全球经济社会发展的必然趋势下，为提高经济发展质量、缓解资源环境压力、培育绿色发展的能力，探究中国未来工业升级的新内涵，并从绿色创新驱动和绿色生产率驱动的思路切入，深入研究中国工业结构向清洁化路径转型升级的动力机制是十分必要的，对中国工业行业向价值链中高端攀升、实现经济发展与环境保护的"双赢"也具有重要的理论和现实价值。

第三节　主要研究内容和技术路线

一、主要研究内容

本书的研究目的在于分别从理论分析和实证分析两个方面，深入研究中国工业结构向清洁化路径转型升级的实现机理与动力机制，探讨实现经济质量提升与环境质量改善"双赢"的可行方案，为中国未来的产业政策和环境政策的制定提供科学的理论依据。本书共包含四篇，分为十五章。第一篇是本书的概论（第一章~第二章），主要介绍本书的研究背景、主要研究思路及文献综述等；第二篇重点关注中国工业绿色技术创新与绿色生产率提升的系列问题（第三章~第七章）；第三篇重点探讨中国工业结构"清洁化"

转型升级的系列问题（第八章~第十二章）；第四篇重点就绿色创新对中国工业结构"清洁化"转型升级的驱动机制和驱动效果进行充分论证（第十三章~第十五章）。

本书的主要研究内容和结构安排如下：

第一篇为概论，主要介绍和阐述本书的研究基础。第一章重点介绍了本书的研究背景、提出的问题、主要研究框架；第二章是文献综述，主要从环境约束与经济增长、环境目标与产业结构变动、绿色技术创新与绿色生产率等方面对国内外相关文献进行了系统梳理和简要回顾，并分析、归纳了已有研究的不足之处。

第二篇为环境保护目标下中国工业的绿色技术创新与生产率提升，重点关注环境保护目标下中国工业绿色技术创新与绿色生产率提升的相关问题，主要内容包括对绿色技术创新的概念界定、企业绿色技术创新决策的发生机制、绿色技术的环境治理效应、中国工业绿色生产率增长率的测算与评价以及绿色生产率提升的动因与机制分析。

第三篇为环境约束下中国工业结构的"清洁化"升级，围绕环境规制下中国工业结构"清洁化"升级的相关问题进行了分析，主要内容包括：基于新古典经济学理论和环境经济学理论对工业结构"清洁化"升级的内涵进行了理论探讨，拓展了"产业升级"的传统内涵；运用中国工业经济的相关指标数据，动态刻画了中国工业结构变动的特征，继而实证分析了在污染减排及环境规制约束下中国工业结构转型升级的倒逼效应及门槛效应，以及在环境约束下中国工业结构转型升级的机制与路径分析。

第四篇为绿色创新驱动与中国工业结构"清洁化"升级的实现机理，重点探讨了中国工业结构"清洁化"升级的实现过程中绿色创新驱动策略的作用机制及作用效果。主要研究内容包括：首先，基于新古典经济增长理论的框架，构建了考虑能源和环境要素的单部门绿色增长模型，论证了绿色技术创新及绿色生产率提升是产业部门增加产出、降低污染的主要因素；其次，构建了考虑环境因素的多部门结构调整模型，理论推导得出主导产业由污染密集型向清洁型的结构变动主要受到部门间绿色生产率增长率差异的影响；最后，实证检验了绿色生产率对中国工业结构"清洁化"转型升级的驱动效应。

二、技术路线

本书的技术路线如图 1-1 所示。

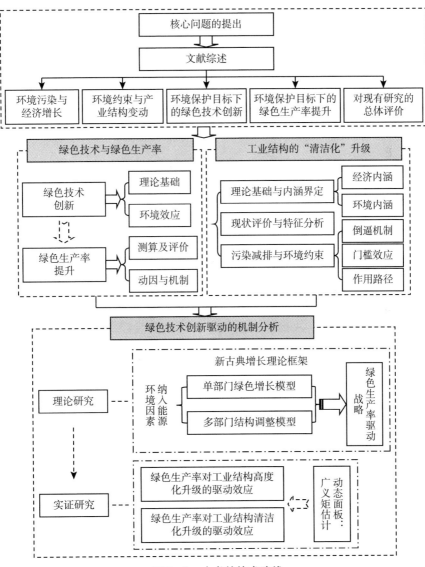

图 1-1　本书的技术路线

第二章

国内外最新研究动态

第一节　环境约束与经济增长的相关研究

经济发展与环境污染关系的研究可分为三个阶段：增长极限假说、环境库兹涅茨曲线（EKC）假说，以及对 EKC 的质疑。增长极限假说认为自然资源的制约将使经济达到增长的极限，因此人类必须降低甚至停止经济增长，以减少资源消耗量和保护环境，但此观点因缺乏统计数据而未能得到验证。此后，环境经济学家提出了环境库兹涅茨曲线假说，成为"环境—经济"研究领域最经典的假说之一。

一、EKC 假说的验证

自从 EKC 假说提出后，许多学者从不同角度、采用不同方法对此模型进行了大量研究。许多发达国家已经有效地验证了 EKC。福斯顿等（Fosten et al., 2012）通过对英国环境质量与经济关系的研究，认为有显著的证据支持 EKC 假说。塔马济安等学者考虑了金融发展和制度因素，也从不同的视角验证了 EKC（Tamazian & Rao, 2009）。罗梅罗－阿维拉（Romero-Ávila, 2008）运用 86 个国家的相关数据证实了 EKC 的存在，同时指出面板协整模型的估计结果更为稳健。福德哈等（Fodha et al., 2010）、奥鲁布和奥默特（Orubu & Omotor, 2011）对非洲国家的污染物指标和人均 GDP 的关系进行了实证分析，结果表明两者之间存在倒"U"型 EKC 关系。但也有部分国外学者的研究表明，由于发展中国家经济发展阶段的强烈异质性及各自经济发展的不同特点，EKC 在发展中国家并不存在（Akbostanc，2009）。

中国学者也针对中国的具体情况展开了激烈的讨论。蔡昉等（2008）验证了以二氧化硫为例的 EKC 在中国的存在，并指出中国更应该仰仗于经济转型的内在动力和政策激励，才有望在未来达到二氧化硫转折点。朱平辉等（2010）验证了中国 EKC 的存在，证明了不同污染物与人均收入之间分别呈现倒"U"型或倒"N"型关系。方行明和刘天伦（2011）认为 EKC 具有一定的合理性，但并不一定呈现倒"U"型关系。彭水军和包群（2006）、张红凤等（2009）、张成等（2011）、蒋伟和刘牧鑫（2011）也认为 EKC 可能呈单调递减、倒"U"型、"U"型、"N"型、倒"N"型等多种不同形态，其形状很大程度上取决于度量指标及估计方法的选取。刘金全等（2009）、袭健健和沈可挺（2011）、高宏霞等（2012）均证实了中国 EKC 的存在。刘金全等（2009）还认为较之于线性方法，非线性方法具有更优的精确性和拟合能力。杜婷婷等（2007）进一步具体指出了三次曲线方程对 EKC 的拟合优度更高。高静和黄繁华（2011）研究了中国区域 EKC 的存在性，发现东部地区和西部地区均存在 EKC，但东部地区呈倒"U"型，西部地区呈正"U"型；中部地区不存在 EKC。丁继红和年艳（2010）、周茜（2011）均验证了呈"N"型的中部区域 EKC。

二、EKC 形成内在机理的解释

在对 EKC 的存在性进行了深入且丰富的研究之后，许多学者进一步探究了 EKC 形成的内在原因。罗特曼（Rothman，1998）将消费和贸易结构纳入分析框架，研究发现环境的改善是因为消费者能力的提升，消费者收入水平的提高促使他们从重污染区域向轻污染区域迁移。布伦沃尔和麦迪恩（Bruvoll & Medin，2003）分解出了包括经济增长、结构变化及能源利用等八种因素，解释了 EKC 形成的本质原因，研究表明经济增长是导致污染排放增加的显著因素，而能源利用效率的提高和减排技术进步可在一定程度上抵消经济增长导致的环境恶化。丁道（Dinda，2004）认为环境的改善，一是由于经济发展从工业经济向服务经济的演进，二是由于居民随着收入增加而对环境质量有了更高的需求。奥切和贝切蒂（Auci & Becchetti，2006）认为影响的因素是产业结构的调整和能源供给的波动。斯马尔德斯和玛丽亚（Smulders & Maria，2011）认为内生创新、政策引致的技术转移以及结构调整是 EKC 倒 "U" 型形成的原因。马树才和李国柱（2006）、黄菁和陈霜华（2011）指出环境改善不能仅依靠物质资本的积累，也必须在经济发展中引入如人力资本等清洁生产要素，并不断进行技术创新。何立华和金江（2010）运用最优增长模型的研究表明技术进步是 EKC 出现拐点的必要条件。韩旭（2010）、牛海鹏等（2012）均指出 EKC 倒 "U" 型是一种客观现象，并非一般规律，环境污染与经济发展之间的相互关系是通过经济结构的调整而发生的。杨林和高宏霞（2012）认为经济发展方式的转变才是改善环境质量的根本途径。

三、对 EKC 假说的质疑："污染避难所"假说

国内外许多学者对 EKC 提出了质疑，其中最著名的则是"污染避难所"假说，又称为"污染天堂"假说（Pollution Haven Hypothesis）。该假说考虑了国际贸易对环境质量的影响，从而为"环境—经济"问题的研究提供了新的思路和视角。

许多国外学者支持"污染避难所"假说。马修斯（Matthew，2004）通过运用南北贸易中污染密集型产品的相关数据进行了实证研究，找到了支持"污染天堂"假说的证据。凯夫和布洛姆奎斯特（Cave & Blomquist，2008）的研究发现在欧盟国家的环境标准更为严格的时期，与贫穷国家资源密集和污染密集产品贸易的数量增加，从而支持了"污染避难所"假说。瓦格纳和蒂明斯（Wagner & Timmins，2009）以德国制造业为研究对象，验证了"污染避难所"假说，认为其化学工业具有显著的"污染天堂"效应。席尔瓦等学者分别检验了美国国内和国际贸易中的"污染避难所"假说，研究表明在国内贸易中，经济欠发达的南方地区会成为经济较发达的北方地区的"污染天堂"；对国际贸易的相关研究也支持了此假说（Silva & Xie，2010）。雷扎托（Rezza，2013）运用挪威企业层面的微观数据进行了实证分析，认为"污染天堂"假说是成立的。

但中国是否通过国际贸易成为了发达国家的"污染天堂"，学术界并没有对此达成共识。陈刚（2009）指出中国环境规制显著抑制了外国直接投资（FDI）的流入，地方政府为了吸引更多的 FDI 而放松环境管制的行为导

致中国成为了跨国企业的"污染避难所"。杨万平和袁晓玲（2008）、苏桉芳等（2011）证实了国际贸易的流入污染了中国的环境。王文治和陆建明（2012）认为"污染天堂"假说在全球样本下不成立，但在中国却是成立的，大量流入中国制造业的 FDI 间接导致了污染排放的增加。彭可茂等（2012）以大宗农产品为对象的研究也表明国内大宗农产品的生产存在长期递增的稳健的"污染避难所"效应。另有许多国内学者并未找到"污染避难所"假说在中国成立的证据。王军（2008）认为在某些特定条件下，外商直接投资反而能促进中国环境质量的改善。曾贤刚（2010）亦认为"污染避难所"假说在中国成立的证据不足。李小平等（2010，2012）分别研究了环境规制与 FDI 竞争的关系以及国际贸易中的污染产业转移与中国环境污染的关系，认为发达国家不仅向中国转移了污染产业，同时也转移了清洁产业，因此中国并没有因为对外贸易而成为"污染避难所"。许和连和邓玉萍（2012）揭示了中国各区域 FDI 集聚度与污染集聚度的对应关系，提供了"污染天堂"假说在中国不成立的证据。

第二节　环境约束与产业结构变动的相关研究

一、产业结构升级理论的演进

比较优势理论认为，一国如果按照其比较优势实现相对要素禀赋密集产品的专业化生产，就能够顺利实现要素禀赋结构的内生转换和升级，从而带动一国的技术进步和产业升级（Grossman & Helpman，1990；Zilibotti et al.，2006），即认为产业升级是一种由要素相对价格变化所推动的"自然演进"的结果。然而，洪银兴（1997）认为单纯根据资源禀赋来确定一国的产业结构和贸易结构，以劳动密集型产品作为出口导向，将导致一国跌入"比较优势陷阱"，即一国产业结构将长期被锁定在以劳动密集型和自然资源密集型产品为主的低端环节。豪斯曼和克林格（Hausmann & Klinger，2007）进一步提出了一种比较优势演化理论，该理论认为比较优势的演化可能不是连续的过程，若在现有的产品空间中难以找到新的升级产品以支撑经济的发展，则产业升级的过程可能会被打断，即比较优势的演化可能出现"断档"

风险（金碚，2010；伍业君和张其仔，2011；伍业君等，2012）。

基于此，发展中国家产业升级方向和路径的选择应遵循比较优势战略还是违背比较优势战略，一直是学者们争论不休的问题。归纳而言，就发展中国家产业升级的理论研究，一般有两种观点：一种是比较优势理论，其认为中国应根据比较优势的动态变化选择相应的产业升级路径；另一种是全球价值链理论，其认为中国应超越当前的比较优势，通过高级要素的培育和技术创新实现全球价值链的逆向攀升。本书将分别对上述两种观点进行综述。

1. 基于比较优势理论的研究

支持比较优势理论的研究以林毅夫等人提出的产业升级战略为代表（林毅夫等，1999；林毅夫和李永军，2003），其认为中国应采取比较优势战略，使经济发展在每个阶段上都能发挥当时资源禀赋的比较优势，并选择与比较优势相符的产业结构和技术结构，从而快速实现产业升级和经济增长。李钢等（2011）的研究支持了这一观点，认为到目前为止中国最重要的比较优势仍然是丰富的劳动力资源，继续发挥传统比较优势不仅可以使中国在国际竞争中扬长避短、获取更大的贸易利益，也是实现中国经济转型升级的需要，而过分强调产业赶超战略将会造成整个经济体系产生新的扭曲。孙军和高彦彦（2012）通过对传统产业与新兴产业螺旋式互动升级机制的研究发现，中国产业升级的关键在于发挥比较优势，尤其是在战略性新兴产业的培育过程中。石奇和孔群喜（2012）借助投入产出模型多维度刻画了中国产业的比较优势。作者认为中国产业从微笑曲线底端向两端延伸的跳跃式升级模式不仅会阻碍企业的连续性创新，还可能导致产业链断层的风险，因此中国未来的产业升级应遵循比较优势的特点，而产业政策也应基于比较优势进行设计。迪尔多夫（Deardorff，2013）的研究表明，一个国家遵循比较优势进行商品生产和贸易时，可获得更高的利润。克雷克（Kocourek，2015）测算了1995～2013年间5个"金砖国家"的比较优势并分析了其变化趋势，结论表明，随着比较优势的动态演变，"金砖国家"的产业结构实现了由低端向高端的逐步演进。另有学者以中国焦作为典型案例，研究了面临资源枯竭危机时资源型城市的转型升级问题（Long et al.，2013）。作者强调，资源型城市在确定转型和升级的具体产业时，应对区内和区际比较优势进行精确的测算和综合考察。

随着比较优势理论的不断发展和完善，学者们对该理论的研究也逐渐从静态视角拓展至动态视角。克鲁格曼（Krugman，1987）对李嘉图模型中比较优势的思想进行了扩展，通过引入"干中学"效应，考察了比较优势的动态演变。他认为一国可通过产业政策和贸易政策的引导培育新的比较优势，使比较优势向着有利于本国的方向发展。盛朝迅（2012）的研究表明，改革开放以来，中国产业结构的调整和升级是比较优势动态演化的结果，因此未来中国应通过大力培育动态比较优势，促进中国新一轮产业结构调整跨越劳动密集型制造业的分工锁定，实现产业升级。林毅夫（2012）、张其仔和李颢（2013）的研究结论表明，中国产业升级的能力是有限的，而实现产业结构调整和产业升级的最佳策略，是在充分发挥当期比较优势的基础上，基于动态视角发现并甄别中国产业潜在的比较优势，利用多样化优势实现包容性升级。

2. 基于全球价值链视角的研究

随着国际分工由产业间分工到产业内分工，再到产品内分工的不断演进，20世纪90年代以来，中国凭借较低的要素成本比较优势，通过接受国外企业代工合同的方式，以最初级的组装加工起步迅速嵌入了全球价值链（杨高举和黄先海，2013）。然而，从全球价值链低端嵌入的发展模式，一方面，导致了对国外的资本、技术和核心设备等较强的依赖性，使中国企业只能赚取较低的加工费（冯梅，2009）；另一方面，发达国家为了维持对全球价值链的掌控权，往往采取严格的技术转移控制措施，或通过行业并购将中国企业"俘获"在全球价值链的低端环节，导致中国目前面临被长期锁定在价值链低端的风险（Humphrey & Schmitz，2004）。

在这一背景下，该类研究中更多的文献是基于全球价值链的视角，对中国应如何突破价值链低端锁定、实现向价值链高端攀升的产业升级进行的大量探讨。恩斯特和金姆（Ernst & Kim，2002）、刘志彪和张杰（2007）通过对日本、韩国等国家成功突破价值链低端锁定的经验的探讨，指出这些国家在参与全球价值链的同时，在国内市场中同时进行了高级要素和竞争优势的培育，并成功地构建了根植于国内市场的国内价值链，从而进一步利用国内价值链的杠杆作用实现了在全球价值链中的逆向攀升。基于上述的开创性研究，许多学者意识到中国若要突破全球价值链低端锁定，向高端环节逆向攀升，应跳出原有的"嵌入"和"融合"的思路，通过加强技术创新和扩大国内需求自主构建价值链，实现"建构性升级"（李海舰和魏恒，2007；刘冰和周绍东，2014）。张杰和刘志彪（2009）、杨桂菊和刘善海（2013）强调在国内价值链构建的过程中，应首先充分利用本地专业化市场、企业创新网络以及国际化行为等方式，实现企业自身的技术深化。刘明宇和芮明杰（2012）通过建立价值网络分工深化模型，分析了中国应如何在全球化背景下突破产业升级的困境。作者指出，发展中国家应通过产业链、供应链和价值链的重组，建立自主发展型的价值网络，从而摆脱价值链被分割、俘获的处境，实现产业升级和结构优化。赵放和曾国屏（2014）研究了以高科技产业和战略性新兴产业发展为切入点的国内价值链的构建对传统制造业升级的影响。作者通过理论推导发现，当产业处于全球价值链中低端时，国内价值链的构建并未给传统制造业带来"创新红利"，反而可能会导致高技术行业对低技术行业升级的挤出效应。周密（2013）则强调双重价值链范式，既要重视嵌入全球价值链的约束作用，又要重视国内价值链的多元化禀赋特征，因此全球价值链与国内价值链的相互匹配是后发转型大国价值链提升的新出路。

二、产业结构升级测度与估算的相关研究

与工业结构升级的内涵相适应，现有文献对工业结构升级水平的测度或估算，主要是围绕工业结构层级跃升或生产率水平增进这两个方面展开的。在估算方法上，部分学者采用某一指标对工业结构升级水平进行了直接估算，如闫海洲（2010）构建了产业结构层次系数，用以反映工业各行业结构比重的变化区间，层次系数越大，工业结构升级水平越高。付凌晖（2010）、王林梅和邓玲（2015）则运用摩尔（Moore）指数描述了产业层级演化的过程以测算工业结构升级水平。选用单一指标的衡量方法简单易行、可操作性强，但只能衡量工业结构升级的某一个维度，而无法体现其多方面的内涵。刘伟等（2008）、匡远配和唐文婷（2015）分别从"量"和"质"两个方面，提出以各行业产值比重与劳动生产率的乘积来度量工业结构升级水平。黄亮雄等（2013）遵循相同的思路，运用各行业产值比重与技术复杂度指标的乘积进行了测度。孙晓华等（2017）则进行了进一步的扩展，选取了行业份额以体现某一产业的重要程度，选取了行业功效以反映某一产业的先进程度，选取了技术复杂度和附加值率以反映行业自身的内在属性，

分别从上述三个维度对工业结构升级进行了综合性测度。另有少数学者，在测度或估算的过程中考虑了工业结构升级的环境保护内涵。贺丹和田立新（2015）采用低污染与低能耗产业的产值占工业总产值的比重来衡量产业结构的清洁化升级水平。史丹和张成（2017）采用了非线性规划技术和超越对数生产函数模型，在节能减排的目标约束下，分别从制造业行业的产出结构和要素结构两个方面，对中国制造业结构升级的路径进行了系统性的估算。杨丽君和邵军（2018）构建了产业结构的合理化、高度化和生态化三项核心指标，采取灰色动态关联分析方法，综合估算了区域产业结构的优化水平。

三、产业升级的驱动因素研究

除了对产业升级进行理论研究之外，产业升级的驱动因素是学术界的另一重要的研究课题。本书基于中国经济发展现实，分别从要素驱动、产业集聚驱动和创新驱动三个方面，对该类文献进行了梳理。

1. 要素驱动

改革开放40多年以来，中国从一个农业大国转变为了工业大国，其产业升级，主要是通过"要素驱动战略"实现的（黄群慧，2014）。所谓的"要素驱动"，是指依靠劳动力、资源、环境等要素低成本的大量投入所产生的升级动力。基于H－O理论主张比较优势的禀赋论认为，产业升级是一种由要素相对价格变化所推动的"自然演进"的结果（唐东波，2013）。有学者通过对世界多个国家发展现实的考察，提出发展中国家应优先发展由自身要素禀赋决定的比较优势产业（Lin & Li，2009）。尚杰和姜睿（2012）将中国经济区域划分为发达、中等、落后三个等级，并选取三个区域中共7个具有代表性的省份，通过借鉴金姆－马里昂（Kim－Marion）模型和莫雷诺（Moreno）模型，研究了要素禀赋对环保产业竞争力的影响程度。结果表明，资源禀赋对区域环保产业竞争力有显著影响，且呈现较大的区域差异，其中发达地区各要素投入对环保产业的贡献度最高。任保平（2015）认为在新常态背景下，中国经济增长潜力的开发需要把握要素禀赋结构变化的事实，并进一步指出中国经济增长潜力开发的主要方向是结构转变和要素配置效率。

2. 产业集聚驱动

随着中国从工业化初中期逐渐向工业化后期演进，"人口红利"逐渐消失，要素价格不断上涨，"要素驱动战略"的不可持续性日渐凸显。自从克鲁格曼（Krugman，1991）开创新经济地理学（new economic geography）以来，产业集聚这一发展模式的重要性得到了极大的重视，并被视为中国产业升级的重要驱动因素，得到了国内外学者较为充分的研究。施塔贝尔（Staber，2001）和施米茨（Schmitz，2006）一致认为，一国内部的产业集群若能够成功嵌入到全球价值链中，则集群内的企业将能够在与链上企业的合作过程中学到知识和实现创新，从而有助于这些集群企业从全球价值链低端向中高端攀升。孙浦阳等（2013）运用2000~2008年中国地级市的面板数据，检验了中国城市的产业集聚对劳动生产率的影响。研究发现，工业集聚对劳动生产率长期具有促进作用。戴翔和张雨（2013）以昆山本土制造业企业的调研数据为基础，从微观层面展开的实证研究表明，产业集聚效应对中国本土企业升级能力的提升具有显著影响，说明在开放条件下形成的产业集聚在现阶段所带来的技术扩散和外溢效应是显著的。王春晖和赵伟（2014）通过构建两区域两产业模型，揭示了集聚外部性利益对地区产业升级的影响，并进一步提出了马歇尔外部性引发的"技术进步"层面、雅各布斯外部性引发的"细分产业链"层面以及波特外部性引发的"优化制度结构"层面三个维度的产业升级机理。韩庆潇等（2015）首先从理论上分析了产业集聚与产业升级的关系，继而运用2003~2010年中国制造业的面板数据进行了实证检验。结果表明，从制造业总体来看，产业集聚能够有效促进产业升级，创新在这一过程中具有重要的中介作用。

3. 创新驱动

另一类非常重要的文献是"创新驱动说"，即认为技术创新或企业创新能力的提升是中国产业升级最重要的驱动力（姜劲和孙延明，2012；纪玉俊和李超，2015）。莫里森（Morrison，2008）指出，学习和创新能力能够有效增加企业产品的附加值，从而促进企业升级，实现沿全球价值链的攀升。哈康森（Haakonsson，2009）指出，产品进口能够促进知识外溢，提高企业的创新水平；而如果停止进口，研发能力较弱的企业将陷入较为困难的处境。随着中国经济发展进入转型期，对这一问题的最新研究应以国内学者的研究成果为主。巫强和刘志彪（2007）从进口国产品质量管制的视角研究了出口国企业创新和被动产业升级的内在机制，研究表明，出口国企业必须通过工艺创新来达到进口国产品质量的最低标准并降低成本保持优势，由此可实现出口国被动性产业升级。徐康宁和冯伟（2010）认为中国产业升级的关键在于企业需要形成创新能力，并通过构建简要模型和案例分析，对比研究了以企业为主体的技术创新的不同模式，提出了内生于本土市场的合作创新是中国企业实现技术创新的新道路的设想。金碚等（2011）指出，虽然中国尚未发生要素禀赋的质变，但传统要素禀赋的比较优势正在逐渐减弱，中国继续依靠传统比较优势进行产业升级的局面将难以为继，技术进步支撑下的工业转型升级才应是未来发展的主流。丁志国等（2012）的研究表明，中国经济增长的核心驱动力和中国实现产业升级的方向和必然的路径选择是技术进步，而不是要素投入或要素结构的变化。赵昌文和许召元（2013）通过对全国约300家企业的实地调研和对约1500家企业的问卷调查，研究了2008年国际金融危机以来中国企业转型升级的现状及影响因素，研究结论表明研发投入是促进企业转型升级的最重要因素。王岚和李宏艳（2015）认为制约中国制造业升级的关键因素是企业增值能力弱，因此应依靠要素结构升级和技术优势的培育促进中国制造业向价值链高端环节攀升。刘仕国等（2015）强调应将一国在要素禀赋方面的比较优势转变为国际竞争优势，而转变的关键则是将高新技术、知识资本与劳动力资源相结合，使其由简单劳动密集型转变为智力劳动密集型。黄先海和诸竹君（2015）从后发型大国的视角对中国新产业的发展规律和机理进行了理论剖析，认为应以创新驱动作为中国产业转型和升级的重要抓手，并提出了以发挥后发国优势为特色的蛙跳型科技创新的升级路径。

第三节　环境保护目标下绿色技术创新的相关研究

一、绿色技术与污染技术的比较分析

随着学术界对环境问题的认识日益深入，生产技术可区分为环境有害

型①和环境友好型两类的说法已得到广泛认可。自 18 世纪第一次工业革命爆发至 21 世纪初，人类所取得的技术进步大多属于环境有害型技术进步。传统技术进步导致了工业对能源和环境资源的需求急剧上升，排放了大量的污染物，而未能考虑技术创新和技术进步的结果对资源环境所造成的破坏（克拉普，2011）。

环境友好型技术，国内外学者更多称之为绿色技术②，其于 20 世纪 60 年代起源于西方发达国家，随着各国社会对环境问题认识的不断深入，绿色技术的内涵随之不断演变，主要包含了末端治理技术、生产过程中的减量化或零排放工艺、在产品生命周期的每个环节都能够控制污染的清洁生产技术以及提高资源利用效率的循环利用技术。布拉斯科维茨等（Bleischwitz et al.，2012）把绿色技术界定为：在产品的整个生命周期中能够降低对自然资源（包括能源、水和土地等）的使用、减少污染排放的任何一种新的或者有显著改进的产品、技术或工艺。霍伊尼基和鲁茨尔（Hojnik & Ruzzier，2015）基于已有的研究，对绿色技术的两个重要特征进行了归纳，即尽可能地降低对环境的负向影响，尽可能地提高对资源的利用效率。里什科（Ryszko，2016）则指出，一项新的产品或工艺，不仅要有利于环境质量的改善，还要能够创造经济价值，才能够被称为绿色技术。德赫苏斯和门东萨（de Jesus & Mendonca，2018）认为，绿色技术创新是一种新的或改进了的技术手段，其能够节约资源、减轻环境损失、实现废弃物的循环利用，是一种系统性、变革性的问题解决机制。

绿色技术与污染技术的区别，并不仅仅体现在环境保护效应上，而是整个技术创新路径或创新范式的潜在改变（Aghion et al.，2015），其标志着一国经济发展模式从"灰色经济"向"绿色经济"的根本转变（Lan & Han，2012；张旭和李伦，2016）。除此之外，两种技术的显著区别还体现在：绿色技术能够产生显著的"双重外部性"（double externality），即环保知识溢出的正外部性和环境保护效应的正外部性（Rennings & Zwick，2002；Arfi et al.，2018），而正外部性会导致市场失灵，使企业缺少主动进行绿色创新及

---

① 环境有害型技术即指传统意义上未考虑环境影响的技术进步，其与"传统技术""肮脏技术""污染型技术"均为同一含义，本书统称为"污染型技术"。
② 现有的国内外研究文献中，与绿色技术（green technology）相关的术语还有环境技术（environmental technology）、清洁技术（clean technology）等，本书统一称之为"绿色技术"。

研发活动的激励。因此，在"理性人"的假设下，企业对绿色技术的研发和改造活动需要外生规制的约束。

二、绿色技术创新与经济可持续发展的相关研究

1. 绿色技术创新与经济绩效的相关研究

关于绿色技术创新与工业经济绩效的关系，国内外学者基于不同视角开展了大量的研究，但尚未形成一致的结论，尤其是基于微观层面的研究（Dixon-Fowler et al.，2013）。部分学者认为，相较于企业为了满足最低环保标准而采取的被动的污染治理行为，绿色技术创新通过引进新的工艺或产品，能够在遵循环境规制要求的同时提升企业的经济效益和竞争优势（Sarkar，2013；Cheng et al.，2014；Hojnik & Ruzzier，2016）。有学者运用台湾地区的企业的数据资料考察了企业绿色创新活动对其经济效益的影响，指出进行绿色创新活动（如绿色产品创新、绿色工艺创新）的企业在经济绩效上表现更优（Luan et al.，2016）。唐鹏程和杨树旺（2018）以 2013～2014 年中国 204 个重污染上市公司为研究样本，运用模糊定性比较方法的研究结论表明，环境保护投入具有典型的互补性，企业单一的环境保护行为无法影响企业价值，而考虑企业利益相关者间的多重交互是环境保护与经济绩效共赢的最优选择。霍伊尼基等（Hojnik et al.，2018）运用斯洛文尼亚 151 家国际化企业的微观数据，检验了绿色创新与企业绩效的关系。结论表明，绿色创新是企业提升经济绩效的关键途径，尤其是在参与国外市场的时候。

另一些学者则认为，绿色创新将更多地以一种成本的形式存在，其会因"挤出效应"而导致企业投资于核心竞争业务的资源不足，从而阻碍了企业经济效益和竞争优势的提升（Popp & Newell，2012；李大元等，2015）。吉塞蒂和雷宁斯（Ghisetti & Rennings，2014）指出，绿色创新对企业绩效的影响取决于绿色创新的类型，旨在提升效率和成本节约的绿色创新是有利于企业利润增长的，而旨在降低环境外部性的绿色创新则损害了企业的竞争力。诺阿伊和雷菲施（Noailly & Ryfisch，2015）运用 2004～2009 年全球 1200 家跨国企业的数据，考察了绿色研发对企业利润的影响。作者认为，绿色创新对企业绩效的潜在作用会受到其他许多因素的影响，而对绿色创新

成果及知识产权的保护是影响企业绩效的根本问题。阿尔菲等（Arfi et al.，2018）根据 2016～2017 年对 6 家法国中小企业的追踪调研数据，考察了绿色创新与企业绩效之间的关系。研究结论表明，即便绿色创新的成功体现了中小企业吸收外部知识的能力以及将其转换为内部技能的能力，然而创新的风险却阻碍了企业绩效的提升，甚至导致了严重的财务损失。

2. 绿色技术创新与环境绩效的相关研究

自安特韦勒等（Antweiler et al.，2001）进行了开创性研究以来，技术创新作为实现污染减排的关键因素，得到了国内外学者的热烈讨论，且得到了大量研究的支持（Pasche，2002；Levinson，2009；Hassler et al.，2012）。然而，也有学者对此提出了质疑，认为技术进步对环境污染的影响方向具有不确定性（申萌等，2012；金培振等，2014），如果一项新技术的使用将最终导致新的污染源出现，那么技术进步效应对环境质量改善的作用将非常有限（陆旸，2012）。通过对现有文献的梳理，总的来看，造成研究结论分歧的原因可归结为：大多数研究并未区分传统污染技术（dirty technology）和绿色技术（green technology）。阿齐默鲁等（Acemoglu et al.，2012）认为，如果企业的获利技术是污染型技术，那么将增加污染排放；而如果企业初始的获利技术是绿色技术，根据技术进步的路径依赖性，企业未来研发的新技术也可能是清洁型的，因此能够产生显著的环境改善作用。孙军和高彦彦（2014）的研究表明，假设使用绿色技术恰好可以养活一个地球的人数，那么在使用污染型技术的情况下，养活相同的人数则需要 6.79 个地球。董直庆等（2014）的数值模拟结果表明，中国现阶段的技术进步具有明显的污染型特征，环境质量和经济产出难以实现相融发展，因此环境质量的改善完全取决于清洁与非清洁技术的相对水平。王章名和王成璋（2016）认为中国当前不合理的研发投入配置恶化了环境质量，只有引导研发投入清洁能源行业的配置、加强清洁技术发展，才能有效发挥技术进步的环保效应。马拉等（Marra et al.，2017）的研究表明，绿色技术创新的首要目的是减少工业生产对环境的不利影响，提高工业环境绩效。费尔南多和瓦赫（Fernando & Wah，2017）亦指出，绿色技术创新作为环境创新的一种重要途径，能够显著改善企业的环境绩效。

三、绿色技术创新驱动因素的相关研究

近年来，众多国内外学者重点探讨了企业绿色创新的驱动因素（Chen et al.，2017；Sanni，2018；Cai & Li，2018），并将主要驱动因素分为三大类，一是外部因素，如市场绿色需求、技术复杂度、竞争者压力、环境规制约束等；二是内部因素，如企业的技术能力、组织能力及特点、资源可获得性等；三是企业个体因素，如企业家的环保意识、企业的环境管理体系等（Horbach et al.，2012；Chen et al.，2017），但对各因素驱动效应的优先级测度则存在较大分歧（徐建中等，2017）。约翰斯通等（Johnstone et al.，2012）及其他学者（Yang & Yang，2015）认为，企业的人力资本积累、R&D 投入强度及专有知识存量等技术能力是驱动绿色技术创新的关键因素。而霍尔巴赫等（Horbach et al.，2013）、奎尔瓦等（Cuerva et al.，2014）则认为相较于传统创新活动，人力资本和 R&D 对绿色创新不一定重要，绿色创新更需要来自外部的知识和信息。森尼（Sanni，2018）运用尼日利亚创新调查数据进行了研究，强调了企业的组织能力、知识资源的可获得性等内部因素的作用。国内学者对中国制造业企业的研究亦认为内部因素的驱动效应显著强于外部因素，并指出外部因素驱动效应的发挥取决于内部因素的中介作用（Cai & Zhou，2014）。而另有学者运用中国 442 家企业调研数据进行了研究，结论则更强调外部因素的作用，其认为竞争者压力和市场激励型环境规制对绿色创新的激励效应最显著（Cai & Li，2018）。

特别地，由于绿色技术创新的环境正外部性特征，环境规制被视为激励企业开展绿色研发活动的必不可少的外生约束，因此大量研究就环境规制对绿色技术创新的激励效应进行了专门的探讨（Mickwitz et al.，2008；许士春等，2012；Barbieri，2015；Roper & Tapinos，2016），其中最具代表性的研究成果为波特（Porter，1991）以及波特和范·德尔·林德（Porter & Van der Linde，1995）于 20 世纪 90 年代提出的著名的"波特假说"，即设计合理的污染减排政策能够激励企业技术创新、促进产业技术升级。"波特假说"的提出，激起了学术界的热烈讨论。布伦纳迈尔和科恩（Brunnermeier & Cohen，2003）运用 1983～1992 年美国 146 个制造业的面板数据进行了实证研究，结果显示，污染治理成本的增加与环境专利之间存在显著的正相关关

系，污染治理成本每增加 100 万美元，可导致环境专利增加 0.04%。米科维茨等（Mickwitz et al.，2008）对芬兰产业的研究表明，能源税对环境技术创新和扩散具有积极的促进作用。杰古尔等（Jaegul et al.，2011）根据 1970~1998 年美国汽车排放控制技术方面的专利产出数据，指出政府强制性的干预手段可以推进企业技术创新的投资力度。许士春等（2012）检验了排污税、拍卖的排污许可和可交易的排污许可三种环境规制对企业绿色技术创新的影响，发现排污税和排污许可价格与企业绿色技术创新的激励程度都呈正相关关系。景维民和张璐（2014）运用 2003~2010 年中国 33 个工业行业的面板数据，考察了环境管制对绿色技术进步的影响机制，认为合理的环境管制能够改变中国污染型技术进步的路径依赖，有助于中国工业走上绿色技术进步的轨道。雷善玉等（2014）运用案例分析的方法，指出环境政策是影响环保企业绿色技术创新的重要外部因素之一。李婉红（2015）认为排污费制度显著驱动了中国制造业的绿色技术创新，但存在空间分异，即经济发展水平越高的地区，该驱动效应则越明显。霍伊尼基和鲁茨尔（Hojnik & Ruzzier，2016）指出，环境规制是驱动环保创新的主要因素，包括绿色产品创新、绿色工艺创新和环境 R&D 投入。鲁穆尼亚等（Rubashkina et al.，2015）运用 1997~2009 年 17 个欧洲国家制造业数据的研究，验证了环境规制对创新活动产出具有显著的正向促进作用。霍巴赫（Horbach，2016）利用欧洲各国的调研数据考察了东欧国家绿色技术创新的决定因素，研究表明，环境规制和环境补贴是驱动东欧国家开展绿色技术创新的最重要的因素。阿吉翁等（Aghion et al.，2016）指出当汽车制造商面临更高的燃料税时，他们将研发更加清洁的技术。阿齐默鲁等（Acemoglu et al.，2016）通过构建一个微观内生增长模型刻画了清洁技术和污染技术在生产和创新过程中的竞争机制。研究结论显示，碳税和研发补贴等政策对激励企业进行清洁技术研发是非常必要的。也有国内学者（如 Bi et al.，2016）及费尔南多和瓦赫（Fernando & Wah，2017）认为，环境规制是企业进行绿色技术创新的最重要的激励因素。另有研究基于 1997~2014 年中国省际面板数据的研究表明，市场激励型环境规制显著加快了中国工业的技术进步（Cheng et al.，2017）。

第四节 环境保护目标下绿色全要素
生产率的相关研究

一、绿色全要素生产率的测算研究

早期对生产率测算的文献主要采用的是谢泼德产出距离函数（Shepard output distance function，SDF）和曼奎斯特（Malmquist）生产率指数相结合的方法，但该方法只测算了传统全要素生产率，未能考虑能源消耗和污染排放的情况，并且存在基于投入和基于产出的径向选择问题，因此无法用于测算绿色全要素生产率。然而，当不能正确考虑经济增长所导致的能源消耗和环境损害时，生产率的测算结果是有偏差的，也将进一步导致对经济绩效和社会福利水平评价的扭曲，以及在政策建议上的误导（Hailu & Veeman，2000；Nanere et al.，2007）。

得益于效率测算技术的发展和改进，越来越多的文献基于零结合公理和弱可处置性公理，即认为生产"好"产出一定会伴随产生"坏"产出，而处置"坏"产出需要一定的成本，从而将能源环境约束纳入生产率的测算。现有文献对考虑能源消耗和环境污染的绿色全要素生产率的测算主要聚焦于两种方法的运用，一种是基于方向性距离函数（directional distance function，DDF）和曼奎斯特－卢恩伯格（Malmquist－Luenberger）生产率指数。杨俊和邵汉华（2009）运用此方法测算了1998～2007年中国各省份的工业环境全要素生产率，结果表明，技术进步是生产率增长的主要来源，而忽略环境因素会高估中国工业全要素生产率增长。有学者（Li & Lin，2016）通过对中国工业行业环境 TFP 的测算及其与传统 TFP 的对比分析指出，一方面，中国实施的一系列节能减排政策有效推动了工业环境 TFP 的持续改善；另一方面，传统 TFP 未能反映经济发展的能源消耗和环境损失。李小胜和安庆贤（2012）、陈诗一和戈利（Chen & Golley，2014）对中国工业行业环境 TFP 的测算结果亦证明了全国及所有工业部门的环境 TFP 均低于相应的传统 TFP。另有学者基于曼奎斯特－卢恩伯格指数对中国 36 个工业行业环境 TFP 及其来源分解的测算结果验证了传统 TFP 高估了真实的生产率水平，更进一步指出了其来源分解项技术进步率和技术效率相应是被低估和被高估的（Li & Lin，2015）。欧赫（Oh，2010）对 Malmquist - Luenberger 生产率指数进行了拓展，构建了全局曼奎斯特 - 卢恩伯格指数（Global Malmquist - Luenberger Index），并测算了 26 个经济合作与发展组织（OECD）国家的环境 TFP 指数。有学者（Ananda & Hampf，2015）运用全局曼奎斯特 - 卢恩伯格指数测算了澳大利亚供水及污水处理行业的环境 TFP。郑丽琳和朱启贵（2013）利用全局曼奎斯特 - 卢恩伯格指数对纳入能源环境因素的中国省际全要素生产率进行了再估算，结果发现环境 TFP 的年均增长幅度十分有限，东中西部地区呈现递减特征。雷明和虞晓雯（2013）基于动态曼奎斯特 - 卢恩伯格指数方法测算了 1998 ~ 2011 年中国各省份的碳循环全要素生产率，发现将造林绿化作为碳汇纳入评估体系后，中国全要素生产率有所增长。

另一种是基于松弛量的方向性距离函数（slack-based measure，SBM）与卢恩伯格生产率指数相结合的测算方法。钱伯斯等（Chambers et al.，1996）提出了卢恩伯格生产率指数，该指标可同时考虑投入的减少和产出的增加，无须选择测度角度，因此比曼奎斯特 - 卢恩伯格生产率指数更具一般性。有学者运用迪氏 - 卢恩伯格（Divisia - Luenberger）生产率指数对 1981 ~ 2000 年 15 个 OECD 国家的环境全要素生产率进行了测算，其结论表明，如果忽略非期望产出，将无法得到各国真实的生产率水平（Feng & Serletis，2014）。另有学者运用确定性共同前沿卢恩伯格生产率指数测算了考虑技术异质性时韩国火电行业的环境 TFP，并进一步将其分解为技术效率、技术进步和生产率增长差距（productivity growth gap），研究发现该行业的环境 TFP 呈增长趋势，主要来源于环境技术进步的贡献（Zhang & Wang，2015）。王兵等（2010）运用该方法测度了 1998 ~ 2007 年中国各省份的环境 TFP，并对其影响因素进行了实证检验。结论表明，环境 TFP 的增长率平均高于市场全要素生产率增长率，能源的过多使用以及 SO_2 和 COD 的过度排放是环境无效率的主要来源。董敏杰等（2012）和陈诗一（Chen，2014）的测算结果表明传统 TFP 显著高于绿色 TFP，认为考虑能源过度消耗和环境污染负外部性的绿色 TFP 更能够反映一国真实的生产率水平。刘瑞翔和安同良（2012）、梁俊和龙少波（2015）分别对 SBM 方向性距离函数和卢恩伯格指数进行了不同的扩展，并得到了一致的结论，即中国环境 TFP 呈现下降趋势，其中效率改善趋缓是导致其下降的主要原因，能源消耗和污染排放则是中国环境无效率的主要来源。

二、环境约束与绿色生产率增长的相关研究

基于不同的经济理论视角，学术界就环境规制对经济绩效的影响问题形成了传统学派与修正学派的观点之争。传统学派以新古典经济学理论为基础，认为环境规制通过环境外部性的内部化增加了企业的成本负担，迫使企业改变原有的最优生产决策，从而削弱了企业的创新能力和竞争力（Shadbegian & Gray，2005）。相反，修正学派强调应动态地考虑环境规制对产业竞争力的作用，其中最具影响力的理论为"波特假说"（Porter & van der Linde，1995）。该假说认为，合理的环境规制能够激励被规制企业创新生产技术和生产工艺，产生"创新补偿"效应，部分甚至完全抵消遵循成本，提升产业竞争力。新凯恩斯主义者进一步发展了"波特假说"，指出现实中的企业行为是由企业经理控制的，环境管制将有助于克服企业经理因对现期偏好而产生的短视行为，从而激励企业经理进行创新投资（Ambec & Barla，2006；李树和陈刚，2013）。杰夫和帕尔默（Jaffe & Palmer，1997）将"波特假说"分为三个版本："弱版"假说认为环境规制会刺激环保创新，但并不确定规制与创新的综合作用使企业受益的方向与程度；"狭义"版本强调较为灵活的环保政策工具较之指令性管制能更有力地刺激企业创新；"强版"假说则认定设计合理的管制所引致的创新足以完全补偿遵循成本，环境规制可在一定程度上提升企业的生产率水平。关于"弱版"假说和"狭义"假说，国内外学者均运用多样化的实证方法进行了大量的研究，且得到了较为一致的结论，即环境规制与技术创新总体上存在一定的正向关系（Lanoie et al.，2011；Rubashkina et al.，2015）。

检验"强版"波特假说的文献则得到了不同的研究结论。部分研究认为环境规制不利于企业生产率的提升（Van Leeuwen & Mohnen，2013；Rubashkina et al.，2015）。巴贝拉和麦康奈尔（Barbera & McConnell，1990）选取美国的5个重污染行业为研究对象，将环境规制的生产率效应分为直接效应（成本遵循）和间接效应（创新补偿），研究结果表明，环境规制直接导致了10%~30%的生产率损失，而间接效应的作用机制则更为复杂。博伊德和麦克莱兰（Boyd & McClelland，1999）指出污染减排投资对其他投资产生了"挤出效应"，从而导致美国造纸行业的生产率下降了9.4%。这一结论

与格雷和沙德贝吉安（Gray & Shadbegian，2003）的研究结果较为一致。而格林斯通等（Greenstone et al.，2012）的测算结果表明，严格的空气质量规制导致美国制造业的全要素生产率损失了 2.6%。最后，雷克斯豪斯和拉莫（Rexhäuser & Rammer，2014）总结出，"强版"假说并非在普遍意义上成立，环境规制对生产率的影响因环境创新类型的不同而具有异质性。另一部分研究则更多地得到了较为乐观的结论（Alpay et al.，2002；Telle & Larsson，2007；Rassier & Earnhart，2015）。特勒和拉尔森（Telle & Larsson，2007）运用企业面板数据分别检验了环境规制强度与传统 TFP 和 ETFP 的关系，并做了对比分析。结论表明，环境规制强度与 ETFP 具有显著的正相关关系，但与传统 TFP 的关系不显著。也有研究测算了考虑非期望产出的中国绿色全要素生产率，并探讨了环境规制强度对绿色生产率的影响效应。研究结果显示，严厉的环境规制能够有效激励中国绿色生产率增长（Zhang et al.，2011）。波伊克特（Peuckert，2014）的研究表明，在短期视角下，环境规制的遵循成本与竞争力呈负相关；而在长期视角下，环境规制强度的提升和有效执行则有利于竞争力的提升。豪尔赫等（Jorge et al.，2015）以西班牙的中小企业为研究对象，分析了环境规制与经济绩效之间的关系，该研究从新的视角为"波特假说"提供了新证据，结果表明环境规制对中小企业竞争力具有直接且显著的正向影响。另有学者将环境规制分为命令控制型和市场激励型两种，并进一步探讨了两种环境规制对企业技术研发行为决策及其竞争力的影响。研究结果表明，两种规制均能够促使企业向更"绿色"的发展模式转型，但其具有不同的影响机制（Zhao et al.，2015）。

针对中国的情况，学者们对"强波特假说"的研究较少，且多采用传统 TFP 作为被解释变量，而非包含经济增长中能源消耗和污染排放的绿色 TFP。张三峰和卜茂亮（2011）利用 2006 年中国 12 个城市的企业调查问卷所获得的数据，验证了环境规制强度与企业生产率之间存在着稳定、显著的正向关系。李树和陈刚（2013）的研究表明，2000 年中国《大气污染防治法》的修订显著提高了空气污染密集型工业行业的全要素生产率，且其边际效应随着时间的推移呈递增趋势。王杰和刘斌（2014）认为环境规制与企业 TFP 之间符合倒"N"型关系，即只要环境规制强度提高到能够促进企业技术创新的门槛并保持在合理的范围内，就会促进企业全要素生产率，而过低和过高的环境规制强度均不利于企业全要素生产率的提高。少数涉及环境规制与 ETFP 关系的研究，则仅将环境规制作为对 ETFP 众多的影响因素之一引入模型（王兵等，2010；刘华军和杨骞，2014），而未就环境规制对 ETFP 的具体影响程度和作用机理进行专门而深入的探索。

第五节 对已有研究成果的总体评价

通过文献梳理可知，国内外学者对工业结构升级与绿色技术创新的相关问题进行了大量细致且富有启发性的研究，取得了丰硕的成果，为后续研究工作提供了良好的借鉴，但也仍存在拓展空间，今后的研究可从以下几个方面深入推进：

一是工业结构升级中的环境保护内涵尚未得到足够的重视，现有关于发展中国家产业升级的相关文献，无论是对产业结构升级概念的解释、对升级水平的定量测度，还是对升级路径与战略的理论探讨，大多只考虑了产业结构高端化或高级化升级的内涵。然而，金碚等（2010）指出，当前中国产业发展中存在的主要问题并不是各层次产业之间比例高低的问题，而是由产业粗放的发展方式和低下的发展质量所引发的相关问题。在发达国家积极掌控低碳技术的先动优势及国内资源环境压力不断增大的双重背景下，在国家经济高质量发展的要求下，促进产业尤其是工业向清洁化和低碳化转型，促进产业"绿色"升级，是中国未来产业升级的主要方向和重要宗旨（金碚等，2011；潘冬青和尹忠明，2013）。但目前，产业结构升级的环境保护内涵却尚未得到充分的理论论证；在对升级水平的测度中，亦未综合考量环境因素，对产业结构，尤其是对工业结构"清洁化"升级的研究不足。

二是在关于绿色技术创新与经济系统关系的文献中，基于中观层面展开的研究较为缺乏。已有的关于绿色技术创新经济价值的研究，主要聚焦于宏观经济绩效或微观企业经营绩效，而基于工业结构的中观层面的研究较少。有学者指出，一个经济体绿色转型升级的基础，是其产业结构向清洁化路径的调整和升级（Zhao et al.，2017）。由此可知，工业结构的"清洁化"转型升级是一国实现经济绿色转型和可持续发展的关键，这表明了工业行业层面研究的重要性和必要性。然而当前对工业结构"清洁化"调整和升级的研究尚显不足，对工业结构"清洁化"升级的概念及内在机理、绿色技术对其的驱动机制及作用路径等关键问题，需要在理论层面和实证层面进行更为系统且深入的探讨和理解。

三是"技术创新驱动"的边界仍过于宽泛，鲜有文献更为细致地聚焦于绿色技术创新驱动的视角。在考虑环境因素的前提下，对于产业结构优化升级驱动机制的研究，一方面，大多数文献从环境规制的视角出发，将技术创新作为环境规制倒逼产业结构调整的中介变量，而未就技术创新对产业结构清洁化升级的驱动机制进行专门的深入考察；另一方面，大部分文献聚焦于"技术创新驱动"，而未能对污染技术创新和绿色技术创新进行更为细致的区分；而运用相关经济学理论对绿色技术创新驱动的内在作用机制进行刻画和解释的理论研究亦较为欠缺。进一步地，将绿色技术创新驱动继续延伸至绿色生产率驱动的文献则更少。技术创新是一种行为过程，而创新产出及其成果转化均具有较大的不确定性，从而导致其对产业升级的驱动作用也具有不确定性。因此，探讨"技术创新驱动"，在一定程度上并未触及到产业升级驱动机制的根本，即鲜有文献指出提高生产率才是主导国家发展命运和推动产业转型升级的决定性因素和根本驱动力。刘志彪（2015）指出，面对当前生产要素成本的不断迅速上升，产业升级的真正含义和由此决定的最佳策略是提升产业的生产率。但是，目前国内基于绿色生产率驱动视角对工业结构"清洁化"转型升级及其实现机理的研究文献还较为缺乏，少数提出生产率是产业升级的主要驱动因素的文献，也仅限于理论阐述或描述性分析，而缺乏深入的理论研究和实证检验。

四是国内外学者对绿色技术创新的内涵界定及激励机制提供了初步的研究框架，然而基于企业研发决策的微观层面对绿色技术创新诱发机制的理论研究仍待加强和深入。对于绿色技术创新的相关研究，一方面，主要以国外学者的研究成果为主，而国内的相关研究尚处于起步阶段，关于绿色技术的内涵边界及其专有属性还没有得到较为系统的理解；另一方面，现有文献更多关注的是环境规制对绿色技术创新的激励机制，且以运用各国数据开展的实证研究为主。然而，运用经济学理论对企业绿色技术创新决策进行理论刻画，对绿色技术创新的微观发生机制进行理论考察，有助于深挖经济高质量发展要求下中国工业结构"清洁化"转型升级的新动力，对完善当前的研究框架亦是有益的尝试。

立足于已有研究，基于上述认识，本书拟以中国工业行业为研究对象，以绿色技术创新、绿色生产率提升为工业结构向清洁化路径转型升级的一个主要的动力机制，分别从理论和实证两个层面，对绿色技术创新与绿色生产率驱动的思路进行充分论证，既对丰富中国产业结构升级的研究视角与分析框架具有较强的理论意义，也对加快中国经济增长方式绿色转型、打赢污染防治攻坚战、实现经济高质量发展具有重要的应用价值。

第二篇 环境保护目标下中国工业的绿色技术创新与生产率提升

第三章

技术创新“绿色”偏向性的理论论证

第一节 绿色技术的概念界定

绿色技术于 20 世纪 60 年代起源于西方发达国家，最初的绿色技术仅指末端治理技术（end-of-pipe technology），旨在对解决末端环境污染排放问题提供技术支撑。自 1972 年联合国在瑞典斯德哥尔摩第一次召开了人类环境会议以来，各国对环境问题的认识不断深入，绿色技术的内涵亦随之不断演变，除了末端治理技术以外，绿色技术还包含了生产过程中的减量化或零排放的工艺、在产品生命周期的每个环节都能够控制污染的清洁生产技术以及提高资源利用效率的循环利用技术。

布劳恩和威尔德（Braun & Wield，1994）最早对“绿色技术”的概念进行了界定，指出绿色技术是能够减少环境污染、提高原材料或能源使用效率的技术、工艺或产品的总称。蔡宁和郭斌（1996）从资源利用的角度，认为绿色技术可分为资源节约型和资源产生型两种。其中，资源节约型技术的目的在于有效降低单位产出的能耗强度，而资源生产型技术的目的则是加快环境资源的再生能力。李平（2005）基于创新主体的视角对传统技术创新与绿色技术创新进行了比较分析。传统技术创新的行为主体仅是企业，而绿色技术创新拥有以企业为核心，政府、科研院所以及公众等参与并制约企业创新行为的多元行为主体系统。经合组织的研究报告从广义的视域对绿色技术进行了一个标准的界定，即：能够减少对环境的影响的任何一项技术、工艺或产业组织形式，无论是有意还是无意中对环境产生的保护或改善作用（OECD，2009）。霍巴赫等（Horbach et al.，2012）指出，绿色技术创新是指能够显著降低环境压力的新产品、新工艺或新技术的发明。阿齐默鲁等（Acemoglu et al.，2012）则从环境污染治理的角度，认为绿色技术包括清洁生产技术和污染治理技术两种。其中，清洁生产技术属于过程控制，即针对产品的生产环节，通过技术创新、工艺改进、设备升级等方式实现产品生产过程中能耗的降低和污染排放的减少；污染治理技术则属于末端控制，即在生产环节的末端安装环保设备或污染治理设备，从而对生产过程中所产生的废水、废气或有害物质进行无害化处理。霍伊尼基和鲁茨尔（Hojnik & Ruzzi-er，2016）及加西亚—格拉内罗等（García-Granero et al.，2018）归纳了绿色技术的两个重要特征，即尽可能地降低对环境的负向影响，尽可能地提高对资源的利用效率。为了不失一般性，阿尔菲等（Arfi et al.，2018）借鉴欧盟创新调查（the community innovation survey，CIS）对绿色创新的界定，认为绿色技术创新主要包括产品或服务在生产过程中所涉及的六种技术，分别是降低物质资料投入强度的技术，降低能源消耗强度的技术，降低碳足迹或二氧化碳排放总量的技术，运用环保型新材料的技术，降低土壤污染、水污染、噪声污染、空气污染物排放的技术以及废物循环利用的技术。

本书将沿用经合组织的研究报告对绿色技术的界定，认为所有能够直接或间接有益于资源节约和环境保护的技术，都属于绿色技术，主要包括清洁生产技术、污染治理技术、循环利用技术和提升资源利用率的技术（OECD，2009）。需要指出的是，环境效应并不一定是绿色技术创新的唯一目的或首要目的，而是整个创新路径或创新范式的潜在改变（Amore & Bennedsen，2016），标志着人类正从工业文明逐步走向生态文明，即经济增长模式的根本转变（Lan & Han，2012）。

第二节　绿色技术的特征与属性

一、绿色技术创新的"双重目的性"特征

第一次工业革命以来，世界各国依赖高投入、高消耗和高排放的粗放型

发展模式被许多学者称为"灰色经济";为了解决经济发展与环境保护之间的矛盾,绿色经济及清洁生产的相关理论逐渐发展了起来(UNEP, 2011a)。其中,绿色技术创新被视为一种变革性的过程,即通过激发一系列的技术变革,脱离原有的状态,从而构建一个全新的、可持续的技术经济系统(de Jesus & Mendonca, 2018)。马奇(Marchi, 2012)指出,较之于传统技术创新,绿色技术创新更加复杂,而其复杂性,首先体现在创新目标的双重性上。艾金斯(Ekins, 2010)和里什科(Ryszko, 2016)强调,一项新的产品或新的工艺,除了要有利于环境质量的改善,还必须能够创造经济价值,才能被称为绿色技术。这意味着绿色技术创新首先具有兼顾经济目标和环境目标的特征,即具有"双重目的性"。

众所周知,传统技术创新的目标主要是提高生产效率、降低生产成本(Schilling, 2005),而绿色技术创新除了实现与传统技术创新相同的经济目标以外,还需实现环境目标,如提高资源的利用效率、降低能源消耗强度、减少污染排放等,尽可能地降低经济发展对社会及生态环境的影响(Chen, 2011;Tariq et al., 2017)。因此,绿色技术创新的第一个典型特征即为"双重目的性"。

二、绿色技术创新的"双重外部性"特征

绿色技术创新的"双重目的性"引致了典型的"双重外部性"特征(double externality),即知识溢出效应和环境正外部性(Rennings, 2000;Cai & Li, 2018),这也是绿色技术创新区别于传统技术创新的主要特征之一。

双重外部性的存在,尤其是环境正外部性,将导致市场失灵,使企业缺乏主动投资于绿色技术创新活动的内生激励(Jaffe et al, 2002;Ghisetti & Pontoni, 2015)。若企业率先推行绿色技术的创新和应用,其污染排放的减少和资源利用效率的提高将产生一定的社会收益,但绿色技术的研发成本和改造成本无法从社会收益中得到补偿,即企业的私人收益小于社会收益;而不采用绿色技术的企业,其因排放污染所导致的社会成本则无须由企业承担,即企业的私人成本小于社会成本。由于企业对不符合环境标准的高能耗、高污染设备及生产技术、工艺的改造通常无法为企业带来更多的收益,技术推动或市场拉动等技术创新的传统动力通常不足以驱动企业开展绿色技

术创新活动。因此，若市场中缺失了对损害环境行为的惩罚机制，追求利润最大化的理性企业将不会主动进行绿色技术的研发和改造活动，即对绿色技术创新的投资成为企业的次优选择，这无疑扭曲了绿色技术创新与污染技术创新之间的竞争。

三、绿色技术创新的"政策驱动性"特征

绿色技术创新"双重外部性"的特征，引致了其第三个典型特征，即绿色技术创新是一种会强烈受到政策驱动的创新范式（Rennings & Rammer，2009），其中，环境规制的驱动作用尤为重要（Rennings，2000）。合理的环境规制通过为企业的绿色技术创新行为提供有效的制度约束（张国兴等，2017；王锋正和陈方圆，2018），能够有效内部化绿色技术的环境外部性，从而解决因绿色技术创新而导致的"市场失灵"（Kriecher & Ziesemer，2009；王锋正等，2018）。此外，在有效且严厉的环境规制约束下，若企业选择进行绿色技术研发，并最先获得了先进的绿色技术，就能够通过"创新补偿"效应实现生产率的显著提升，并获得"绿色"发展的先动优势；若企业不进行绿色技术研发，则在长期内可能因无力承担不断上涨的环境成本而最终被淘汰。由此可知，在有效引导和激励企业进行绿色技术创新和改造、建立污染减排长效机制的过程中，环境规制是必不可少的外生约束。

关于环境政策对绿色技术创新激励效应的最具代表性的研究，是20世纪90年代由波特（Porter，1991）及波特和范·德尔·林德（Porter & Van Der Linde，1995）提出的"波特假说"。该假说认为，合理的环境规制能够激励被规制企业创新生产技术和生产工艺，研发更清洁的生产方式，从而产生"创新补偿"效应，部分甚至能够完全抵消遵循成本，最终实现绿色技术进步和竞争力的提升（见图3-1）。

图3-1 "波特假说"的内在机理

20世纪90年代后，国内外学术界为绿色技术创新的环境政策驱动特征提供了较为丰富的经验证据。兰由和莫迪（Lanjouw & Mody，1996）最早对该问题进行了实证研究，发现环境专利数量随着环境成本的提高而相应增加。张成等（2011）认为环境规制能够通过改变企业绿色技术创新的资源配置，从而影响绿色技术创新的速度、方向和规模。吉塞蒂和蓬托尼（Ghisetti & Pontoni，2015）认为只有严格的环境监管才能有效激励绿色技术创新，因此各国政府应重视环境标准的实施并加强环境监管。博尔盖西等（Borghesi et al.，2015）运用2006~2008年意大利的相关调研数据研究了欧盟排污权交易计划第一阶段实施的对二氧化碳（CO_2）减排技术创新和能源利用技术创新的影响。研究结果表明，参与排污权交易的企业更具有创新动力，同时企业对当前及未来环境规制的预期也对绿色技术创新具有显著的正向影响。由上述分析可知，国内外学者们运用多样化的方法就环境规制政策对绿色技术创新的激励机制进行了大量的开创性研究，且得到了较为一致的结论，即总体上环境规制对绿色技术创新具有显著的正向激励效应。因此，在实现绿色技术创新和技术进步的过程中，外生的环境规制的约束和引导必不可少。

第三节　生产技术"绿色"偏向性的理论分析

为了便于理论模型的建立及分析，本章将绿色技术限定为生产技术的范畴，即所有能够直接或间接有益于资源节约和环境保护的生产技术。基于科普兰和泰勒（Copeland & Taylor，1994）的模型框架，本章对污染型技术和绿色技术进行了区分，并将绿色技术引入标准的污染排放方程，构建了如下理论模型。

一、模型的基本框架

假设部门X只生产一种产品x，产量用Y表示，其生产函数为柯布—道格拉斯形式，规模报酬不变，生产要素投入包含劳动、资本和能源三种，则有：

$$Y(t) = A(t) \cdot F(K, L, E) = A(t) \cdot K(t)^{\alpha} \cdot L(t)^{\beta} \cdot E(t)^{\gamma} \qquad (3-1)$$

其中，$K(t)$、$L(t)$ 和 $E(t)$ 分别表示资本、劳动力和能源投入；α、β、γ 分别表示三种生产要素对产出的贡献份额，且 $\alpha > 0$、$\beta > 0$、$\gamma > 0$，$\alpha + \beta + \gamma = 1$；假设同一种产品 x 既可以由污染型技术生产，也可以由绿色技术生产，$A(t)$ 表示生产技术的集合，即同时包含污染型技术和绿色技术，其中污染型生产技术是指环境有害型生产技术，其将增加污染物的产生和排放；绿色技术则指环境友好型生产技术，即有利于降低污染物产生和排放的技术。

假设部门 X 的每单位产出将伴随产生 Ω 单位的污染物 P。根据产出弱可处置性公理（weak disposability of outputs axiom），污染减排活动是有成本的，若要减少污染物的排放，则需要占用一定数量的生产资料，从而使"好"产出的产量相应下降。将用于减少污染所需的投入占总产出的比重记为 $\theta \in [0, 1]$，则可将产量 $Y(t)$ 视为潜在产出，实际产出即为：

$$Y(t)_{real} = (1 - \theta) \cdot Y(t) = (1 - \theta) \cdot A(t) \cdot K(t)^{\alpha} \cdot L(t)^{\beta} \cdot E(t)^{\gamma}$$

$$(3-2)$$

污染排放函数可写为：

$$P = Y(t) \cdot \Omega \cdot a(\theta) \qquad (3-3)$$

令减排强度函数 $a(\theta) = A_{green}^{-1} \cdot (1 - \theta)^{1/\delta} (0 < \delta < 1)$，其是绿色技术水平 A_{green} 和污染治理投入强度 θ 的减函数。

结合式（3-2）和式（3-3），可进一步将实际生产函数式（3-2）变换为如下形式：

$$Y(t)_{real} = (A_{green} \cdot P)^{\delta} \cdot [Y(t)]^{1-\delta}$$

$$= (A_{green} \cdot P)^{\delta} \cdot [A(t) \cdot K(t)^{\alpha} \cdot L(t)^{\beta} \cdot E(t)^{\gamma}]^{1-\delta} \qquad (3-4)$$

式（3-4）为柯布—道格拉斯函数形式，且为规模报酬不变。根据式（3-4）所示，可将污染排放 P 和潜在产出 $Y(t)$ 视作产品 x 的两种要素投入，参数 δ 表示污染排放 P 的边际产出贡献份额。

二、部门生产决策

假定政府实施外生的环境税，税率为 τ，可将其视作污染排放的单位成本；将潜在产出 $Y(t)$ 的单位成本记为 c_Y。部门 X 的生产决策则为选择最优的投入要素组合，即污染排放量 P 和潜在产出 $Y(t)$ 的最优组合，从而使生产成本 c 最小，即有：

$$c(\tau, c_Y) = \min\{\tau \cdot (A_{green} \cdot P) + c_Y \cdot Y(t), (A_{green}P)^\delta \cdot Y(t)^{1-\delta} = 1\}$$

$$(3-5)$$

假定资本、劳动力和能源的价格分别为 r、ω 和 ρ，且均为外生给定，则 $c_Y = r \cdot \tilde{K} + \omega \cdot \tilde{L} + \rho \cdot \tilde{E}$。其中，$\tilde{K}$、$\tilde{L}$、$\tilde{E}$ 分别表示生产单位潜在产出 $Y(t)$ 时的资本、劳动力和能源投入量。求解式（3-5）的最优化问题，可得一阶条件如下：

$$(1-\delta) \cdot (A_{green} \cdot P) \cdot \tau = \delta \cdot Y(t) \cdot c_Y \qquad (3-6)$$

假定产品 X 的价格外生给定，记为 P_Y。当市场完全竞争时，所有厂商的总利润为 0，因此有：

$$P_Y \cdot Y(t)_{real} = \tau \cdot (A_{green} \cdot P) + c_Y \cdot Y(t) \qquad (3-7)$$

通过相应的推导和变换，最终可将污染排放函数写为：

$$P = \frac{\delta \cdot P_Y \cdot (1-\theta) \cdot A \cdot K^\alpha \cdot L^\beta \cdot E^\gamma}{(\tau \cdot A_{green})} \qquad (3-8)$$

进一步对式（3-8）等号两边取对数，最终可得：

$$\ln P = \ln C + \alpha \ln K + \beta \ln L + \gamma \ln E - \ln(A_{green}/A) - \ln\tau \qquad (3-9)$$

式（3-9）中 $\ln(A_{green}/A)$ 反映了厂商所选择技术组合的绿色偏向性特征，即绿色技术和污染型技术的相对水平，$\ln(A_{green}/A)$ 的值越大，表示绿色技术的比例越高，生产技术的"绿色"特征越强；$\ln(A_{green}/A)$ 的值越小，表示污染型技术的比例越高，即生产技术的"肮脏"特征越强。

克拉普（2011）指出，自工业革命以来的大量新技术均具有典型的"肮脏"特性，技术创新的目的主要是扩大生产规模和提升生产效率，因此造成了化石能源和环境资源的消耗急剧上升，引发了大规模的环境污染。孙军和高彦彦（2014）的研究表明，假设使用绿色技术恰好可以养活一个地球的人数，那么在使用污染型技术的情况下，养活相同的人数则需要 6.79 个地球。由此可知，污染排放量的下降和环境质量的改善，实质上取决于绿色技术的创新水平；一国经济发展模式从"灰色经济"向"绿色经济"转变的根本标志，是其技术进步方向由污染型向清洁型的转变（Lan & Han，2012；张旭和李伦，2016）。

第四章

绿色技术创新、正外部性
与中国环境污染治理

第一节　研究背景

早在20世纪70年代，罗马俱乐部在其《增长的极限》一书中便指出，技术进步并不一定总能带来环境质量的提高。如果一项新技术的使用将最终导致新的污染源出现，那么技术进步效应对环境质量改善的作用将非常有限（陆旸，2012）。这表明，并非所有的技术进步都是清洁的和环保的。若仅宽泛地考察技术进步的环境效应而不区分技术进步的类型和方向，即若不对污染型技术（dirty technology）和绿色技术（green technology）进行细致的区分，就无法为中国实现经济发展与环境保护的"双赢"提供科学、有效的引导或建议，甚至会误导政策制定者作出错误的政策判断。针对我国经济转型攻坚期所面临的发展方式粗放、资源约束趋紧、生态环境持续恶化等现实问题，党的十九大报告指出，中国未来应构建市场导向的绿色技术创新体系，在创新引领、绿色低碳等领域培育新增长点、形成新动能，加快建立健全绿色低碳循环发展的经济体系。然而，我国绿色技术的研发和创新尚处于理念渗透阶段，其在环境保护和经济转型中的作用仍较为有限。因此，深入探讨绿色技术的内涵、属性及其在环境污染治理中的作用机制，是推动中国技术进步进入绿色创新通道的内在要求，对加快我国发展方式绿色转型、打好污染防治攻坚战具有重要的理论价值和现实意义。

综上所述，本章将尝试在以下几个方面做出新的贡献：一是重点关注污染型技术进步与绿色技术进步的区分，并在此基础上着重考察绿色技术进步的环境效应及其作用机制；二是由于绿色技术将产生显著的正外部性，技术进步由污染型向清洁型的转变并不会自然发生，需要环境规制的外生引导和激励（周晶森等，2017）。因此，应进一步将环境规制作为调节变量纳入研究框架，以考察环境规制是否有效纠正了由绿色技术正外部性所导致的市场失灵，是否显著加强了绿色技术进步的环境治理效应。

第二节　研究设计：计量模型及指标度量

一、计量模型的构建

在第三章理论模型式（3－9）的基础上，通过引入相应的控制变量，构建本章实证研究的计量模型式（4－1）；并进一步引入绿色技术进步与环境规制的交互项 $\ln GTECH \times \ln REG$，构建计量模型式（4－2）。为了消除异方差，对所有变量取自然对数，计量模型构建如下：

$$\ln POL_{i,t} = \alpha_0 + \alpha_1 \ln TECH_{i,t} + \alpha_2 \ln REG_{i,t-1} + \alpha_3 Z_{i,t} + \varepsilon_{i,t} \qquad (4-1)$$

$$\ln POL_{i,t} = \beta_0 + \beta_1 \ln GTECH_{i,t} + \beta_2 \ln REG_{i,t-1}$$
$$+ \beta_3 (\ln GTECH_{i,t} \times \ln REG_{i,t-1}) + \beta_4 Z_{i,t} + \varepsilon_{i,t} \qquad (4-2)$$

其中，i 表示工业行业（$i = 1, 2, \cdots, 35$），t 表示时间。被解释变量为污染排放强度综合指数（POL）；式（4－1）中，$TECH = (DTECH, GTECH)$ 表示技术进步指标的集合，其中，$DTECH$ 为污染型技术进步指标，$GTECH$ 表示绿色技术进步指标；REG 为环境规制强度指数，由于企业的减排决策、技术决策等行为对环境规制的反应存在一定的滞后性，因此选取环境规制强度指数的滞后一期纳入计量模型；$Z_{i,t}$ 表示控制变量的集合，主要包括资本—劳动比（K/L）、所有制结构（$OWNER$）、外资进入程度（FDI）、人均产值（$perGDP$）及其平方项。$\varepsilon_{i,t}$ 为误差项。

二、指标说明

由于工业是污染排放的主体，同时考虑到数据的可得性和统计口径的一致性，本章以中国 35 个工业行业为研究对象，[①] 并选取 2002～2014 年[②]的面板数据进行实证研究。原始数据分别来自于历年的《中国统计年鉴》《中国工业经济统计年鉴》《中国环境年鉴》《中国环境统计年鉴》《中国能源统计年鉴》《中国科技统计年鉴》和国研网数据库。指标的选取和度量方式具体说明如下。[③]

1. 污染排放强度综合指数（POL）

选取工业行业的"三废"排放量，即工业废水排放量、工业废气排放量[④]和工业固体废弃物产生量的数据，参照傅京燕和李丽莎（2010）的研究，构建工业分行业污染排放强度指数的方法如下：

首先，计算各工业行业单项污染物的排放强度 $PI_{i,j} = E_{i,j}/Y_i$。其中，i 指工业行业（$i = 1, 2, \cdots, 35$），j 指各类污染物（$j = 1, 2, 3$）；$PI_{i,j}$ 表示行业 i 污染物 j 的排放强度，即该行业污染物 j 的排放总量 $E_{i,j}$ 与该工业行业总产值 Y_i 之比。其次，对各单项污染排放强度 $PI_{i,j}$ 进行线性标准化处理，得到相应的标准化值 $PI_{i,j}^s$，以消除指标间在量纲上的矛盾性和不可公度性。最后，将上述得到的各种污染排放强度的标准化值进行等权重加权平均，最终得到各行业的污染排放强度综合指数 $POL_i = (1/3) \sum_{j=1}^{j} PI_{i,j}^s$。

2. 绿色技术进步指数（GTECH）

对绿色技术进步的度量是本章研究的重要环节。现有文献中对绿色技术进步的度量主要有两种方法：一是构建环境效率指标来衡量（Robaina-Alves et al.，2015；Levidow et al.，2016），二是选取绿色全要素生产率指标作为代

---

① 其中，剔除木材及竹材采运业、其他采矿业、工艺品及其他制造业、废弃资源综合利用业、开采辅助活动，以及金属制品、机械和设备修理业等 6 个行业；将 2000～2011 年的"橡胶制品业"和"塑料制品业"合并为"橡胶和塑料制品业"，将 2012 年以后的"汽车制造业"和"铁路、船舶、航空航天和其他运输设备制造业"合并为"交通运输设备制造业"，最终将工业行业数据确定为 35 个。样本企业为全部国有及规模以上非国有工业企业。

② 选择此时间窗口的原因有二：一是限于工业行业数据的可得性；二是这一时间段较具有代表性，包含了中国环境污染治理的重要转折点，如 2006 年，"十一五"时期的起始之年，中国首次将污染排放总量作为经济社会发展的约束性指标。下文关于中国工业行业层面的实证研究中，对数据时间窗口的选择，原因与此相同。

③ 各变量的描述性统计及对绿色技术进步的简单描述性分析备索。

④ 工业废气排放量等于工业二氧化硫排放量和工业烟粉尘排放量的加总。

理变量（Sueyoshi & Wang, 2014；Beltrán-Esteve & Picazo-Tadeo, 2015）。沿用景维民和张璐（2014）的思路, 绿色技术进步不仅可能来源于新的绿色技术的发明创造、引入及应用, 也可能来源于现有设备的质量改进、各行业对现行技术知识吸纳能力的提高等, 因此, 本章选用第二种度量方法, 运用绿色全要素生产率以综合度量由技术变化和效率变化所共同带来的绿色技术进步。采用福山雅治和韦伯（Fukuyama & Weber, 2009）及王兵等（2010）提出的考虑能源和环境因素的基于松弛量的方向性距离函数（SBM - DDF）, 以及钱伯斯等（Chambers et al., 1996）提出的卢恩伯格（Luenberger）生产率指数作为绿色技术进步指数。[1]

本章使用 Max DEA 软件对绿色技术进步指数进行测算, 所使用的数据说明如下：期望产出为工业行业以 2001 年不变价表示的工业总产值；非期望产出选用各行业 CO_2 排放量、工业废气排放量、工业废水排放量和工业固体废弃物产生量四个指标, 由于 CO_2 排放量的数据无法直接获取, 本章按照 2006 年联合国政府间气候变化专门委员会（IPCC）提供的方法, 以各行业历年所消耗的煤炭、石油和天然气三种主要的一次能源为基准对 CO_2 排放量进行了估算。要素投入指标主要包括劳动投入, 采用各行业从业人员数来衡量；资本投入, 选用以 2001 年不变价表示的固定资产投资净值来衡量；能源投入, 选用折合为万吨标准煤的工业行业能源消费总量来衡量。此外, 采用卢恩伯格生产率指数的分解来源之一, 即纯绿色技术进步率（GTC）作为绿色技术进步的另一代理变量,[2] 用于稳健性检验。

由于这一方法得到的测算结果是 $t+1$ 期的绿色技术进步指数（GTECH）和纯绿色技术进步率（GTC）相对于 t 期的环比增长率。为了考虑绿色技术进步在各年间的动态变化, 我们将环比指数相应地转换为以 2002 年为基期的累积指数。[3]

3. 污染型技术进步指数（DTECH）

根据《中国环境年鉴（2015）》公布的数据, 2014 年中国各级环境保

---

[1] 卢恩伯格生产率指数的具体测算方法请参考原毅军和谢荣辉（2016）。

[2] 卢恩伯格生产率指数可视为广义的绿色技术进步, 即包含纯绿色技术进步和绿色技术效率改善；与此相对应, 纯绿色技术进步率则可视为狭义的绿色技术进步。

[3] 由于部分累积指数的数值为负, 无法进行简单的对数变换, 因此参考马纳吉和耶拿（Managi & Jena, 2008）的做法, 将所有值加 1 后再进行逐年累乘, 继而进行对数变换后所得的值作为实证检验中的核心解释变量。

护科研机构的人员数为 7289 人，仅占同期全国研发（R&D）总人数的 0.14%；根据国家知识产权局公布的 2018 年第 14 期《专利统计简报》可知，2017 年中国绿色专利申请量是 8.1 万件，仅占同期中国发明专利申请量的 6.4%。由此可知，中国当前工业企业的研发活动普遍针对的是污染型技术。这亦与董直庆等（2014）的数值模拟结果相一致，其认为中国现阶段的技术进步具有明显的污染型特征。因此，本章选取各工业行业 R&D 经费内部支出总额作为污染型技术进步水平的代理变量，具有一定的合理性。鉴于研发投入与技术成果应用之间存在一定的时间滞后性，因此选取 *DT-ECH* 指标的滞后一期值纳入计量方程。

4. 环境规制强度（REG）

目前，中国尚未形成系统性的环境管制模式，也尚未公布工业分行业的排污费征收数据。基于数据的可得性和完整性，本章分别选取工业各行业废水和废气治理设施本年运行费用占该行业成本费用总额（*REG*1）以及占该行业营业收入总额（*REG*2）的比重，通过刻画各工业行业的减排努力以度量环境规制强度（Lanoie et al.，2008；景维民和张璐，2014）。其中，工业行业的成本费用总额由该行业的财务费用、销售费用、管理费用和主营业务成本加总而得。

5. 控制变量

本章包含的 4 个控制变量如下：（1）资本—劳动比（*K/L*）：用于衡量行业的要素禀赋结构，行业的资本密集度越高，其污染排放越高。（2）所有制结构（*OWNER*）：由于在研发能力、融资渠道、政府调控力度等方面存在较大的差异，国有企业和民营企业即便在面临相同的环境约束时也可能作出不同的绿色技术决策和不同的减排决策。本章采用国有控股工业企业的从业人员数占全部规模以上工业企业从业人员数的比重作为所有制结构的度量。（3）外资进入程度（*FDI*）：由于目前在统计年鉴等统计资料中尚未公布中国工业分行业外商直接投资的相关指标数据，本章选取了工业各行业中外商投资企业和港澳台投资企业的固定资产合计占全部规模以上工业企业固定资产合计的比重来衡量。（4）人均产值（*perGDP*）及其平方项（*perGDP*²）：由工业行业的增加值与就业人数之比计算而得。

第三节　实证结果与分析

在以上计量模型设定及数据说明的基础上，这一部分对绿色技术进步的环境效应进行了实证考察。首先对中国工业行业总样本进行了回归分析；其次，考虑到污染密集型产业往往受到政府和社会的高度关注，对其实施的环境监管亦更加严格；清洁行业的低污染特征则更多是内生的，而不是为了应对环境规制而人为加强的（李巍和郗永勤，2017），因此本章进一步对污染密集型行业进行了专门的实证检验及分析。在回归方法上，首先使用静态面板固定效应模型得到初步的估计结果，但是当模型存在较为严重的内生性时，该估计结果将是有偏和不一致的。产生内生性的原因有二：一是变量间存在双向因果关系，即污染排放水平反过来对解释变量产生影响；二是遗漏变量问题，即模型中遗漏的变量与其他解释变量相关。本章对内生性问题的处理如下：将可能存在双向因果关系的变量（如污染排放指标、环境规制）作为内生变量，以其一阶至三阶的滞后值作为工具变量，从而将内生变量转换成前定变量进行处理；对于模型中可能遗漏变量的问题，本章将解释变量的一阶滞后作为解释变量纳入模型，通过这种方式，既能刻画环境污染排放的动态特征，又能将其他影响污染排放的因素涵盖进来，从而有效地降低模型的设定偏误。本章将使用差分 GMM 方法对模型进行动态估计，以得到更为稳健、可靠的估计结果。

一、工业行业的全样本回归结果分析

表 4-1 中的列（1）、列（2）、列（3）分别报告了固定效应模型（FE）和差分 GMM 对计量模型（4-1）和模型（4-2）的估计结果，由表4-1 中的结果可知，固定效应模型的 F-统计量均显著，表明模型设定是合理的，但 R^2 统计量的值则普遍较小，且各变量估计系数的显著性均表现较差；而差分 GMM 的估计结果均通过了自相关检验和过度识别检验，证明了误差项 $\varepsilon_{i,t}$ 不存在自相关，且每组实证回归中工具变量的选择都是有效的。因此，差分 GMM 较好地控制了经济变量的时间滞后效应，并有效解决了内生性问题，因而明显优于固定效应模型。基于此，本章将着重就差分 GMM

的估计结果进行分析和讨论。

表 4 - 1　　　　绿色技术进步、环境规制与污染排放的回归结果

解释变量	列（1）		列（2）		列（3）	
	列（1-1）FE	列（1-2）差分 GMM	列（2-1）FE	列（2-2）差分 GMM	列（3-1）FE	列（3-2）差分 GMM
$POL_{i,t-1}$		0.2334 *** (0.0371)		0.4213 *** (0.0291)		0.2519 *** (0.0382)
$GTECH_{i,t}$			0.1957 (0.1644)	− 0.6575 *** (0.1952)	0.0056 (0.4422)	− 1.6344 *** (0.1147)
$DTECH_{i,t-1}$	0.2047 *** (0.0674)	0.1375 *** (0.0152)				
$REG1_{i,t-1}$	0.1327 *** (0.0438)	− 0.0286 *** (0.0095)	0.1115 ** (0.0436)	− 0.0897 *** (0.0108)	0.1084 ** (0.0442)	− 0.1183 *** (0.0087)
$GTECH_{i,t} \times REG1_{i,t-1}$					− 0.0253 (0.0546)	− 0.1309 *** (0.0150)
$K/L_{i,t}$	0.0495 (0.1406)	− 0.2191 *** (0.0743)	0.2388 * (0.1254)	− 0.2591 *** (0.0694)	0.2425 * (0.1258)	− 0.1717 ** (0.0764)
$OWNER_{i,t}$	0.1695 (0.1057)	0.0454 (0.0765)	− 0.0112 (0.0878)	− 0.1873 *** (0.0324)	− 0.01379 (0.0881)	− 0.1789 *** (0.0308)
$FDI_{i,t}$	− 0.1532 ** (0.0726)	− 0.3104 *** (0.0347)	− 0.1364 * (0.0758)	− 0.4037 *** (0.0408)	− 0.1371 * (0.0759)	− 0.3325 *** (0.0608)
$perGDP_{i,t}$	0.1033 (0.1045)	0.1825 *** (0.0223)	0.0834 (0.1055)	0.1433 *** (0.0176)	0.0826 (0.1056)	0.1101 *** (0.0115)
$(perGDP_{i,t})^2$	− 0.0079 (0.0123)	− 0.0164 *** (0.0031)	− 0.0078 (0.0124)	− 0.0140 *** (0.0026)	− 0.0077 (0.0124)	− 0.0100 *** (0.0011)
$cons$	− 5.5224 *** (0.6182)		− 3.7286 *** (0.3161)		− 3.7721 *** (0.3301)	
观测量	414	379	414	379	414	379
R^2 统计量	0.1802		0.2895		0.3118	

续表

解释变量	列（1）		列（2）		列（3）	
	列（1-1） FE	列（1-2） 差分 GMM	列（2-1） FE	列（2-2） 差分 GMM	列（3-1） FE	列（3-2） 差分 GMM
F-统计量（p 值）	0.0020***		0.0382**		0.0586*	
Hansen 检验（p 值）		p = 1.0000		p = 1.0000		p = 1.0000
AR（1）-p 值		0.0040***		0.0030***		0.0050***
AR（2）-p 值		0.0800*		0.0600*		0.1110
AR（3）-p 值		0.9210		0.7850		

注：（1）括号里的数字代表标准差；（2）***、**和*分别表示在1%、5%和10%水平上变量显著。

观察每组差分 GMM 估计所反映出的动态特征可知，上一期的污染排放强度与本期污染排放强度均呈现出显著为正的相关关系，意味着环境污染显著受到自身惯性的影响，呈现出了较强的自累积效应。表4-1中，列（1-2）的回归结果表明，污染型技术进步是促进污染排放增加的关键因素，污染型技术进步水平每提高1%，将导致污染排放增加0.1375%。列（2-2）的结果显示，绿色技术进步呈现出显著的环境改善效应，绿色技术进步水平每提高1%，可相应促进污染排放减少0.6575%；环境规制亦有效发挥了环境监管的作用，其估计系数为-0.0897，且在1%的水平上显著。由于技术进步存在一定的路径依赖（Acemoglu et al.，2009），如果企业在初期使用的技术为污染型技术，则其后期研发的技术有极大的可能仍为污染型技术；而如果企业在初期使用的技术为绿色技术，则其后期研发的技术极可能仍为绿色技术。这意味着，在经济绿色转型的初期，政府更应集中资源、加大力度来激励、扶持工业企业由污染型技术向绿色技术创新转型，从而有助于在全行业、全社会形成绿色的、清洁的技术创新路径。

列（3-2）的结果显示，绿色技术进步指数、环境规制强度及二者交互项的估计系数均为负，且在1%的显著性水平下强烈显著，表明环境规制起到了积极的调节作用。由于模型结果对于环境规制的调节作用所带来的增强效应并不直观，根据列（3-2）的结果，进一步量化绿色技术进步和环境规制强度的边际减排效应，如表4-2所示。可以看出，当引入绿色技术进步和环境规制的交互项后，相较于列（2-2）的结果，列（3-2）中绿色技术进步指数的边际减排效应显著增强，其对污染减排的边际贡献由 0.6575 提高至 0.7438①，由此可知，环境规制作为调节变量，有效纠正了绿色技术外部性所导致的"市场失灵"，加强规制强度能够显著提升绿色技术进步对环境治理的促进效果。

表 4-2　　　　　　　绿色技术进步与环境规制强度的边际效应

项目	绿色技术进步的边际效应	环境规制强度的边际效应
列（2-2）	-0.6575	-0.0897
列（3-2）	-0.7438	-0.0951

关于控制变量，由表 4-1 中列（3-2）的回归结果可知，资本—劳动比（K/L）对污染排放强度具有显著的抑制作用，作用系数为 -0.1717，可能的解释是，企业的污染减排活动通常是资本密集型的，治理污染需要额外的投资，如引进清洁生产技术、安装污染治理设备等，因此企业的资本深化程度越高，就越有利于开展污染减排活动（Wang & Yuan，2018）。所有制结构（$OWNER$）与污染排放强度呈显著的负相关关系，表明国有企业比重的提高有利于促进污染减排。可能的原因是，一方面，国有企业承担了更多的社会责任，需要面对来自政府、消费者等更大的减排压力；另一方面，国有企业由于能够获得更多的研发资金等资源用于绿色技术创新和污染减排活动，因此取得了更好的环境效益。外资进入程度（FDI）的系数为负且在 1% 水平上显著，表明中国并未成为发达国家的"污染避难所"，FDI 比内资企业能够带来更多先进的绿色技术和环境控制标准，并通过人员流动、"干中学"等途径向内资企业溢出，从而对环境污染起到了显著的改善作用。人均收入（$perGDP$）及其二次项的系数均在 1% 水平上显著，且与污染排放强度呈倒"U"型关系，验证了环境库兹涅茨假说在中国是成立的。

二、污染密集型行业的回归结果分析

对于污染密集型行业的识别，本章以前文中测算的污染排放强度综合指

---

① 根据交互项的定义，绿色技术进步边际贡献的计算公式为：$-1.6344 - 0.1309 \times \ln REG1_{i,t-1}$，其中，选取 $\ln REG1_{i,t-1}$ 的全行业年平均值进行具体计算。下同。

数作为行业分组的标准。首先，为了平滑短期波动的影响，计算本章时间窗口期内各工业行业污染排放强度指数的年均值；其次，参考童健等（2016）的做法，以该指数年均值的中位数作为工业行业分类的依据，即选择污染排放强度指数大于或等于该中位数的行业作为污染密集型行业。[①] 在回归方法上与前文保持一致，分别运用固定效应模型和差分 GMM 方法进行回归估计。需要说明的是，差分 GMM 要求面板数据的截面长度 N 显著大于时间长度 T，所得到的估计结果才是一致的。为了保证差分 GMM 对面板数据结构的要求，本章将子样本的时间窗口缩短为 2006～2014 年，而固定效应模型回归中子样本数据的时间窗口则保持不变（仍为 2002～2014 年）。由表 4 - 3 中的估计结果可知，每组固定效应模型的 F - 统计量均不显著，而差分 GMM 的估计结果则均通过了自相关检验和过度识别检验，表明内生性问题导致固定效应模型的回归结果产生了较为严重的偏差，而差分 GMM 方法所得到的估计结果则更加可靠。

表 4 - 3　　　　　　　　　　污染密集型行业的回归结果

解释变量	列（1）		列（2）		列（3）	
	列（1-1）FE	列（1-2）差分 GMM	列（2-1）FE	列（2-2）差分 GMM	列（3-1）FE	列（3-2）差分 GMM
$POL_{i,t-1}$		0.1514 *** (0.0578)		- 0.0822 (0.2142)		- 0.3700 *** (0.0578)
$GTECH_{i,t}$			- 0.0148 (0.1398)	- 0.7918 *** (0.3033)	0.4228 (0.3085)	- 0.7668 *** (0.2515)
$DTECH_{i,t-1}$	0.0498 (0.0643)	0.0074 (0.0153)				
$REG1_{i,t-1}$	0.0012 (0.0385)	- 0.0251 *** (0.0087)	- 0.0045 (0.0380)	- 0.0604 *** (0.0232)	0.0102 (0.0390)	- 0.0584 ** (0.0249)
$GTECH_{i,t} \times REG1_{i,t-1}$					0.0650 (0.0409)	0.0189 (0.0393)

① 本章最终确定了18个工业行业为污染密集型行业，分别是：石油加工、化学纤维、食品加工、有金冶炼、化学工业、纺织业、黑金冶炼、造纸制品、食品制造、非金制品、非金采选、医药制造、饮料制造、电力热力、黑金采选、有金采选、水的生产、煤炭采选。

解释变量	列（1）		列（2）		列（3）	
	列（1-1） FE	列（1-2） 差分 GMM	列（2-1） FE	列（2-2） 差分 GMM	列（3-1） FE	列（3-2） 差分 GMM
$K/L_{i,t}$	-0.0405 (0.1151)	-0.1267 (0.1254)	-0.0008 (0.1030)	0.3295 (0.2512)	-0.0281 (0.1040)	-0.4412 *** (0.1402)
$OWNER_{i,t}$	0.0422 (0.1026)	-0.5366 *** (0.1255)	-0.0013 (0.0872)	-0.9340 *** (0.2192)	0.0070 (0.0870)	-0.7815 *** (0.1900)
$FDI_{i,t}$	0.0708 (0.0604)	-0.2053 (0.1623)	0.0778 (0.0600)	0.3993 *** (0.1144)	0.0882 (0.0602)	-0.7220 * (0.3734)
$perGDP_{i,t}$	-0.0885 (0.1194)	-1.8933 (1.8974)	-0.0887 (0.1196)	-7.5201 *** (1.2702)	-0.0846 (0.1192)	-1.1701 (2.9900)
$(perGDP_{i,t})^2$	0.0104 (0.0142)	0.3438 (0.3361)	0.0097 (0.0142)	1.2111 *** (0.2126)	0.0092 (0.0142)	0.2072 (0.5386)
$cons$	-2.2122 *** (0.6592)		-1.7649 *** (0.3082)		-1.5513 *** (0.3351)	
观测量	213	123	213	123	213	123
R^2 统计量	0.1564		0.1133		0.2395	
F-统计量（p 值）	0.9164		0.9575		0.8006	
Hansen 检验（p 值）		p = 1.0000		p = 1.0000		p = 0.9970
AR（1）-p 值		0.0010 ***		0.0670 *		0.0640 *
AR（2）-p 值		0.3170		0.3950		0.3860

注：（1）括号里的数字代表标准差；（2）*** 、** 和 * 分别表示在 1% 、5% 和 10% 水平上变量显著。

  表 4-3 中列（1-2）的回归结果表明，污染型技术的估计系数未通过显著性检验，因此未能对污染密集型行业的污染减排发挥有效的影响。列（2-2）和列（3-2）的估计结果表明，绿色技术进步和环境规制均有效抑制了环境污染排放，但二者的交互项并未通过显著性检验①，表明环境

———————

  ① 当变量的估计系数未通过显著性检验时，可视作该变量对被解释变量的影响为 0。

规制不仅未能对污染密集型行业绿色技术进步的环境效应起到有效的调节效应，还导致了绿色技术进步对污染减排的边际贡献由 0.7918 略降至 0.7668。可能的解释是，虽然近年来中国的环境规制强度大幅提高，但仍然以行政命令手段为主；而行政命令手段压缩了企业自主选择污染治理措施的空间，导致企业更多地采取被动的短期策略，而非绿色技术研发等长期战略。

2013 年国务院发布的《大气污染防治行动计划》，明确规定了燃煤电厂、钢铁、石油炼制、金属冶炼等行业的脱硫技术标准，同时严格控制化工、钢铁、水泥等"两高"行业新增产能、加快落后产能的淘汰。另一项针对污染密集型行业的代表性政策是将同行业的污染密集型企业集中起来建立工业园区，通常由地方政府总体规划，并配备污染集中处理系统等基础设施，以便于对污染排放进行监管和集中治理（Zhou et al., 2017）。由此可见，目前的环境规制体系，仍然处于强制企业"遵循"的阶段，而尚未激发"创新补偿效应"。污染密集型企业作为环境规制的首要目标，在日趋增强的规制压力下，其更可能采取迅速"处理"所产生的污染物的短期行为，以满足环境规制的要求，而不是进行能够减少污染物"产生"的绿色技术研发的长期投资，因此对绿色技术进步的激励作用极其有限。

三、稳健性检验

为了考察上文中工业行业总样本及污染密集型行业子样本的回归结果的稳健性，本章选取了纯绿色技术进步率（GTC）以及采用污染治理设施运行费用占营业收入额的比重（REG2）衡量的环境规制强度指标对上述计量模型进行了同样的估计，所得结果与表 4 – 1 及表 4 – 3 中的对应结果较为吻合。①

第四节　主要结论与政策启示

随着中国经济社会迈入新时代，环境污染治理工作亦进入了关键时期。党的十九大报告将"绿水青山就是金山银山"确定为新时代的重要发展理

---

① 限于篇幅，稳健性检验的回归结果未在书中报告。

念，因此由"灰色经济"①模式向"绿色经济"增长模式的转型，并不是一个可供选择的选项，而是中国未来必须要走的发展道路。本章在区分污染型技术和绿色技术的基础上，通过将绿色技术引入标准的污染排放方程，构建了一个绿色技术进步影响环境污染治理的理论模型，并提出了本章的研究假设。理论研究的结论表明：并不是所有的技术进步都能带来环境污染排放的减少，其取决于绿色技术与污染型技术的相对水平，生产技术的"绿色"偏向性越大，则其产生的减排效应越大；然而，绿色技术具有显著的环境正外部性，将导致"市场失灵"，企业缺乏绿色技术研发和应用的内生动力，因此需要环境规制的外生约束和激励。在实证部分，本章利用2002～2014年中国35个工业行业的面板数据对理论研究部分所提出的假设进行了验证。结果表明，对于工业行业全样本而言：（1）目前，中国工业的技术研发活动仍具有显著的非绿色特征，即仍然依赖于污染型技术进步路径，尚未实现向绿色技术进步路径的成功转型，而污染型技术进步并不能带来环境质量的改善，反而是导致中国环境污染排放增加的重要因素；相比之下，绿色技术进步才是改善中国环境质量的关键手段，其有效减少了环境污染的排放。（2）引入绿色技术进步和环境规制的交互项后，绿色技术进步指数的边际减排效应显著增强，说明环境规制有效纠正了绿色技术外部性所导致的"市场失灵"，从而对绿色技术进步的环境改善效应起到了积极的调节作用。然而，污染密集型行业的子样本回归结果却显示：绿色技术进步和环境规制的交互项并未通过显著性检验，甚至导致了绿色技术进步对污染减排的边际贡献略有下降，表明目前对污染密集型工业行业所施加的以行政命令手段为主的环境规制，尚未有效纠正污染密集型行业绿色技术所引致的"市场失灵"，因此导致了相应行业主动开展绿色技术创新的动力不足。

本章的政策意义在于：

第一，由于污染密集型行业对环境规制的变动反应较慢，因此在制定环境政策时应充分考虑行业的异质性特征，对不同行业实行差异化的环境规制；针对纸浆造纸、水泥、印染、化工等高污染行业，应充分运用规划环评、环境准入、监督处罚机制等行政性工具，以及环境税、排污权交易、环

---

① 依赖高投入、高消耗和高排放的粗放型发展模式，被许多学者称为"灰色经济"或"灰色文明"，如联合国环境规划署（United Nations Environment Programme，UNEP）、经济合作与发展组织的系列研究报告等（UNEP，2011；OECD，2011）。

境补贴等市场型工具，建立以"市场型工具为主、行政性工具为辅"的环境政策体系，加强环境规制工具的优化组合，提高环境成本压力的效率和质量，从而有效驱动污染企业的绿色转型，避免环境规制单方面增加企业污染成本却难以形成绿色创新激励的状况的出现。

第二，虽然近年来，我国一再强调科技创新是引领发展的第一动力，并不断加大对企业研发的扶持力度，然而"创新驱动战略"的实施却未能扭转工业污染排放绝对量不降反升的事实，这意味着依靠经济体自身的运作难以转变中国当前污染密集型技术进步的路径依赖，相比于传统的技术创新，绿色技术创新更需要恰当的环境规制的引导。因此，政府层面应加强运用环境税收优惠、环境补贴等导向性规制工具，对开展基础性绿色技术研发的企业或科研院所给予一定的 R&D 补贴、税收减免或返还等政策扶持，对于取得关键性突破的企业，尤其是污染密集型企业则应给予相应的奖励，从而促进 R&D 资源在污染技术与绿色技术之间的重新配置，激励技术进步路径向清洁化、绿色化的方向转型。

第三，由于能源过度消耗和清洁技术的缺乏，污染密集型工业行业面临着更大的污染减排压力，对绿色转型具有更为紧迫的要求，因此除了借助环境规制的倒逼激励效应，以及政府对绿色研发补贴等扶持政策的大力倾斜之外，还应加快建立新兴产业和污染密集型行业互动耦合发展的长效机制，尤其是要发挥节能环保产业、新能源、新材料等新兴产业对污染密集型工业行业绿色技术研发及清洁技术改造的带动作用，应通过制定相应政策促进、鼓励新兴产业向污染密集型工业行业提供先进的绿色技术手段或技术改造方案，向开展绿色技术自主研发的企业提供咨询等服务，助力污染密集型工业行业突破高污染、高能耗的路径锁定。

第四，加强环境规制与科技创新政策的相互配合。根据《中国环境年鉴（2015）》公布的数据，2014 年中国环保科研机构的人员数仅占同期全国 R&D 总人数的 0.14%，可见我国绿色技术研发人才存在较大缺口。因此，科技创新政策应向绿色技术研发倾斜，重视绿色技术研发人才的培养，不断壮大全国绿色技术的研发规模；同时，应强化知识产权保护，推进产权制度改革，完善技术创新的知识产权保护体系，增强企业进行绿色技术创新的积极性。

第五章

中国工业绿色生产率的测算与评价

第一节 绿色生产率的概念界定

全要素生产率（total factor productivity，TFP）属于宏观经济学理论的范畴，被经济学家公认为是各国宏观经济增长的重要源泉。全要素生产率是相对于单要素生产率而言的。单要素生产率主要包括劳动生产率、资本生产率或能源生产率，可由产出与相应要素的投入之比计算而来，其衡量了劳动、资本或能源等某一生产要素的使用价值或使用效率。然而，一国的经济增长并不完全来自于资本、劳动、原材料和能源等实物投入要素的贡献。丁伯根（Tinbergen，1942）在研究美国经济增长的根源时，最早将经济增长的原因分解为投资和生产率两类，并首次提出了全要素生产率的概念。索洛（Solow，1957）将产出增长的来源分解为资本积累、劳动力增加和技术因子的贡献，并将该技术因子的贡献称为"增长余值"，其实质即为全要素生产率，用以衡量产出增长率中扣除了资本和劳动力的贡献后未被解释的部分。进一步地，索洛指出全要素生产率的变化主要归因于技术进步。乔根森（Jorgenson，1966）将全要素生产率表述为"余值或我们忽略的度量"，并将全要素生产率变化的来源归于"技术进步或知识更新"。由已有研究可知，"全"是指那些不能分别归因于有形的物质要素的、无法具体化的、对生产活动产生影响的要素。戴维斯（Davis，1955）强调，对于全要素生产率的测算应扣除资本、劳动、原材料和能源等全部实物要素的贡献。因此，全要素生产率衡量的是经济产出中扣除了劳动力、资本、土地等全部物质投入要素后，来自其他所有要素的贡献而导致的产出的增加值，是剔除了全部有形的物质要素的贡献后的"余值"。在经济增长中，当扣除了来自于生产要素增长所贡献的部分以后，剩余的则是全要素生产率增长所贡献的部分，而这一部分增长主要来源于技术创新和技术效率改善，因此全要素生产率对经济增长的贡献，反映了一国经济增长的质量。

随着由环境污染所引发的气候变暖等全球性环境问题越来越引起世界各国的关注，越来越多的学者意识到，能源耗竭和环境污染等问题已经成为一国经济可持续增长的刚性约束。同时，各国纷纷制定趋紧的环境管制政策，在环境管制的硬性要求下，被管制企业不得不将原本用于生产活动的资源配置到污染治理活动中，而对于环境管制存在着一定的经济成本这一观点，学术界已得出较为一致的意见。因此，在测算全要素生产率时，在考虑资本、劳动和原材料等传统实物投入要素的基础上，还应考虑资源、环境因素对经济增长的影响，以及环境管制政策的实施所产生的经济成本。

基于此，本章将在传统全要素生产率的基础上，把将能源资源消耗和环境污染排放纳入生产率核算体系所得到的全要素生产率界定为绿色全要素生产率（green total factor productivity，GTFP；以下简称为"绿色生产率"）。较早的研究往往将环境污染变量视作一种投入要素（Hailu & Veeman，2001；Ramanathan，2005），即只有匹配一定量的污染排放，生产活动才能顺利开展。然而郑丽琳和朱启贵（2013）指出，将污染排放视为投入要素的处理方法与实际生产过程并不吻合，无法满足污染排放约束下期望产出最大化的要求。钟阳昊等（Chung et al.，1997）在测度瑞典纸浆厂的 TFP 时，提出了方向性距离函数（directional distance function，DDF），这一方法可将污染排放看作生产活动的副产品，即非期望产出，以测算考虑环境因素的绿色生产率。随着生产率核算技术的不断发展，越来越多的研究认为，污染排放是生产正常商品过程中伴随的副产品，具有产出的性质，因此应当将其视作非期望产出（或"坏"产出），而非要素投入（李玲，2012）。进一步地，绿色生产率的来源可分解为绿色技术进步和绿色技术效率改善两部分，其中绿色技术进步能够扩展决策单元所面临的最优生产边界，绿色技术效率则表现为向最优生产边界的追赶速度。由此可知，绿色生产率是一个动态的概念（王兵等，2010；匡远凤和彭代彦，2012），反映了不同时点上决策单元向环境生产前沿面的追赶、其与环境生产前沿面的相对位置（绿色技术效率变化）以及环境生产前沿面的移动（绿色技术进步）。

第二节　绿色生产率的测算方法及其来源分解

一、环境生产前沿的构建

把每一个工业行业看作一个决策单元（decision making unit，DMU），并将一个考虑能源投入和非期望产出（如 SO_2 等污染排放物）的生产可能性边界称为环境生产前沿。环境生产前沿的构造，首先根据法罗等（Färe et al.，2007）的研究，将能源视作传统的投入要素纳入到环境生产前沿的构建框架中，并且构造一个既包含期望产出，又包含非期望产出的生产可能性集，称为环境技术（environmental technology）。假定每个决策单元使用 N 种投入 $x = (x_1, \cdots, x_N) \in R_N^+$，生产出 M 种期望产出 $y = (y_1, \cdots, y_M) \in R_M^+$，同时伴随 I 种非期望产出 $b = (b_1, \cdots, b_I) \in R_I^+$。在每一个时期 $t = 1, \cdots, T$；$k = 1, \cdots, K$ 个行业的生产可能性集（production possibility set，PPS）为 $P(x) = (x^{k,t}, y^{k,t}, b^{k,t})$，即

$$P(x) = \{(y, -b) : x \text{ 可以生产} (y, -b)\}, x \in R_N^+ \qquad (5-1)$$

假设生产可能性集是一个闭集和有界集，根据法罗等（2007）和王兵等（2008）的研究，生产可能性集必须满足如下三个关键假设：（1）期望产出和投入可自由处置（free disposability），即若 $x' \geqslant x$，则 $P(x) \subseteq P(x')$；若 $(y, b) \in P(x)$，且 $y' \leqslant y$，则 $(y', b) \in P(x)$。（2）非期望产出满足"弱可处置性"公理（weak disposability of outputs），即若 $(y, b) \in P(x)$，且 $0 \leqslant \theta \leqslant 1$，则有 $(\theta y, \theta b) \in P(x)$，表明当期望产出 y 和非期望产出 x 同比例减少时，仍然在生产可能性集中。这意味着企业对非期望产出的处置需要付出成本，即非期望产出的减少必然会占用一部分资源，从而导致期望产出的减少。（3）"零结合"公理（null-jointness axiom），也称为副产品公理（byproducts axiom），即若 $(y, b) \in P(x)$，且当 $b = 0$ 时，则 $y = 0$。这意味着，非期望产出 b 是期望产出 y 的副产品，因此当一个决策单元生产一定量的期望产出时，则必然伴随产生一定量的非期望产出。

借助图 5 - 1 对同时包含期望产出和非期望产出的生产可能性集进行更为生动的刻画，并构建出相应的环境生产前沿面。如图 5 - 1 所示，x 轴表示非期望产出 b，y 轴表示期望产出 y，假设有 C、D、E 三个决策单元，x^i，y^i，b^i 分别表示决策单元 i（$i=1$，2，3）的投入要素、期望产出和非期望产出。当非期望产出满足"强处置"假设时，企业可无限量地生产非期望产出而不受其制约。此时，决策单元 E 取得了最大的期望产出，因此其是最有效率的单位，此时的环境则由与 x 轴平行的虚线 FH 表示，决策单元 E 在环境上进行生产，其最大的期望产出为 y_E，对应的生产可能性集为 $\{0,$ $y_E\}$，即虚线 FH 与 x 轴之间的部分。当综合考虑期望产出和非期望产出，且满足"弱处置"公理时，环境为包络线 OCBDE，此时，虽然决策单元 C 和 D 的期望产出比 E 的期望产出低，但这并不意味着 C 和 D 的效率低于 E，由于 C 和 D 将部分期望产出用于减少非期望产出，因此取得了更低的非期望产出，与 E 同样在环境上开展生产活动。此时的生产可能性集为包络线 OCBDE 与 x 轴之间的部分。

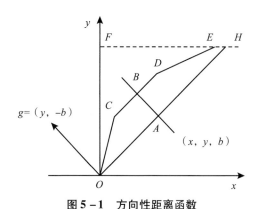

图 5 - 1　方向性距离函数

资料来源：参见陈诗一（2010a）。

图 5 - 1 中的向量 $g=(y，-b)$ 指的是期望产出增加的同时，实现非期望产出的下降，即生产率提升的方向。直线 AB 与向量 g 平行，生产单元由 A 点向 B 点的运动表明通过绿色技术效率改善和绿色技术进步向环境面的追赶，意味着绿色生产率的提升。运用数据包络分析（DEA）可将上述生产可能性集进行模型化处理：

$$P^t(x^t) = \{(y^t, b^t) : \sum_{k=1}^{K} \lambda_k^t y_{km}^t \geqslant y_{km}^t, \quad \forall m; \quad \sum_{k=1}^{K} \lambda_k^t b_{ki}^t = b_{ki}^t, \quad \forall i;$$

$$\sum_{k=1}^{K} \lambda_k^t x_{kn}^t \leqslant x_{kn}^t, \quad \forall n; \quad \sum_{k=1}^{K} \lambda_k^t = 1, \lambda_k^t \geqslant 0, \quad \forall k\} \qquad (5-2)$$

式（5-2）中，期望产出 y 和投入要素 x 的不等式约束表明其是可自由处置的；非期望产出 b 的等式约束表明满足弱可处置性定理。λ_k^t 表示每个横截面观测值的权重，$\sum_{k=1}^{K} \lambda_k^t = 1$，$\lambda_k^t \geqslant 0$，$\forall k$ 这一约束条件意味着生产技术为可变规模报酬（VRS）；若去掉约束条件 $\sum_{k=1}^{K} \lambda_k^t = 1$，则表示规模报酬不变（CRS）。

二、绿色生产率指数的测算及其来源分解

上文中已构建出综合考虑期望产出和非期望产出的环境，但仅仅是对概念的解释，而无助于构建生产率指数并进行测算和分解。钟阳昊等（Chung et al., 1997）在测度瑞典纸浆厂的 TFP 时，提出了方向性距离函数（directional distance function, DDF），这一方法可将污染排放看作非期望产出而纳入全要素生产率的测算框架中，解决了在增加期望产出的同时降低非期望产出的生产效率的测度问题，因此得到了广泛的应用。得益于钟阳昊等（Chung et al., 1997）的开创性研究，众多国内外学者纷纷开展了基于各国样本的绿色生产率的测算和研究，且主要聚焦于两种测算方法的应用，一种是基于方向性距离函数对曼奎斯特—卢恩伯格生产率指数（以下简称"ML生产率指数"）进行测算（Oh, 2010；雷明和虞晓雯，2013；Ananda & Hampf, 2015；Li & Lin, 2016）；另一种是基于松弛量的方向性距离函数（slack-based measure, SBM）与卢恩伯格生产率指数相结合的测算方法（王兵等，2010；Feng & Serletis, 2014；梁俊和龙少波，2015；Zhang & Wang, 2015）。上述两种方法均适用于测算包含非期望产出的绿色全要素生产率。但就两种方法的特点进行对比分析，一方面，福山雅治和韦伯（Fukuyama & Weber, 2009）探究了 SBM 方法与方向性距离函数的关系：在界定环境技术的约束条件时，若不存在松弛变量，则 SBM 等同于方向性距离函数；但当存在松弛变量时，由于方向性距离函数无法反映松弛变量的特征，从而往往会低估技术的非效率。另一方面，ML 生产率指数的测算过程中要求采用径

向数据包络分析方法（DEA）且需要选择测算角度，然而当存在投入过度或产出不足的情况时，径向 DEA 往往会低估决策单元的非效率水平；角度 DEA 则往往因忽视了投入或产出的某一方面，而得到并不准确的效率测量结果（王兵等，2010；彭星，2015）。而卢恩伯格生产率指数的测算过程中无须选择测度径向或测度角度，比 ML 生产率指数更科学，且更具一般性。

　　因此，本章选择上述第二种方法，即基于 SBM 和卢恩伯格生产率指数相结合的方法来测算中国工业行业的绿色生产率，并对其增长来源进行分解。

1. SBM 方向性距离函数

　　在托恩（Tone，2001）的研究基础上，福山雅治和韦伯（2009）以及法罗和格罗斯科夫（Färe & Grosskopf，2010）发展出了更加一般化的非径向、非角度的 SBM 方向性距离函数，但其所发展的测度方法中，只包含了期望产出，而未能考虑同时包含非期望产出的情况。托恩（2003）所发展的 SBM 测度模型虽然包含了非期望产出，但由于该模型为非线性模型，运用过程中需要将其进行线性模型的转化，因此影响了其使用的范围。王兵等（2010）在上述研究的基础上，对福山雅治和韦伯（2009）的方法进行了扩展，从而发展了在增加期望产出的同时降低非期望产出的 SBM 测算方法。定义如下考虑能源环境的 SBM 方向性距离函数为：

$$S_V^t(x^{t,k'}, y^{t,k'}, b^{t,k'}, g^x, g^y, g^b) = \max_{s^x, s^y, s^b} \left[\frac{1}{N} \sum_{n=1}^{N} \frac{s_n^x}{g_n^x} + \frac{1}{M+I} \left(\sum_{m=1}^{M} \frac{s_m^y}{g_m^y} + \sum_{i=1}^{I} \frac{s_i^b}{g_i^b} \right) \right] \Big/ 2$$

$$\text{s. t. } \sum_{k=1}^{K} \lambda_k^t x_{kn}^t + s_n^x = x_{k'n}^t, \ \forall n; \ \sum_{k=1}^{K} \lambda_k^t y_{km}^t - s_m^y = y_{k'm}^t, \ \forall m;$$

$$\sum_{k=1}^{K} \lambda_k^t b_{ki}^t + s_i^b = b_{k'i}^t, \ \forall i; \ \sum_{k=1}^{K} \lambda_k^t = 1, \ \lambda_k^t \geq 0,$$

$$\forall k; \ s_n^x \geq 0, \ \forall n; \ s_m^y \geq 0, \ \forall m; \ s_i^b \geq 0, \ \forall i \qquad (5-3)$$

　　其中，S_V^t 表示 VRS 下的方向性距离函数，而 CRS 下的方向性距离函数用 S_C^t 表示；$(x^{t,k'}, y^{t,k'}, b^{t,k'})$、$(g^x, g^y, g^b)$ 和 (s_n^x, s_m^y, s_i^b) 分别表示 t 时期、k 个 DMU 中工业行业 K' 的投入和产出向量、方向向量和松弛向量。(s_n^x, s_m^y, s_i^b) 均大于零表示实际的投入和污染大于边界的投入和产出，而实际产出则小于边界的产出。因此，(s_n^x, s_m^y, s_i^b) 表示投入过度使用、污染过度排放及期望产出生产不足的量。

2. 卢恩伯格生产率指数

为了与非径向、非角度的 SBM 方向性距离函数相适应，钱伯斯等（Chambers et al.，1996）提出了无须选择测度角度的卢恩伯格生产率指数，为了强调所加入的环境变量，将卢恩伯格指数标记为 GTFP，t 期和 $t+1$ 期之间的 GTFP 及其来源的表达式如下：

$$GTFP_t^{t+1} = \frac{1}{2}\{[S_C^t(x^t, y^t, b^t; g) - S_C^t(x^{t+1}, y^{t+1}, b^{t+1}; g)]$$
$$+ [S_C^{t+1}(x^t, y^t, b^t; g) - S_C^{t+1}(x^{t+1}, y^{t+1}, b^{t+1}; g)]\} \quad (5-4)$$

进一步将卢恩伯格生产率指数分解为绿色技术效率的变化（Effe）和绿色技术进步（Tech）：

$$ETFP = Effe + Tech \quad (5-5)$$
$$Effe = S_C^t(x^t, y^t, b^t; g) - S_C^{t+1}(x^{t+1}, y^{t+1}, b^{t+1}; g) \quad (5-6)$$
$$Tech = \frac{1}{2}\{[S_C^{t+1}(x^{t+1}, y^{t+1}, b^{t+1}; g) - S_C^t(x^{t+1}, y^{t+1}, b^{t+1}; g)]$$
$$+ [S_C^{t+1}(x^t, y^t, b^t; g) - S_C^t(x^t, y^t, b^t; g)]\} \quad (5-7)$$

GTFP、Effe 和 Tech 大于（或小于）0，表示与 t 期相比，$t+1$ 期的绿色生产率有所提升（或下降）、绿色技术效率改善（或恶化）、绿色技术进步（或衰退）。

三、绿色生产率的提升机制

由上文的理论推导结果可知，绿色生产率的增长主要来源于绿色技术效率改善和绿色技术进步的贡献。本节将具体分析绿色技术效率改善和绿色技术进步对绿色生产率增长的影响机制。

1. 绿色技术效率改善与绿色生产率增长

当存在无效率时，意味着决策单元（如企业）并未在生产前沿面上开展生产活动。绿色技术效率越小，企业与环境生产前沿面的距离越远；相反地，绿色技术效率越大，则表明企业离环境生产前沿的距离越近，即意味着在给定的资源要素投入下，企业的期望产出与最大的期望产出的距离，以及与其非期望产出距离最小的非期望产出都越小。因此绿色技术效率的改善，表现为决策单元向期望产出越高，同时非期望产出越低的环境生产前沿面的追赶效应，即意味着决策单元潜在生产能力的释放，其将实现更高的绿色生产率水平。

绿色技术效率的改善，受到了众多因素的影响，包括内部因素和外部因素。其中，内部因素包括企业资源配置的能力、企业规模、内部制度创新和环境管理效率等。首先，在可支配的资源一定的情况下，企业资源优化配置的能力越高，则意味着资源浪费和无效率的情况越少，对资源的利用效率更高。其次，企业规模是影响绿色技术效率的重要因素，规模过小则无法深化专业化分工、获取规模效应；规模过大则将导致管理上的不经济以及相应成本的增加（何枫等，2015）。因此，企业应选择与自身生产和管理能力相适应的规模，从而能够充分发挥规模效应所带来的效率提高和成本降低。再次，企业通过内部制度的创新，如股份制改革、先进管理制度的引入等，能够加强企业优化资源配置的能力，提高企业资源配置效率和经营管理效率。最后，环境管理效率是指企业对资源循环利用的能力和降低污染排放强度的能力，通过加强对"三废"资源的循环利用，减少能源消耗、资源浪费和污染物的排放，提高企业的绿色技术效率。

外部影响因素则包括市场环境和政策干预等。市场化程度越高，竞争效应越强，越有利于激励企业不断提升其绿色技术效率，实现核心竞争力的提升；而低效运转的市场，将成为企业资源优化配置、提升绿色技术效率的外在阻力。在当前环境污染形势较为严峻的背景下，政策干预主要是指环境管制政策的约束，而环境管制政策对企业绿色技术效率的影响，则取决于企业的行为选择。具体而言，面对外生的政府环境管制，若企业采取污染排放末端治理的短期策略，在生产资料一定的情况下，增加污染治理投资就必然会挤占原本用于生产或研发的资源，导致企业成本增加、产出减少，从而导致绿色技术效率和绿色生产率的下降。若企业采取加强绿色技术研发投入和清洁生产投资的长期策略，则企业将领先获得先进的清洁生产技术，在减少污染排放强度、降低边际治污成本的同时，实现绿色技术效率和生产率的提升，从而实现"创新补偿"效应，获得"绿色"发展的先动优势。

2. 绿色技术进步与绿色生产率增长

众多研究表明，绿色技术进步是促进绿色生产率不断提升的主要源泉（Romer，1990；白重恩和张琼，2015；Xie et al.，2017）。绿色技术水平决定了环境生产前沿的位置，绿色技术的进步将带来环境生产前沿向更高水平的移动。较高的绿色技术水平，意味着在要素资源投入一定的情况下，企业能够获得更多的期望产出和更少的非期望产出，即具有更强的生产能力。

基于与传统技术创新活动相对比的视角，本节将影响企业开展绿色技术创新活动的因素分为传统因素和与环境问题相关的新因素。前者包括企业家的创新意愿、企业的研发能力、产学研合作的情况、市场竞争状况等，对于技术创新传统影响因素的研究，已经取得了丰富的理论成果，且由于对这一问题的研究并不与本书研究的目的直接相关，不再进行更多的讨论。与环境问题的相关的新因素，主要包括企业家的环保意识和政府环境政策的实施。关于企业家的环保意识，德尔·比雷奥等（Del Brío et al.，2001）认为，企业家对环境问题的关注及其环保意识，对企业主动进行绿色技术创新、采取环境战略具有重要的作用。张思雪等（2015）的研究表明，企业家的环保意识是对企业开展绿色技术自主创新活动激励效应最高、最有效的影响因素之一。当企业家具有较强的环保意识时，那么促使其企业开展绿色技术的研发和创新活动就不仅是义务或迫于外界压力而做出的选择，还是企业家改善环境质量、回报社会的精神和信仰，从而很好地诠释了企业应承担的社会责任的重要方面。然而，企业家的环保意识在当前的中国，乃至世界各国仍然属于较为稀缺的高端要素，尚未能够在激励绿色技术创新等活动中发挥主导作用，因此环境政策的约束和引导作用则更加重要。

由重大技术突破或新技术发明所带来的生产率的提升幅度，远远比技术效率的改善更加引人注目。同时，相较于绿色技术效率的改善，绿色技术创新更加受到各国政府的重视，也是中国政府产业发展战略中的重要内容。2016 年 5 月，国务院颁布的《中国制造 2025》中，明确了"提高国家制造业创新能力"和"全面推行绿色制造"的战略任务，要求中国制造业在未来的发展中必须"加强节能环保技术、工艺、装备推广应用，全

面推行清洁生产"。在这样的现实背景下，探讨绿色技术进步在产业绿色
升级中的作用是研究绿色生产率驱动战略中的重要内容，具有明显的现实
意义。

第三节 中国工业分行业绿色生产率的
测算结果与评价

一、指标说明与数据处理

综合考虑本章的研究目的，本节选取了 2002～2014 年[①]中国工业行业
层面的相关期望产出、非期望产出和要素投入的指标数据，实现了对工业分
行业绿色生产率的测算，对相关指标的具体说明如下：

1. 期望产出

在测算中国绿色生产率的文献中，一部分学者选取全国或地区生产总值
（GDP）或工业行业增加值等不包含中间投入的增加值概念的产出指标作为
期望产出（Managi & Kaneko，2009；王兵和刘光天，2015；胡建辉等，
2016）；另有一部分学者指出，污染排放并不仅产生于增加值环节的生产过
程中，在整个工业生产过程中（即包括增加值部分和中间投入部分）均会
伴随产生和排放污染物，并且当投入要素中包含中间投入品性质的能源消耗
时，产出指标就必须要选择同时包含工业增加值和中间投入成本的工业总产
值（陈诗一，2010b；董敏杰等，2012；原毅军和谢荣辉，2016）。因此，
本节遵循后一种研究方法，选取同时包含工业增加值和中间投入部分的工业
总产值，作为期望产出的指标。

在 2001～2011 年间，2004 年工业分行业的工业总产值数据来源于
《中国经济普查年鉴 2004》，其他年份来源于历年《中国工业经济统计年
鉴》；由于 2013 年以后发布的《中国工业统计年鉴》中不再公布工业分

[①] 因国家统计局对《中国工业经济统计年鉴》中的统计口径进行了多次调整，鉴于中国工业
分行业数据的可得性、完整性和连续性，本节的研究窗口确定为 2002～2014 年。

行业工业总产值的指标数据，因此 2012~2015 年工业总产值的数据，借助《中国工业统计年鉴》中公布的相应年份的"工业销售产值"与 2011 年"工业销售产值"的指标数据通过比值计算进行了缺失值补充。各年份工业总产值数据运用工业品出厂价格指数，平减为以 2001 年为基期的可比价。

2. 非期望产出

选取工业 CO_2 排放量、工业废气排放量、工业废水排放量和工业固体废弃物产生量四个指标作为非期望产出，以期全面考虑工业生产活动所排放的多种污染物及其对气候变化的影响、对环境系统的损害。其中，由于 CO_2 排放量的数据无法直接获取，本节按照 2006 年联合国政府间气候变化专门委员会（Inter-governmental Panel on Climate Change，IPCC）提供的方法，以工业各行业历年所消耗的煤炭、石油和天然气三种主要的一次能源为基准对 CO_2 排放量进行了估算。CO_2 排放量的计算公式如下所示：

$$CO_2 = \sum_{i=1}^{3} CO_{2,i} = \sum_{i=1}^{3} E_i \times NCV_i \times CEF_i \times COF_i \times (44/12) \quad (5-8)$$

其中，$i=1$，2，3 分别代表煤炭、石油和天然气这三种一次性能源；E_i 代表一次能源 i 的消耗总量；NCV_i 代表一次能源 i 的平均低位发热量，该数据可从《中国能源统计年鉴（2015）》的附录 4 中获得；CEF_i 表示能源 i 所对应的碳排放系数，其中石油和天然气的碳排放系数由 IPCC（2006）所制定的国家温室气体清单指南所提供，煤炭的碳排放系数按照陈诗一（2009）的方法，运用联合国政府间气候变化专门委员会（IPCC，2006）所提供的烟煤和无烟煤的碳排放系数加权平均得出；COF_i 表示能源 i 所对应的碳氧化因子；44 和 12 分别表示 CO_2 和碳元素的分子量。用于计算工业 CO_2 排放量的煤炭、石油和天然气三种能源的工业分行业消费总量数据，均来自历年《中国能源统计年鉴》。

工业分行业废水排放量、废气排放量和工业固体废弃物产生量的数据，分别来源于 2001~2003 年的《中国环境年鉴》和 2004~2015 年的《中国环境统计年鉴》，其中，工业废气排放量由工业 SO_2 排放量和工业烟、粉尘排放量的数据加总而得。

3. 要素投入

对工业行业绿色生产率的测算，共包含三个要素投入指标，即：

（1）劳动投入。由于劳动时间数据不可得，现有文献中大多采用从业人员数作为劳动投入指标的替代变量。本节继续沿用这一做法，选用规模以上工业企业全部从业人员年平均人数来衡量。指标数据分别来源于2001～2012年的《中国工业经济统计年鉴》和2014～2015年的《中国工业统计年鉴》，2012年的数据缺失，运用线性插值法进行了缺失值的补充。

（2）资本投入。已有研究大多采用张军等（2004）提供的永续盘存法对资本存量进行估测（如匡远凤和彭代彦，2012；王兵和刘光天，2015），但这些研究大多是基于省际层面的研究，即运用永续盘存法对中国各省份的资本存量进行了测算。然而，这种方法对数据有较高的要求，对于工业各行业而言，限于统计资料的完整性和可得性，初始年份的资本存量、各年份的固定资产投资额、相应的价格指数等指标数据难以获取，对折旧率的准确估算亦存在较大的困难。李小胜和安庆贤（2012）指出，虽然有一部分国内学者对工业分行业的资本存量进行了测算，但其与省际层面的资本存量测算不同，至今尚没有学术界较为认可的数据。庞瑞芝和李鹏（2011）、肖攀等（2013）、陆菁和刘毅群（2016）等学者指出，相对于永续盘存法计算出的工业资本存量，固定资产净值更能够准确、客观地反映实际经济运行中企业的名义固定资本存量。因此按照这一做法，本节选取了工业分行业的固定资产投资净值作为资本存量的替代变量。2001～2011年的固定资产净值的数据直接来源于历年的《中国工业经济统计年鉴》，2012～2014年的数据则由固定资产原值与累计折旧的差额表示，相应数据来自历年《中国工业统计年鉴》。所有数据根据固定资产投资价格指数，平减为以2001年为基期的可比价。

（3）能源投入。许多学者将能源消耗纳入到生产率的测度中，不仅因为能源是一种中间投入，还假设其为非期望产出的主要来源。选用折合为万吨标准煤的工业分行业能源消费总量作为能源投入指标，其数据来源于历年《中国能源统计年鉴》。

上述各要素投入、期望产出和非期望产出指标数据的描述性统计特征如表5-1所示。

表5-1 各投入产出指标的描述性统计特征

变量	单位	观测值	均值	标准差	最小值	最大值
工业总产值	亿元	490	11860.90	13704.59	184.87	68714.00
CO_2 排放量	万吨	490	68917.97	191637.10	145.01	1379715.00
工业废水排放量	万吨	490	63033.74	130005.80	5.00	2186335.00
工业废气排放量	万吨	490	86.12	239.96	0.00	1774.28
工业固废产生量	万吨	490	5361.87	12183.93	0.00	70601.50
从业人员年数	万人	490	222.63	181.76	14.54	906.59
固定资产净值	亿元	490	3632.26	5658.78	110.43	49388.39
能源消费总量	万吨标准煤	490	5968.38	11149.92	109.38	69342.42

二、中国工业行业的绿色生产率测算结果分析

本节运用 Max DEA 软件对考虑能源消耗和污染排放的工业分行业绿色生产率（GTFP）进行了估算，并将其来源主要分解为绿色技术效率（Effe）指数和绿色技术进步率（Tech）指数，测算结果如表5-2所示。

表5-2 中国工业行业绿色 TFP 及其来源分解的
年均增长率（2002~2014 年） 单位：%

工业分行业	GTFP	TFP	Effe	Tech
煤炭采选	0.2046	10.20	0.1974	0.0072
石油开采	0.8898	7.60	-0.0911	0.9809
黑金采选	0.5187	8.40	0.4738	0.0449
有金采选	0.5128	8.70	0.4012	0.1116
非金采选	0.4465	13.70	0.7265	-0.2800
食品加工	1.6735	-3.80	-5.0124	6.6859
食品制造	1.7031	8.90	0.6782	1.0249
饮料制造	1.1107	7.50	-0.1223	1.2330
烟草加工	6.7164	11.10	0.0000	6.7164

续表

工业分行业	GTFP	TFP	Effe	Tech
纺织业	1.0382	−0.70	−5.7820	6.8202
服装及纤维	2.7521	10.20	−4.1128	6.8648
皮革毛羽	2.8209	6.80	1.3699	1.4510
木材加工	2.1649	8.60	0.9627	1.2022
家具制造	7.1818	8.30	6.2698	0.9120
造纸制品	−0.0002	−3.30	−1.4526	1.4524
印刷媒介	3.0788	11.40	2.2904	0.7884
文教体育	6.9490	10.80	0.0000	6.9490
石油加工	0.0963	4.20	0.0000	0.0963
化学工业	0.3538	7.10	−0.3556	0.7094
医药制造	1.9477	11.00	1.5301	0.4176
化学纤维	0.9714	10.10	0.1571	0.8144
橡胶塑料	2.1590	6.30	1.1306	1.0283
非金制品	0.3239	9.20	0.2708	0.0530
黑金加工	0.3664	10.60	0.0171	0.3493
有金加工	0.5772	10.50	0.3677	0.2095
金属制品	1.2543	4.00	0.2858	0.9686
通用设备	3.9487	7.90	2.8478	1.1009
专用设备	3.8473	7.00	2.6942	1.1531
交通设备	4.6569	7.90	3.1624	1.4946
电气机械	6.1324	5.40	4.0577	2.0747
通信设备	4.8828	3.80	0.0000	4.8828
仪器仪表	6.3266	5.20	4.6783	1.6483
电力热力	0.4063	16.30	0.0236	0.3827
煤气生产	7.6279	19.50	7.0549	0.5730
水的生产	7.6280	9.40	7.2502	0.3778
工业平均值	2.6648	7.9943	0.9134	1.7514

1. 工业行业绿色生产率增长率的测算结果及分析

从工业整体来看，中国 2002~2014 年工业 GTFP 年均增长率为 2.6648%，绿色技术效率年均增长 0.9134%，其对绿色生产率的贡献率为 34.2768%；绿色技术进步年均增长率为 1.7514%，其对 GTFP 的贡献份额为 65.7234%。[①] 可见，在本节选取的时间窗口下，中国工业绿色生产率的增长主要依赖于绿色技术进步，而非绿色技术效率的改善，这一结论与大多数国内学者的研究相一致（孙传旺等，2010；王兵和刘光天，2015），表明了在趋于严厉的环境管制和环境约束下，中国工业各行业为了实现环境目标、降低污染排放而在绿色技术方面进行了较大的努力，且取得了较为显著的成效，绿色技术水平得到了普遍提高。绿色技术进步与最优生产边界有关，即绿色技术创新和技术水平的提高能够推动产业环境面的移动和扩张。在趋紧的环境约束下，有远见的企业会积极进行清洁技术的引进或研发，从而既能够实现环境目标，又能够在市场竞争中获得先发优势和核心竞争力。绿色技术效率则表现为追赶环境的速度，其主要受到生产过程中其他因素的影响，如体制改革、"干中学"和管理效率提升等。这意味着，中国工业行业的技术效率存在着巨大的提升空间：一方面，在中国步入改革深水区的大背景下，应加大力度摒除阻碍改革进一步深化、制约绿色技术效率提高的因素，如地方政府对市场的干预，工业内部违背市场规律的资产重组行为（杨俊和邵汉华，2009），以及由此导致的资源错配等；另一方面，应在绿色技术研发和创新以及先进环境污染治理设备引进的基础上，加强对新技术的消化和吸收以及对新设备的充分利用。

从工业细分行业来看，中国 35 个工业行业的绿色 TFP 的年均增长率均为正值，但其增长速度和来源均表现出了较大的差异。就绿色生产率而言，2002~2014 年间其年均增长率最高的 5 个行业分别是水的生产（7.6280%）、煤气生产（7.6279%）、家具制造（7.1818%）、文教体育（6.9490%）和烟草加工（6.7164%）。绿色生产率的年均增长率最低的 5 个行业分别是造纸制品（-0.0002%）、石油加工（0.0963%）、煤炭采选（0.2046%）、非金制

[①] 贡献份额的计算方法为：绿色技术效率年均增长率（或绿色技术进步年均增长率)/GTFP 年均增长率。

品（0.3239%）和化学工业（0.3538%）。进一步对工业细分行业绿色生产率的来源分解结果进行分析。就绿色技术效率而言，其年均增长率最高的3个行业分别是水的生产（7.2502%）、煤气生产（7.0549%）和家具制造（6.2698%），并且对于这三个行业而言，绿色技术效率的改善是其绿色生产率增长的主要来源；而纺织业（-5.7820%）、食品加工（-5.0124%）、服装及纤维（-4.1128%）和造纸制品（-1.4526%）的绿色技术效率则出现了较大幅度的恶化。就绿色技术进步而言，只有非金采选业呈现出绿色技术倒退现象，即其年均绿色技术进步率为负数（-0.2800%），其他34个工业行业均呈现出不同程度的绿色技术水平的提高。其中，绿色技术进步率年均增长率最高的5个行业分别是文教体育（6.9490%）、服装及纤维（6.8648%）、纺织业（6.8202%）、烟草加工（6.7164%）和食品加工（6.6859%），并且对于这5个行业而言，绿色技术进步是其绿色生产率增长的主要来源。而除非金采选业之外，绿色技术进步率年均增长率最低的另外4个行业分别为煤炭采选（0.0072%）、黑金采选（0.0449%）、非金制品（0.0530%）和石油加工（0.0963%）。

从工业分行业的结果可知，绿色生产率和绿色技术进步率增长较快的大部分都属于轻工业，如家具制造、文教体育和烟草加工等；而绿色生产率和绿色技术进步率增长最慢的行业则大部分都属于重工业，如石油加工、煤炭采选和非金制品等。这一结果不仅凸显了轻工业在中国工业绿色转型升级发展中的重要性，同时也验证了以重化工业为主导的粗放型工业结构的弊端和不可持续性。值得注意的是，绿色技术进步率较低的行业主要为重化工业，而绿色技术效率较低的行业主要为轻工业行业。这表明在驱动产业结构"清洁化"转型升级的过程中，应根据不同产业自身的特点而采取不同的措施。对于重工业而言，应着重加强其绿色技术的创新和应用、加快清洁技术和节能技术改造、推行清洁生产，促进重工业整体技术水平的提高。而对于轻工业而言，则应着重提高其绿色技术效率。具体而言，一方面应加强轻工业的资源配置和资源整合，关闭脏、乱、差的小工厂、小作坊和小企业，引导更多的资源向优质企业集中和流动，提高轻工业整体的资源利用效率；另一方面，应推进与轻工业相关的制度改革和制度完善，强化市场监管，加强对轻工业产品的质量监管等，取消不必要的审批和收费项目，提高轻工业的经营效率，加快轻工业行业向环境前沿面的追赶速度。

为了检验环境问题对工业生产率所带来的损失，并反映工业行业在能源利用效率上的差异，同时估计了不考虑能源投入和 CO_2 排放及其他污染排放等非期望产出因素的传统全要素生产率（TFP），运用 DEAP 2.1 软件测算了包含工业总产值这一个产出变量，以及资本投入和劳动力投入这两个投入变量的 Malmquist 生产率指数。由表 5-2 的结果显示，在 2002~2014 年间，中国工业总体传统 TFP 的年均增长率为 7.9943%，比这一期间绿色生产率（GTFP）的年均增长率高 5.3295%。从三大门类产业，即采掘业、制造业、电力燃气及水的生产和供应业的测算结果来看（如表 5-3 所示），采掘业的传统 TFP 的年均增长率为 9.72%，比绿色 TFP 的年均增长率高 9.2052%；制造业的传统 TFP 的年均增长率为 6.89%，比绿色 TFP 的年均增长率高 4.111%；电力燃气及水的生产和供应业的传统 TFP 的年均增长率为 15.07%，比 GTFP 的年均增长率高 9.8493%。因此，我们得出结论，未考虑能源投入和污染排放因素的传统全要素生产率实际上高估了中国工业行业的真实的生产率水平，因此 GTFP 比传统 TFP 具有更丰富的含义。这是因为，污染排放具有显著的负外部性，在缺乏环境管制时，环境损害的成本将由社会而非企业承担；而当政府施加环境约束后，环境损害的成本则内部化为企业的私人成本，由企业承担。当未能正确考虑污染损害时，无法区分企业分配了多少生产要素和资源投入生产，又分配了多少投入污染治理活动，其结果会导致生产率被低估，并且导致全要素生产率的含义被扭曲和误导（Shadbegian & Gray，2005；Nanere et al.，2007；涂正革和肖耿，2009）。比如，对比工业分行业的绿色 TFP 和传统 TFP 的测算结果，当不考虑能源消耗和污染排放时，电力热力、有金加工、黑金加工等行业会被认为是有效率的部门，而纺织业、食品加工等真正推动中国工业前沿技术进步的有效率的部门则往往会被忽略掉。由此可知，只有在生产率的核算体系中正确考虑能源消耗和污染排放的负外部性，才能得出真正有利于实现中国工业结构绿色转型升级的结论。此外，只有食品加工、纺织业、造纸制品、电气机械、通信设备和仪器仪表这六个工业行业的绿色 TFP 高于传统 TFP 的年均增长率。法罗等（2001）通过严格的证明指出，传统 TFP 与绿色 TFP 的差别在于"好"产出与"坏"产出相对增长率的大小，因此，表明这六个工业行业的"好"的产出增长率超过了其"坏"产出的下降率。

表 5 – 3　　　　　　　三大门类工业绿色 TFP 及其来源分解的

年均增长率（2002～2014 年）　　　　　　单位：%

三大门类产业	GTFP	Effe		Tech	
		年均增长率	对 GTFP 的贡献率	年均增长率	对 GTFP 的贡献率
采掘业平均值	0.5148	0.3416	66.3559	0.1729	33.5859
制造业平均值	2.7790	0.5901	21.2343	2.1889	78.7657
电力燃气及水的生产和供应业的平均值	5.2207	4.7762	91.4858	0.4445	8.5142

从三大门类工业行业的层面，观察绿色生产率的来源分解结果，我们得到了一些很有意思的结论。表 5 – 3 给出了三大门类产业（即采掘业、制造业和电力燃气及水的生产和供应业）绿色 TFP 及其来源分解的测算结果。由表 5 – 3 中的结果可知，电力燃气及水的生产和供应业的绿色 TFP 的年均增长率最高，为 5.2207%，且显著高于工业整体的年均增长率；制造业的绿色 TFP 的年均增长率次之，为 2.7790%，略高于工业整体绿色 TFP 的年均增长率；采掘业的绿色 TFP 的年均增长率最低，为 0.5148%，显著低于工业整体的年均增长率。从绿色 TFP 的来源分解结果可知，对于绿色技术效率（Effe）而言，电力燃气及水的生产和供应业的绿色技术效率的年均增长率最高，为 4.7762%，显著高于工业整体 EECH 的年均增长率；制造业和采掘业的绿色技术效率（Effe）的年均增长率分别为 0.5901% 和 0.3416%，均低于工业整体平均值。对于绿色技术进步率（Tech）而言，制造业的绿色技术进步率的年均增长率最高，为 2.1889%，显著高于工业整体绿色技术进步率的年均增长率；电力燃气及水的生产和供应业和采掘业的绿色技术进步率的年均增长率分别为 0.4445% 和 0.1729%，均低于工业整体平均值。表 5 – 3 进一步给出了绿色技术效率和绿色技术进步率对 GTFP 的贡献率。由计算结果可知，对于采掘业和电力燃气及水的生产和供应业而言，其 GTFP 的主要来源是绿色技术效率的改善，即表现出了明显的"追赶效应"。其中，电力燃气及水的生产供应业的绿色 TFP 的增长几乎全部来自绿色技术效率改善的贡献，其贡献率高达 91.4858%，而绿色技术进步率的贡献率仅为 8.5142%；采掘业绿色技术效率改善对 GTFP 的贡献率为 66.3559%，同

样高于绿色技术进步的贡献率（33.5859%）。制造业的 GTFP 的增长则主要来源于绿色技术的进步，其对 GTFP 的贡献率为 78.7657%，而绿色技术效率改善的贡献率仅为 21.2343%，表明制造业在绿色技术创新和推广使用方面显著优于采掘业和电力燃气及水的生产和供应业。

2. 工业行业绿色生产率的产出贡献率结果分析

进一步考察 GTFP 对工业产出增长的贡献，限于篇幅，本节仅选择 CO_2 排放量的年均增长率作为非期望产出的代表进行分析。由表 5 - 4 可知，2002 ~ 2014 年期间，中国工业总产出的年均增长率为 21.7452%，CO_2 排放量的年均增长率为 7.1358%。要素投入方面，资本投入的年均增长率高达 18.2402%；其次是能源投入和劳动力投入，其年均增长率分别为 7.3974% 和 5.0216%；相比之下，GTFP 的年均增长率最低，为 2.6648%，其对工业总产出的贡献份额为 12.2547%。这一结果表明中国工业的产出增长仍然主要依赖于资本等要素的大量投入和能源的大量消耗，并导致了严重的环境污染，再次验证了中国工业总体上高能耗、高污染的粗放型发展模式尚未根本改变。

表 5 - 4　　　　　　投入产出变量年均增长率及绿色生产率的贡献度（2002 ~ 2014 年）　　　　　单位：%

工业行业	年均增长率						GTFP 对工业增长的贡献率
	GTFP	工业总产出	资本投入	劳动力投入	能源投入	CO_2 排放量	
煤炭采选	0.2046	23.5414	13.3437	2.1531	8.9116	12.8729	0.8693
石油开采	0.8898	10.9287	10.0466	3.1215	0.3811	-2.7693	8.1422
黑金采选	0.5187	35.0213	25.7492	8.9306	14.9794	16.6202	1.4811
有金采选	0.5128	21.8101	13.9769	1.6580	8.7454	8.2490	2.3513
非金采选	0.4465	95.5916	8.6233	1.1109	5.3574	5.7764	0.4671
采掘业均值	0.5145	37.3786	14.3479	3.3948	7.6750	8.1498	1.3768
食品加工	1.6735	21.5769	64.0405	7.8384	7.9624	4.5327	7.7560
食品制造	1.7031	19.3108	8.5097	6.6481	4.6772	8.5726	8.8192

工业行业	年均增长率						GTFP 对工业增长的贡献率
	GTFP	工业总产出	资本投入	劳动力投入	能源投入	CO$_2$排放量	
饮料制造	1.1107	16.6799	12.9191	4.3422	6.6626	5.7398	6.6587
烟草加工	6.7164	11.8358	-0.4667	-0.8986	-1.8838	-4.9197	56.7464
纺织业	1.0382	14.0250	30.7718	0.4537	6.5223	4.1282	7.4022
服装及纤维	2.7521	15.7713	5.8008	5.5566	7.2415	7.0314	17.4498
皮革毛羽	2.8209	16.4548	8.5141	7.2584	9.0814	7.3303	17.1433
木材加工	2.1649	23.2349	14.7241	8.5891	11.3295	8.1801	9.3173
家具制造	7.1818	22.6814	11.7474	12.0937	9.9736	6.2591	31.6638
造纸制品	-0.0002	15.1917	77.8368	1.6353	4.4334	7.4535	-0.0013
印刷媒介	3.0788	17.1607	3.2430	4.7150	7.3393	5.9527	17.9408
文教体育	6.9490	31.4974	15.3789	11.0390	8.6967	23.8639	22.0620
石油加工	0.0963	16.7732	103.7783	3.9825	7.8250	10.4321	0.5740
化学工业	0.3538	20.0074	19.3291	3.5968	9.7858	8.8703	1.7683
医药制造	1.9477	18.9328	5.7410	6.1413	6.1576	7.0716	10.2876
化学纤维	0.9714	14.9288	4.6241	1.4183	0.2324	-3.3876	6.5071
橡胶塑料	2.1590	17.4802	11.2649	5.4381	8.9551	7.1406	12.3510
非金制品	0.3239	20.9087	12.4393	3.3236	9.0859	9.4216	1.5489
黑金加工	0.3664	20.4412	11.6709	3.8947	9.4174	8.4179	1.7926
有金加工	0.5772	24.7530	15.3559	5.3736	11.4968	17.7886	2.3318
金属制业	1.2543	19.8655	16.1173	6.9715	10.2352	8.2353	6.3140
通用设备	3.9487	20.6639	12.9820	4.9407	8.6295	3.8674	19.1090
专用设备	3.8473	21.3592	15.1392	5.3247	6.5106	2.2972	18.0122
交通设备	4.6569	20.5990	12.9887	6.5911	7.3762	1.7846	22.6075
电气机械	6.1324	19.4875	13.6161	8.6318	11.2806	11.4142	31.4683
通信设备	4.8828	17.2954	13.1391	12.5329	11.5435	6.6727	28.2317
仪器仪表	6.3266	16.9920	11.3241	5.5921	5.6933	1.8536	37.2328
制造业均值	2.7790	19.1077	19.7233	5.6676	7.6393	6.8891	14.5440

续表

工业行业	年均增长率						GTFP 对工业增长的贡献率
	GTFP	工业总产出	资本投入	劳动力投入	能源投入	CO$_2$排放量	
电力热力	0.4063	20.0130	11.3101	1.7600	6.6416	8.8932	2.0300
煤气生产	7.6279	27.2043	15.0237	4.5666	1.9736	-1.4705	28.0392
水的生产	7.6280	11.0634	7.8045	-0.5694	5.6569	15.5781	68.9486
电力燃气及水的生产和供应业均值	5.2207	19.4269	11.3794	1.9191	4.7574	7.6669	26.8737
工业均值	2.6648	21.7452	18.2402	5.0216	7.3974	7.1358	12.2547

注：绿色生产率的贡献份额等于绿色生产率年均增长率与工业总产值年均增长率的比值（吴延瑞，2008）。

从三大门类产业的结果来看，采掘业的产出增长速度最快，其产出年均增长率高达 37.3786%，但同时其能源投入和 CO$_2$ 排放量的增长速度亦为最高，两个变量的年均增长率分别为 7.6750% 和 8.1498%，然而，采掘业的 GTFP 对其产出增长的贡献率却明显最低，仅为 1.3768%。这表明，采掘业的发展模式显现出了主要依靠资本和能源等要素投入推动的粗放式特征，其对能源投入的依赖导致了较高的污染排放水平，从而拉低了绿色生产率的增长率及其对产出的贡献率。一个可能的原因是，长期以来，中国政府不断对能源和基础材料工业进行各种直接或间接的公共资源补贴，而这种补贴行为导致了采掘业等上游工业部门对土地、能源和环境资源等方面的成本透支，从而造成了该类行业的生产效率和绿色全要素生产率的损失（伍晓鹰，2013）。制造业的产出年均增长率为 19.1077%，CO$_2$ 排放量的年均增长率在三大产业中数值最低，为 6.8891%；绿色生产率对产出增长的贡献份额为 14.5440%。制造业最显著的特点是资本投入和劳动力投入的增长速度均为最快的，其中资本投入的年均增长率为 19.7233%，劳动力投入的年均增长率为 5.6676%。这表明，中国制造业的发展具有显著的要素驱动特征，尤其是资本快速积累的拉动作用。由制造业资本投入和劳动力投入的年均增长率数据可知，资本投入的增长速度几乎是劳动力投入的 4 倍，体现出了明显的资本深化过程。自 20 世纪 90 年代以来，中国工业、尤其是制造业经历了投资的快速增长和资本的快速积累过程，其中2001～2014年制造业劳均固定资产净值的年均增长率为6.2761%，2009年的劳均资本增速甚至高达16.5567%，而在1970～2009年间，美国的资本深化速率仅为1%～3%，部分年份的劳均资本甚至出现负增长（黄先海等，2012）。索洛（1956）最早在其增长理论的研究中指出在人均产出增长率保持不变时，资本深化速率与全要素生产率增长率存在着此消彼长的关系。这一观点得到了张军（2002）、朱钟棣和李小平（2005）以及谢荣辉（2017）等学者的支持，认为资本深化过快不利于全要素生产率的提升，因此也是造成制造业绿色生产率对产出增长贡献率不高的重要原因。电力燃气及水的生产和供应业的产出年均增长率为19.4269%，CO_2排放量的年均增长率为7.6669%；资本投入和劳动力投入的年均增长率分别为11.3794%和1.9191%。电力燃气及水的生产和供应业最显著的特点是，能源投入的年均增长率在三大产业中是最低的，为4.7574%；而GTFP的年均增长率是最高的，为5.2207%，因此其绿色生产率对产出增长的贡献份额亦为最高，达到26.8737%。

　　从工业细分行业的测算结果来看，一方面，产出增速较快的行业，同时也具有较高的CO_2排放增长率以及较高的能源投入增速，如黑金采选业的产出年均增长率为35.0213%，其CO_2排放量的年均增长率为16.6202%，能源投入的年均增长率为14.9794%；文教体育的产出年均增长率为31.4974%，其CO_2排放量的年均增长率为23.8639%，能源投入的年均增长率为8.6967%；具有代表性的行业还有有金加工业，其产出的年均增长率为24.7530%，CO_2排放量和能源投入的年均增长率分别为17.7886%和11.4968%。另一方面，我们发现，资本投入增速较快的行业，其GTFP的增长率及其对产出的贡献份额普遍较低，如石油加工的资本投入增速高达103.7783%，而其GTFP的增长率仅为0.0963%，GTFP对工业增长的贡献率则仅为0.5740%；造纸制品业的情况也非常具有代表性，其资本投入的年均增长率为77.8368%，而GTFP则呈现下降趋势，平均下降了0.0002%，导致GTFP对工业增长的贡献率亦呈现了负值（-0.0013%）；同样较为典型的行业还有食品加工业和纺织业，这也再次验证了资本深化过快将损害绿色TFP增长的观点。就GTFP对工业增长贡献率的测算结果来看，贡献份额最高的5个行业分别是水的生产（68.9486%）、烟草加工（56.7464%）、仪器仪表（37.2328%）、家具制造（31.6638%）和电气机械（31.4683%）。同时，我们发现，高新技术行业和主导产业的绿色 TFP 对产出的贡献率均相对较高，除以上位于前 5 位的仪器仪表和电气机械之外，还有通信设备（28.2317%）、交通设备（22.6075%）、通用设备（19.1090%）、专用设备（18.0122%）。而其他绿色 TFP 的贡献率的百分点超过两位数的则几乎都属于轻工业行业（医药制造除外），如文教体育（22.0620%）、印刷媒介（17.9408%）、服装及纤维（17.4498%）等。

　　值得注意的是，陈诗一和戈利（Chen & Golley，2014）指出，绿色生产率对产出增长的贡献率达到 50% 及以上时，标志着经济体向绿色、低碳发展模式的成功转型。然而，无论是中国工业总体的平均值，还是各工业细分行业，绿色生产率对产出的贡献份额均普遍偏低，且除了水的生产和供应业以及烟草加工之外，其他行业均远远低于 50%。这一结果表明当前中国的工业增长仍然是依靠要素驱动的，尚未能成功向创新驱动或生产率驱动型转型。资本积累和能源消耗显然是工业产出增长的主要来源，而 CO_2 排放量的增长率数据则表明中国工业的发展模式对环境造成了严重的破坏，从而验证了中国工业主要依靠要素投入推动的粗放性和外延性特征。这同时也意味着，中国工业绿色生产率仍有较大的提升空间和潜力。在世界各国纷纷选择绿色增长、实施绿色新政的发展趋势下，能源利用效率、清洁生产能力、绿色生产率的提升能力等已成为衡量一个国家工业竞争力的重要因素。中华人民共和国工业和信息化部（以下简称"工信部"）于 2016 年发布的《工业绿色发展规划（2016~2020）》中指出，"十三五"期间是中国实现工业绿色发展的关键阶段。因此，面对依然严峻的资源、环境形势，中国政府应把握好这一契机，切实推动工业的绿色发展、构建绿色生产体系，有效提高绿色全要素生产率、补齐中国工业清洁生产的短板，并最终推动中国工业的绿色化升级。

第四节　中国各省份绿色生产率的测算结果与评价

　　选取 1999~2012 年①中国省际面板数据，运用 SBM 方向性距离函数和

---

　　①　选取这一时间窗口进行分析，一是限于数据的可得性和完整性，二是因为这一时期包含了中国经济"绿色"发展转型浪潮的主要时间点，因此能够较好地反映中国经济"绿色化"发展的主要特点。下文关于中国省级层面与地级市层面实证研究中对数据时间窗口的选择，原因与此相同。

数据包络分析法（DEA）对 Luenberger 生产率指数进行了估算，并对考虑能源消耗和 CO_2 排放的中国省际工业绿色生产率及其分解来源进行分析和评价。

一、指标及数据说明

选取 1999～2012 年我国 30 个省份[①]的相关数据，期望产出、非期望产出和投入的基础数据主要来源于历年《中国工业经济统计年鉴》《中国劳动统计年鉴》和《中国能源统计年鉴》；各类价格指数的相关数据来自历年《中国统计年鉴》。

1. 产出变量

选取工业总产值[②]作为期望产出，并以 1999 年为基期，用工业品出厂价格指数进行价格平减；选取 CO_2 排放量作为非期望产出指标纳入模型，并根据陈诗一（2009）提供的公式和核算方法，以各省份历年所消耗的煤炭、石油和天然气三种主要的一次能源为基准对 CO_2 排放量进行了估算。

2. 要素投入变量

（1）资本投入。已有研究大多是采用永续盘存法对资本存量进行的估测，然而这种方法对数据要求较高，对于工业部门而言，所需数据难以获取（董敏杰等，2012），因此，本节选取工业部门固定资产投资净值作为固定资本存量的替代变量，其计算方法为固定资产投资原值与累计折旧的差值，并采用固定资产投资价格指数平减为以 1999 年为基期的不变价。（2）劳动投入。由于劳动时间数据不可得，同时鉴于历年《中国劳动统计年鉴》中该指标统计口径的变化，为了保持指标的一致性，本节选取工业城镇单位从业人员数作为劳动投入指标。（3）能源投入。许多学者将能源消耗纳入到生产率的测度中，不仅是因为能源是一种中间投入，亦假设其为非期望产出的主要来源。本节选用各省份能源消耗总量作为能源投入指标。

[①]　基于数据的可得性和完整性，不包括我国西藏自治区、香港特别行政区、澳门特别行政区和台湾地区。

[②]　由于 2013 年改为《中国工业统计年鉴》，不再公布工业总产值的数据，因此 2012 年的工业总产值利用 2012 年与 2011 年"工业销售产值"的比值计算而得。

二、中国各省份的工业绿色生产率及其来源分解的测算结果及分析

本节运用 Max DEA 软件对我国 30 个省份的考虑能源消耗和 CO_2 排放的工业绿色生产率（GTFP）进行了估算，并将其分解为绿色技术效率指数（Effe）和绿色技术进步率指数（Tech），测算结果如表 5-5 和表 5-6 所示。同时，按照 1986 年中国"七五"规划的划分，进一步将上述 30 个省份划分为东部（包含 11 个省份）、中部（包含 8 个省份）和西部（包含 11 个省份），以便进行区域层面的分析。

表 5-5　　　　　中国分区域投入产出年均增长率及绿色生产率的贡献度（2000~2012 年）

单位：%

区域	工业总产出	CO_2 排放量	劳动力投入	资本投入	能源投入	GTFP	GTFP 对工业增长的贡献率
东部地区	19.67	8.82	1.97	9.76	9.37	3.14	15.96
中部地区	22.95	7.93	-1.59	11.37	8.71	3.12	13.59
西部地区	22.39	14.31	-0.75	12.17	10.37	2.36	10.54
全国	21.60	10.59	0.02	11.07	9.56	2.85	13.19

表 5-6　　　　　中国各省份绿色生产率及其来源分解的年均增长率（2000~2012 年）

单位：%

区域	省份	GTFP	Effe	Tech
东部地区	北京	1.0426	1.0226	1.0194
	天津	1.0362	1.0152	1.0201
	河北	1.0281	1.0059	1.0221
	辽宁	1.0388	1.0178	1.0209
	上海	1.0361	0.9997	1.0364
	江苏	1.0378	1.0000	1.0378
	浙江	1.0328	0.9986	1.0325
	福建	1.0334	1.0069	1.0240

续表

区域	省份	GTFP	Effe	Tech
东部地区	山东	1.0431	1.0171	1.0256
	广东	1.0323	1.0000	1.0323
	海南	0.9853	1.0000	0.9853
	平均值	1.0314	1.0076	1.0232
中部地区	山西	1.0216	1.0051	1.0164
	吉林	1.0352	1.0162	1.0187
	黑龙江	1.0176	0.9969	1.0204
	安徽	1.0341	1.0138	1.0200
	江西	1.0426	1.0263	1.0132
	河南	1.0313	1.0082	1.0229
	湖北	1.0304	1.0069	1.0227
	湖南	1.0373	1.0168	1.0200
	平均值	1.0312	1.0113	1.0193
西部地区	内蒙古	1.0352	1.0190	1.0162
	广西	1.0319	1.0112	1.0187
	重庆	1.0329	1.0172	1.0152
	四川	1.0385	1.0178	1.0204
	贵州	1.0139	0.9974	1.0164
	云南	1.0172	0.9962	1.0202
	陕西	1.0217	1.0004	1.0208
	甘肃	1.0226	1.0040	1.0182
	青海	1.0389	1.0207	0.9974
	宁夏	0.9849	0.9927	1.0082
	新疆	1.0231	1.0046	1.0176
	平均值	1.0236	1.0073	1.0154
全国	平均值	1.0285	1.0087	1.0193

注：由于部分省份的 GTFP、Effe 和 Tech 的年均增长率呈现负值，为了便于分析，参考马纳吉和耶拿（Managi & Jena，2008）的处理方法，将各指标的年均增长率测算结果均加 1，使负值呈现为正值。

　　表5-5报告了中国东、中、西部三大区域工业产出、投入指标的年均增长率及绿色生产率对工业产出增长的贡献等测算结果。表5-5中的前5列报告了中国各区域工业总产出及各投入指标的年均增长率。结果显示，2000~2012年，中国工业总产出的年均增长率为21.60%，其中中部地区工业总产出的年均增长率最高（22.95%），而东部地区工业总产出的年均增长率最低（19.67%）。资本投入和能源投入是拉动中国工业产出增长的主导因素，其年均增长率分别为11.07%和9.56%。而将能源投入年均增长率（9.56%）与CO_2排放增长率（10.59%）相结合进行分析可知，中国工业经济增长强烈依赖于能源资源的投入，而大量的能源消耗则不可避免地造成了严重的环境损害。劳动力投入的年均增长率相对较低，全国平均增长率仅为0.02%，而中部地区和西部地区甚至出现了负增长，分别为-1.59%和-0.75%。这可能与中国始于20世纪末、21世纪初的深化国有企业改革所引致的"下岗潮"有关。仅有东部地区的劳动力投入呈现正增长，年均增长率为1.97%，可能的解释是在20世纪90年代，大量的劳动力从中西部涌入东部地区。

　　表5-5中的最后两列报告了三大区域GTFP的年均增长率及其对工业总产出的贡献率。2000~2012年间，中国整体的绿色生产率年均增长率为2.85%，其对工业总产出的贡献率为13.19%。通常而言，绿色生产率对工业总产出的贡献度被普遍视为一国经济绿色转型的判断标准。而表5-5中的测算结果表明，2000~2012年间，中国工业经济的发展模式呈现出了显著的粗放且不可持续的特征。对三大区域的测算结果进行比较分析可知，东部地区的绿色生产率年均增长率为3.14%，其对工业总产出的贡献率为15.96%，显著高于中部地区的13.59%和西部地区的10.54%。这表明，相较于中西部地区，东部地区的工业发展模式更加集约。三大区域中，西部地区的工业总产值年均增长率高达22.39%，然而其也具有最高的能源消耗年均增长率（10.37%）和最高的CO_2排放年均增长率（14.31%），这也在一定程度上间接解释了西部地区报告了最低的绿色生产率年均增长率（2.36%）以及最低的产出贡献率（10.54%）的原因。这表明西部地区的工业发展模式显现出了主要依靠要素投入推动的粗放性和外延性特征，其较高的污染排放水平导致了较低的GTFP，进而拉低了其对工业增长的贡献份额。这可能是因为西部地区资源禀赋较为丰富，工业增长难以避免地形成了对资源投入

的过度依赖。因此，如何避免西部地区陷入"资源诅咒"的困境，提升工业发展依赖于人力资本和研发投入的内生动力，将是西部地区可持续发展的一个重要挑战。

表5-6报告了2000~2012年中国各省份的工业绿色生产率及其来源分解的年均增长率。从全国整体来看，中国2000~2012年的工业GTFP年均增长2.85%，技术进步率年均增长1.93%，技术效率年均增长率为0.87%。可见，在本节选取的时间窗口下，中国工业绿色生产率的改善主要依赖于绿色技术进步，而非绿色技术效率的改进。绿色技术进步与最优生产边界有关，而绿色技术效率则表现为追赶生产前沿的速度。由于绿色技术效率改进受到生产过程中其他因素的影响，如体制改革、"干中学"和管理效率提升等，这说明在中国加强经济发展质量提升的大背景下，工业企业的绿色技术效率存在着巨大的提升空间。

分区域来看，GTFP年均增长率和绿色技术进步率增长较快的省份主要位于东部地区，其GTFP年均增长率为3.14%，绿色技术进步率为2.32%，均高于全国平均水平；而中部地区的GTFP年均增长率和绿色技术进步率分别为3.12%和1.93%，西部地区的GTFP年均增长率和绿色技术进步率分别为2.36%和1.54%，普遍低于东部地区和全国平均水平，表明东部地区在先进生产技术的创新和推广使用方面显著优于中、西部地区，且取得了更好的污染治理效果。但值得注意的是，中部地区的绿色技术效率年均增长率为1.13%，均高于东部地区的0.76%和西部地区的0.73%，体现了中部地区向环境技术前沿的追赶效应。

中国工业GTFP在省际层面上表现出了较大的差异性，比如GTFP年均增长率最高为山东的4.31%，而海南却下降了1.47%；技术进步率处于上海的3.64%和海南的-1.47%之间；技术效率则从北京的2.26%、青海的2.07%到宁夏的-0.73%、浙江的-0.14%不等。对大多数省份而言，绿色技术进步是绿色生产率增长的主要来源，其中，江苏省报告了最高的绿色技术进步率（3.78%），其次是上海（3.64%）和浙江（3.25%），这些省份均位于长江三角洲地区。绿色技术效率的年均增长率普遍偏低，甚至在部分省份呈现负增长。例如，北京的绿色技术效率的年均增长率最高，为2.26%，其次是青海的2.07%；相反地，宁夏的绿色技术效率下降的幅度最大，其年均增长率为-0.73%，浙江的绿色技术效率年均下降了-0.14%。

第六章

从"绿色技术"到"绿色生产率"

第一节　环境约束下的技术创新与工业
绿色生产率提升

　　随着中国环境污染问题的频繁出现，自"十一五"时期以来，中国政府实施了一系列严格的环境规制，为中国的经济发展设置越来越高的"环境壁垒"。目前，中国尚未进入工业化发达经济阶段，重化工业仍是中国经济发展的必然选择。然而，由于重化工业的粗放型发展及其"高能耗、高排放、低技术"等特点，当环境规制对经济发展施加日益收紧的环境约束时，重化工业将首当其冲面对和解决绿色创新及转型发展的压力。那么，趋紧的环境约束将对中国工业企业的绿色创新和研发行为产生怎样的影响和激励，相应地引致创新又将如何进一步影响绿色生产率的提升，是本章的研究重点。

　　已有部分学者对这一问题进行了较为深入的探讨，但结论并不一致。范·列文和莫南（van Leeuwen & Mohnen，2013）运用荷兰企业微观数据的实证研究支持了环境规制约束对技术创新的有效激励，但对绿色生产率的影响并不显著。这一结论与鲁穆尼亚等（Rubashkina et al.，2015）以 17 个欧盟国家的制造业为样本的研究结论相一致。弗兰考和马林（Franco & Marin，2013）以能源税收强度作为环境规制强度的代理变量对欧盟 7 国制造业的研究结论表明，环境规制对生产率的直接影响更加显著，而通过引致研发而产生的间接效应则未通过显著性检验。与上述研究结论相反，相关研究分别运用日本和我国台湾地区制造业的相关数据，检验了环境规制强度与创新活动及全要素生产率的关系，研究表明，污染控制支出与 R&D 投入显著正相关，由环境规制引致的 R&D 投入又进一步显著促进了全要素生产率的提升（Hamamoto，2006；Yang et al.，2012）。拉诺伊等（Lanoie et al.，2011）运用 7 个 OECD 国家的企业调研数据进行的研究，亦得到了相同的结论。由上述文献梳理可知，一方面，现有文献大部分以发达国家为研究对象，主要是针对美国和欧盟国家的研究，而针对中国的研究，尤其是检验环境规制、引致创新及其对生产率提升的研究相对较少。然而，中国目前亟须"绿色化"的经济转型和产业升级；同时，为减少环境污染，其环境规制日渐严厉。因此，以中国为研究对象具有重要意义和价值。另一方面，现有研究大多选取宽泛的技术创新作为研究指标，而未能进一步区分污染型 R&D 投入和环保型 R&D 投入，导致研究结论对现实问题的指导意义大打折扣。

基于此，本章的研究内容尝试在以下方面作出新的贡献：（1）运用两阶段模型对环境规制、技术创新与工业绿色生产率之间的关系进行实证检验，以清晰刻画环境规制通过引导技术创新，最终驱动绿色生产率提升的传导机制。（2）将环境保护（以下简称"环保"）R&D 从中国工业行业 R&D 投入总额中分解出来，对技术创新中的环保研发与非环保研发进行有效区分，以检验由环境规制引致的环保和非环保技术创新是否对绿色生产率具有不同的影响机制。

第二节 计量模型设计及变量说明

一、计量模型的设定

本节采用滨本（Hamamoto，2006）的两阶段法检验环境规制、引致创新及绿色生产率提升的作用机制，第一阶段检验环境规制对技术创新的影响，第二阶段检验由规制引致的创新对绿色生产率的影响，并进一步检验环境规制对绿色生产率的直接影响，以作为两阶段模型的补充论证。为了消除异方差，对所有计量模型进行取对处理。

1. 环境规制与引致技术创新

在研究环境规制创新激励效应的文献中，学者们多采用如下研究范式：

$$COM = f(reg, Z) \tag{6-1}$$

其中，COM 表示产业竞争力指标，reg 表示环境规制强度指标，Z 则为其他控制变量的集合。本节将遵照这一范式构建计量模型如下：

$$\ln RD_{i,t} = \beta_1 \ln reg_{i,t-1} + \beta_2 \ln SCALE_{i,t-1} + \beta_3 \ln FDI_{i,t-1} + \beta_4 \ln HR_{i,t-1}$$
$$+ \beta_5 \ln EXP_{i,t-1} + \beta_6 \ln MARK_{i,t-1} + \mu_i + \upsilon_i + \varepsilon_{i,t} \tag{6-2}$$

$$\ln ERD_{i,t} = \beta_1 \ln reg_{i,t-1} + \beta_2 \ln SCALE_{i,t-1} + \beta_3 \ln FDI_{i,t-1} + \beta_4 \ln HR_{i,t-1}$$
$$+ \beta_5 \ln EXP_{i,t-1} + \beta_6 \ln MARK_{i,t-1} + \mu_i + \upsilon_i + \varepsilon_{i,t} \tag{6-3}$$

$$\ln NERD_{i,t} = \beta_1 \ln reg_{i,t-1} + \beta_2 \ln SCALE_{i,t-1} + \beta_3 \ln FDI_{i,t-1} + \beta_4 \ln HR_{i,t-1}$$
$$+ \beta_5 \ln EXP_{i,t-1} + \beta_6 \ln MARK_{i,t-1} + \mu_i + \upsilon_i + \varepsilon_{i,t} \tag{6-4}$$

$$ERD_{i,t} = \hat{\beta}_{reg} \times \left[\frac{\Delta reg_{i(t,t-1)}}{reg_{i,t-1}} \right] \times RD_{i,t} \tag{6-5}$$

$$NERD_{i,t} = RD_{i,t} - ERD_{i,t} \tag{6-6}$$

其中，i 表示省份（$i = 1, 2, \cdots, 30$），t 表示时间。RD 表示研发投入的整体水平；ERD 表示环保研发投入[①]；$NERD$ 表示非环保研发投入；reg 表示环境规制强度；$SCALE$ 表示产业规模变量；FDI 表示外商直接投资；HR 表示人力资本指标；EXP 为出口强度指标；$MARK$ 表示市场化水平；υ_i 表示个体效应，用以控制地区间的差异；$\varepsilon_{i,t}$ 为误差项。由于环境规制对经济系统的影响存在滞后期，因此将环境规制强度指标滞后一期纳入方程；其他控制变量亦均滞后一期以避免内生性。

2. 引致创新与绿色生产率提升

第一阶段的计量模型分析了环境规制对研发投入的引致效应。在此基础上，本节将进一步检验引致创新对绿色生产率的影响，以及环保和非环保技术创新是否具有不同的影响机制，计量模型设置如下：

---

① 根据滨本（Hamamoto，2006）的研究，当环境规制强度不断提高时，其对企业产生的环保压力可能会导致环保研发对非环保研发产生"挤出"效应，若环保研发的计算结果出现负值，则将其取值设定为0。

$$\ln GTFP_{i,t} = \beta_0 + \beta_1 \ln ERD_{i,t} + \beta_2 \ln NERD_{i,t} + \beta_3 \ln RD_{i,t} + \beta_4 \ln CAL_{i,t-1}$$
$$+ \beta_5 \ln AGG_{i,t-1} + \beta_6 \ln TRAF_{i,t-1} + \beta_7 \ln SCALE_{i,t-1}$$
$$+ \beta_8 \ln FDI_{i,t-1} + \mu_i + \upsilon_i + \varepsilon_{i,t} \qquad (6-7)$$

其中，$GTFP_{i,t}$ 表示工业绿色生产率；CAL 表示资本劳动比；AGG 表示产业集聚水平；$TRAF$ 表示基础设施禀赋。其他变量的含义与前文一致。

3. 环境规制对绿色生产率的直接影响

根据前文对相关文献的综述可知，学者们就环境规制对生产率的影响问题进行了大量的分析，但并未得到一致的结论。为了对"波特假说"进行更全面且深入的验证，本节进一步检验环境规制对绿色生产率的直接影响，计量模型如下所示：

$$\ln GTFP_{i,t} = \beta_{11} \ln reg_{i,t-1} + \beta_{12} \ln reg_{i,t-2} + \beta_{13} \ln reg_{i,t-3} + \beta_2 \ln RD_{i,t}$$
$$+ \beta_3 \ln FDI_{i,t-1} + \beta_4 \ln CAL_{i,t-1} + \beta_5 \ln AGG_{i,t-1} + \beta_6 \ln TRAF_{i,t-1}$$
$$+ \beta_7 \ln SCALE_{i,t-1} + \mu_i + \upsilon_i + \varepsilon_{i,t} \qquad (6-8)$$

各变量的含义与前文一致。同时，考虑到环境规制影响绿色生产率时可能存在的滞后效应，本节引入了环境规制变量的滞后 1 期、滞后 2 期和滞后 3 期的形式，分别进行了实证检验。

二、指标说明及数据处理

采用 2000~2012 年我国 30 个省份的面板数据进行实证研究，所有原始数据均来源于历年《中国统计年鉴》《中国环境年鉴》《中国科技统计年鉴》《中国工业经济统计年鉴》《中国劳动统计年鉴》和《中国能源统计年鉴》，以及国家统计局网站的相关数据库。对相关变量的具体说明如下：

1. 绿色全要素生产率（GTFP）

采用考虑非期望产出和松弛变量的 SBM 效率测度模型，在规模报酬可变的基本假设下，结合 Luenberger 生产率指数来测度中国各省份的工业绿色生产率。考虑到该方法测算出的绿色全要素生产率是 $t+1$ 期相对于 t 的相对变化值，本节参考马纳吉和耶拿（Managi & Jena, 2008）的做法，进一步将 $GTFP$ 指数转换为以 1999 年为基期的累积指数，即将所有值加 1 后再进行逐年累乘。关于投入、期望产出及非期望产出的相关指标及数据处理说明如下：

（1）产出指标。选取工业总产值①作为期望产出，并用工业品出厂价格指数平减为以 1999 年为基期的可比价格；选取 CO_2 排放量作为非期望产出指标纳入模型，根据陈诗一（2009）的核算方法，以各省份历年所消耗的煤炭、石油和天然气三种主要的一次能源为基准对 CO_2 排放量进行了估算。

（2）要素投入。选取工业部门固定资产投资净值作为资本投入的替代变量（董敏杰等，2012），其计算方法为固定资产投资原值与累计折旧的差值，并采用固定资产投资价格指数平减为以 1999 年为基期的不变价；由于劳动时间数据不可得，选取工业城镇单位从业人员数作为劳动投入指标；鉴于能源是一种中间投入，亦假设其为非期望产出的主要来源，因此选用各省份能源消耗总量作为能源投入指标。

2. 环境规制强度（reg）

参照傅京燕和李丽莎（2010）的方法，选取各省份废水排放达标率、二氧化硫去除率、烟（粉）尘去除率和固体废物综合利用率四个单项指标，构建环境规制强度的综合测量体系。指标构建方法为：（1）对四个单项指标进行 $[0,1]$ 区间的线性标准化处理，消除指标间的不可公度性和指标间的矛盾性。（2）计算各单项指标的调整系数（ω_{ij}），用以反映各省份主要污染物治理能力的差异，计算公式为：$\omega_{ij} = (E_{ij} / \sum E_{ij}) / (Y_i / \sum Y_i)$，其中，$E_{ij}$ 为省份 i 污染物 j 的排放量，$\sum E_{ij}$ 为全国同类污染物的排放总量，Y_i 为省份 i 的工业增加值，$\sum Y_i$ 为全国工业增加值。计算出每年废水、废气和固体废物的调整系数后，再计算出 1999 ~ 2011 年调整系数的平均值 $\overline{\omega}_{ij}$。（3）通过各单项指标的标准化值和平均权重，测算出单个指标的环境规制强度，再通过取平均值得到各省份的环境规制强度。

3. 研发强度（RD）

采用各地区研究与试验发展（R&D）经费的内部支出总额表示。

---

① 由于 2013 年起《中国工业统计年鉴》不再公布工业总产值的数据，因此 2012 年的工业总产值利用 2012 年与 2011 年"工业销售产值"的比值计算而得。

4. 其他变量

（1）外商直接投资（*FDI*）：选用实际利用外商投资额占 GDP 的比重来衡量。（2）产业规模（*SCALE*）：用工业产值占 GDP 的比重表示。（3）竞争效应：国内外市场的竞争程度是激励企业通过"干中学"加强技术创新和研发活动（Kneller & Manderson，2012），本节用出口强度（*EXP*）衡量国际市场的竞争环境；用市场化水平（*MARK*），即非国有企业工业产值占工业总产值的比重，衡量国内市场的竞争环境。（4）人力资本（*HR*）：选取就业人员的人均受教育程度来衡量分地区的人力资本。[①]（5）资本劳动比（*CAL*）：用以反映要素禀赋结构，资本、劳动等生产要素在企业间的流动及份额是影响企业生产率的重要因素，本节用工业固定资产原值与工业年均从业人数之比表示。[②]（6）基础设施禀赋（*TRAF*）：借鉴吴延瑞（2008）的做法，用各省份每十平方千米土地上的公路长度与铁路长度的几何平均值来表示。（7）产业集聚指标（*AGG*）：选取区位商指数来衡量某一地区的产业集聚水平，计算方法为：$AGG_{ij} = (Y_{ij} / \sum_j Y_{ij}) / (\sum_j Y_{ij} / \sum_i \sum_j Y_{ij})$，其中，$Y$ 表示产值，i 表示地区，j 表示产业。

第三节 实证结果与分析

一、环境规制对 R&D 的影响

对上文构建的计量模型（6-2）、模型（6-3）和模型（6-4）进行面板回归分析，本书首先对固定效应模型和随机效应模型进行了豪斯曼（Hausman）检验，并根据检验结果选择了随机效用模型。回归结果如表 6-1 所示。

---

① 人力资本指标的计算方法如下：$HR_i = p_{1i} \times 6 + p_{i2} \times 9 + p_{i3} \times 12 + p_{i4} \times 16$。其中，$p_{i1}$、$p_{i2}$、$p_{i3}$、$p_{i4}$ 分别表示第 i 省份受教育程度为小学、初中、高中、大专及以上就业人口比重，各阶段的受教育年限（6 年、9 年、12 年和 16 年）为相应的权重。

② 由于 2013 年起《中国工业统计年鉴》不再公布分地区工业"全部从业人员年平均人数"这一指标的数据，因此用 2013 年"分地区工业城镇单位就业人员年末人数"进行替代。

表 6 - 1   环境规制与技术创新之间关系的回归结果

变量	列（1）	列（2）	列（3）
$\ln reg_{i,t-1}$	0. 2310 *** （3. 14）	- 1. 5715 *** （- 6. 13）	0. 3783 *** （5. 12）
$\ln SCALE_{i,t-1}$	1. 5594 *** （6. 59）	1. 6697 ** （2. 36）	1. 2868 *** （5. 42）
$\ln HR_{i,t-1}$	5. 1965 *** （12. 02）	1. 1969 （1. 01）	5. 3371 *** （12. 28）
$\ln EXP_{i,t-1}$	0. 3559 *** （4. 99）	0. 0805 （0. 37）	0. 3735 *** （5. 22）
$\ln FDI_{i,t-1}$	- 0. 3806 *** （- 5. 35）	- 0. 6657 *** （- 3. 18）	- 0. 3751 *** （- 5. 25）
$\ln MARK_{i,t-1}$	0. 9726 *** （10. 00）	1. 3138 *** （4. 25）	0. 9365 *** （9. 60）
_cons	- 4. 3008 *** （- 4. 22）	- 1. 8612 （- 0. 67）	- 4. 9877 *** （- 4. 87）
个体固定效应检验	随机	随机	随机
Hausman 检验	Chi - Sq. = 2. 28 （P = 0. 9429）	Chi - Sq. = 13. 97 （P = 0. 0518）	Chi - Sq. = 2. 96 （P = 0. 8890）
调整样本决定系数	0. 7831	0. 3145	0. 7781
F - 统计量	1217. 07	98. 21	1177. 96
伴随概率（F - 统计量）	P = 0. 0000	P = 0. 0000	P = 0. 0000

注：（1）括号里的数字代表 t 值；（2）***、** 和 * 分别表示在 1%、5% 和 10% 的水平上变量显著；（3）所有结果均由 Stata 12. 0 计算而得。表 6 - 2 和表 6 - 3 同。

由表 6 - 1 的回归结果可知，环境规制强度对 R&D 总投入和非环保技术创新均具有显著的激励作用，规制强度每提高 1%，可导致 R&D 总投入和非环保 R&D 投入分别增加 0. 2310% 和 0. 3783%，这表明"弱版"波特假说在一定程度上得到了验证。但环境规制强度与环保技术创新呈现负相关关系，规制强度每提高 1%，将导致环保 R&D 投入减少 1. 5715%。可能的原因是，环保技术创新不仅不能为企业带来直接的经济效益，反而会占用企业用于生产活动的投资，因此企业更倾向于采取末端治理等污染治理方式，而非投资绿色技术的研发。事实上，自 20 世纪 90 年代之后，中国绿色技术创新的实践再也未能突破"源头削减"和"末端治理"而取得更大的进步（李丹和杨建君，2015）。面临日趋严厉的环境管制，被规制的企业更倾向于通过生产技术、生产工艺等的创新来增加企业利润，从而抵消因污染减排而增加的"遵循成本"。

值得注意的是，产业规模和国内市场化程度均有效促进了环保 R&D 投入的增加，产业规模和国内市场化程度每提高 1%，环保 R&D 投入将相应提高 1.6697% 和 1.3138%。这表明，规模越大的企业越有开展环保研发的倾向和实力，这也与现实情况相符。而在面临相同强度的环境规制时，国内市场竞争越激烈，则越能够激励企业进行环保技术的研发，从而在未来以"绿色化""低碳化"为方向的经济转型中获得先发优势。人力资本变量未能对环保技术创新产生显著的影响。2002 年中国从事环保科技活动的人员数占全国科技活动人员的比重为 0.50%，至 2010 年该比重降至 0.29%。由此可知，从事环保技术研发的人力资本十分匮乏，且尚未在环保技术创新中发挥有效的作用。国际市场竞争程度亦未能对环保技术创新产生显著的影响，这是因为中国参与国际市场竞争的产业主要集中在劳动密集型部门，通过接受外资企业代工合同、为外资企业贴牌生产的方式进入国际市场，因此这类企业大多不具备进行环保技术创新的能力。FDI 无论对环保技术创新还是非环保技术创新均产生了不同程度的阻碍作用，这表明中国实施的"以市场换技术"的开放政策并未实现预期的目标，FDI 流入中国更多是为了获取廉价劳动力和掠夺丰富的资源，而对其核心的、先进的技术进行了严格的封锁。

二、引致创新对绿色生产率的影响

本节继续检验环保技术创新和非环保技术创新对绿色生产率的影响，根据豪斯曼（Hausman）检验的结果，选择固定效应模型对计量模型（6-7）进行回归估计。结果如表 6-2 所示。

由表 6-2 中列（1）的回归结果可知，R&D 总投入与绿色生产率正相关，R&D 投入每增加 1%，将促进绿色生产率提升 0.1248%，结合列（2）的估计结果，这一正向的促进作用主要是由非环保技术创新贡献的，非环保研发投入每增加 1%，可促进绿色生产率提升 0.1256%，这是因为技术创新是绿色生产率提升的主要来源；而环保技术创新与绿色生产率负相关，影响系数为 - 0.0009，但未通过显著性检验。可能的原因是，当企业开展环保技术的研发活动时，必然将占用其原来用于生产活动或研发活动的资源，迫使企业背离其最优的资源配置决策，因此将不利于绿色生产率的提升。然而，由于中国目前的环保技术研发主要集中于国家环保系统的研发机构以及部分环保企业，环保研发投入在 R&D 投入总额中仅占非常小的比重，因此对绿色生产率产生的负向影响并不显著。综上可知，环境规制通过激励非环保技术创新，最终对绿色生产率的提升产生积极的影响，才是环境规制间接影响绿色生产率的有效传导路径，这也证明了"波特假说"成立的条件性。

表 6 - 2   引致创新与绿色生产率之间关系的回归结果

变量	列（1）	列（2）
$\ln ERD_{i,t}$		- 0.0009 （ - 0.19）
$\ln NERD_{i,t}$		0.1256 *** （5.80）
$\ln RD_{i,t}$	0.1248 *** （8.51）	
$\ln CAL_{i,t-1}$	- 0.0501 ** （ - 2.19）	- 0.0820 ** （ - 2.41）
$\ln AGG_{i,t-1}$	- 0.0687 （ - 0.99）	- 0.1305 （ - 1.41）
$\ln TRAF_{i,t-1}$	0.0651 * （1.79）	0.0714 （1.37）
$\ln SCALE_{i,t-1}$	0.1479 * （1.88）	0.2311 ** （2.08）
$\ln FDI_{i,t-1}$	- 0.0348 *** （ - 2.23）	- 0.0220 （10.00）
_cons	0.0976 （0.62）	0.3035 （1.37）

续表

变量	列（1）	列（2）
个体固定效应检验	固定	固定
Hausman 检验	Chi – Sq. = 30.75 （P = 0.0001）	Chi – Sq. = 27.78 （P = 0.0000）
调整样本决定系数	0.6950	0.6241
F – 统计量	123.06	46.26
伴随概率（F – 统计量）	P = 0.0000	P = 0.0000

三、环境规制对绿色生产率的直接影响

在上文运用两阶段模型进行实证分析的基础上，本节将进一步检验环境规制对绿色生产率的直接影响。对计量模型（6 - 8）的估计结果如表6 - 3所示。

表6 - 3　　　　　环境规制与绿色生产率之间关系的回归结果

变量	列（1）	列（2）	列（3）
$\ln reg_{i,t-1}$	- 0.0402 *** （- 2.54）		
$\ln reg_{i,t-2}$		- 0.0093 （- 0.43）	
$\ln reg_{i,t-3}$			0.0121 （1.00）
$\ln RD_{i,t}$	0.1231 *** （8.46）	0.1325 *** （12.52）	0.1232 *** （11.17）
$\ln CAL_{i,t-1}$	- 0.0441 * （- 1.93）	- 0.0215 （- 1.31）	- 0.0255 （- 1.55）
$\ln AGG_{i,t-1}$	- 0.0573 （- 0.83）	- 0.1235 ** （- 2.50）	- 0.1456 *** （- 2.85）
$\ln TRAF_{i,t-1}$	0.0773 ** （2.12）	0.0275 （1.02）	0.0405 （1.49）

变量	列（1）	列（2）	列（3）
$\ln SCALE_{i,t-1}$	0.1275 (1.62)	0.2354 *** (4.16)	0.2491 *** (4.38)
$\ln FDI_{i,t-1}$	-0.0382 ** (-2.46)	-0.0337 *** (-3.00)	-0.0270 ** (-2.41)
_cons	0.0718 (0.46)	-0.0362 (-0.31)	0.0832 (0.70)
个体固定效应检验	固定	固定	固定
Hausman 检验	Chi – Sq. = 33.02 (P = 0.0000)	Chi – Sq. = 25.14 (P = 0.0015)	Chi – Sq. = 24.28 (P = 0.0021)
调整样本决定系数	0.7012	0.8257	0.8103
F – 统计量	108.26	198.35	160.51
伴随概率（F – 统计量）	P = 0.0000	P = 0.0000	P = 0.0000

由表 6-3 可知，在短期内，环境规制对绿色生产率的直接影响为负，规制强度每提高 1%，将导致绿色生产率降低 0.0402%。结合两阶段模型的实证结果进行分析，表明环境规制的实施将首先引致企业成本增加，对企业绿色生产率的提升产生直接的抑制作用，只有通过激励技术创新，才能利用由此产生的"创新补偿"效应有效抵消直接产生的负效应，降低对经济发展的不利冲击。这也恰好说明，在进行环境规制设计和创新时，其对技术创新的激励能力是首要考虑的因素之一。在长期内，环境规制对绿色生产率的影响系数变为正值，虽未通过显著性检验，但在一定程度上表明，污染治理和生产率提升具有"双赢"的可能性，因此在对待污染减排和环境保护工作时要目光长远，不应只看重眼前得失。

表 6-3 中列（1）的估计结果显示，资本劳动比与绿色生产率呈负相关关系，影响系数为 -0.0441。近年来，中国经济的资本劳动比出现了快速的上升，张军（2002）认为资本深化是不利于中国生产率提升的重要因素。FDI 与绿色生产率亦呈负相关，影响系数为 0.0382，这可能是因为，当考虑环境因素时，发达国家为规避国内严厉的环境规制而将其污染密集型行业转

移至中国进行生产。此外，基础设施建设是提升中国绿色生产率的重要因素，而产业集聚水平和产业规模则未能产生显著影响。

第四节　主要结论与政策启示

在经济发展方式由高污染、高能耗向资源节约、环境友好转型的关键时期，如何合理地设计环境规制，使其不仅能成为第一环保力，更能成为中国经济发展中重要的改革驱动力，是当前中国经济转型和升级中亟须考虑的重要问题。本章选取 2000~2012 年中国省级面板数据，运用两阶段模型对环境规制与技术创新、引致创新与绿色生产率提升之间的关系进行了实证检验。主要结论如下：（1）环境规制强度对 R&D 总投入和非环保 R&D 投入均具有显著的激励作用，而与环保技术创新呈现负相关关系，这在一定程度上验证了"弱版"波特假说的成立。由于环保技术创新并不能提高产品附加值、为企业带来直接的经济效益，因此面临严厉的环境规制，被规制企业更倾向于采取末端治理的减排方式，更多地将资源用于生产技术、生产工艺的创新，这表明"波特假说"成立的条件性。（2）R&D 总投入能够显著促进绿色生产率的提升，这一正向影响主要来自于由规制引致的非环保技术创新的贡献；而环保技术创新尚未对绿色生产率产生显著影响。这表明环境规制对绿色生产率的提升产生了积极的间接影响，这是通过环境规制引致非环保技术创新、非环保技术创新驱动绿色生产率提升这一传导路径而实现的。（3）在短期内，环境规制对绿色生产率的直接影响为负；在长期内，环境规制对绿色生产率的影响系数变为正值，虽未通过显著性检验，但表明污染治理和生产率提升具有"双赢"的可能性。

本章的研究结论蕴含了以下政策启示：（1）除高效实现环保目标外，对企业技术创新的激励能力是进行环境规制工具选择、设计或创新时所需考虑的关键因素之一。因此，中国目前应加快环境税、排污权交易等市场激励性环境规制的制度设计和实施，尽快实现环境规制体系由行政命令为主向市场激励为主的转变，以主要依靠市场对资源配置的引导和调节作用，激发企业增加研发投入、努力提高其绿色生产率，并调动企业环保的主观能动性。（2）由于环保研发投入并不产生直接的经济效益，企业往往缺乏投资激励。

然而，长期来看，绿色技术取代末端治理技术是未来污染治理的必然趋势。因此，政府应加强对企业环保研发活动的引导和扶持，对于致力于环保研发的企业，政府可给予一定的补贴，甚至政府可充当环保研发的投资者或环保技术的购买者，以创造对绿色技术的需求。（3）在环境保护和污染治理的进程中，政府不应以短期内可能对经济增长造成的负效应作为理由而采取放松规制等短视行为和错误决策，应具有长远眼光，这包含两层含义。首先，政府应维持良好而严厉的规制者声誉以规避企业的策略性行为；其次，政府应尽量避免未来环境规制的不确定性，使企业对未来的规制强度形成理性预期，从而有助于企业制定长期的投资决策。

第七章

中国工业绿色生产率提升的动因与机制

第一节 研究背景与问题提出

改革开放 40 多年以来，中国经济实现了举世瞩目的高速增长。然而，中国的经济增长主要依靠的是政府主导的大规模投资和低要素成本优势，企业的研发投入不足、创新能力较低，导致过低的全要素生产率不足以支撑经济的可持续增长（Krugman，1994）。粗放型的经济增长模式导致了资源过度消耗、环境质量恶化等严峻问题。面对经济发展质量亟须提高与环境质量亟须改善的双重挑战，学术界普遍认为产业结构升级、尤其是工业内部的结构升级，是使一国经济走出当前困境、实现可持续发展的最本质的要求（黄亮雄等，2013；林伯强等，2017；杨丽君和邵军，2018）。因此，中国经济已经走到了结构调整和绿色转型升级的十字路口，亟须实现由粗放型发展模式向集约型发展模式的转变，加快进入以"中高速、优结构、新动力和多挑战"为主要特征的新常态。在"绿色"革命席卷全球的背景下，中国工业的绿色发展已经成为可持续增长的基本方向。众多学者指出，加快工业绿色生产率提升，是驱动一国工业由当前高能耗、高污染、高排放向低能耗、低污染、低排放转变的重要抓手和动力（王小鲁等，2009；Schot and Kanger，2016；Tariq et al.，2017）。那么，一些重要且亟须解决的问题是，如何促进中国工业绿色生产率的提升？驱动因素有哪些？驱动机制和路径如何？这些尚未得到充分的理论解释的问题，也是本章的研究重点。

本章将着重选取环境规制与外商直接投资两个方面，实证考察这两个关键因素对中国工业绿色生产率的影响效应与作用机制，并进一步探讨 IFDI 与环境规制之间的关联机制。具体而言，本章的研究将尝试在以下方面做出新的贡献：（1）以往研究环境规制经济效应与机制的文献，几乎只考虑环境规制强度的单一视角，而忽略了不同规制类型所产生的不同影响。因此，基于勃林格等（Böhringer et al., 2012）的规制分类方法，本章将环境规制分为费用型和投资型两类，并分别检验了这两类环境规制对工业绿色生产率的作用机制及其差异性。（2）在一定时期内，一个国家或地区对于环境规制引致的成本上涨的承受力是存在一定限度的，过于严厉或过于放松的规制强度可能均无法对经济发展产生合理的激励。受此启发，本章在计量方程中引入了环境规制指标的平方项，以检验环境规制与绿色生产率之间是否具有非线性关系；进一步地，本章还引入了费用型规制与投资型规制的交互项，以检验两种类型的环境规制之间存在互补效应还是替代效应。（3）在经济全球化不断深入和环境质量持续恶化的背景下，IFDI 与东道国环境规制之间的关联机制愈加复杂，基于此，在考察 IFDI 对中国工业绿色生产率的直接效应的基础上，进一步引入环境规制与 IFDI 的交互项，考察二者的交互作用对中国工业绿色生产率的影响。

第二节　环境规制与中国工业绿色生产率的提升

为了缓解环境与经济发展之间的矛盾，中国政府和相关部门制定了多种类型的环境规制，以约束企业的污染行为。如何选择有效的环境规制，在治理污染的同时，又有助于工业绿色生产率的提升，是中国工业化过程中的一个极为重要的问题。

一、研究设计

1. 计量模型的设定

首先，分别检验费用型和投资型环境规制与工业绿色生产率之间可能存

在的非线性关系，分别引入两种环境规制指标的平方项。① 构建计量模型
（7 – 1）和计量模型（7 – 2）如下所示：

$$\ln GTFP_{i,t} = \beta_0 + \beta_1 \ln fee_{i,t} + \beta_2 (\ln fee_{i,t})^2 + \beta_3 \ln FDI_{i,t} + \beta_4 \ln market_{i,t}$$
$$+ \beta_5 \ln RD_{i,t} + \beta_6 \ln HR_{i,t} + \beta_7 \ln INF_{i,t} + \varepsilon_{i,t} \qquad (7 - 1)$$

$$\ln GTFP_{i,t} = \beta_0 + \beta_1 \ln invest_{i,t-1} + \beta_2 (\ln invest_{i,t-1})^2 + \beta_3 \ln FDI_{i,t} + \beta_4 \ln market_{i,t}$$
$$+ \beta_5 \ln RD_{i,t} + \beta_6 \ln HR_{i,t} + \beta_7 \ln INF_{i,t} + \varepsilon_{i,t} \qquad (7 - 2)$$

进一步地，为了就环境规制类型的选择提供一定的科学依据，本节引入
费用型规制与投资型规制的交叉项，即 $\ln fee_{i,t} \times \ln invest_{i,t-1}$，以检验二者之
间存在替代效应还是互补效应。如果交叉项的估计系数小于 0，则表明在影
响 GTFP 方面，费用型规制和投资型规制之间是相互替代的关系，反之则存
在互补关系。构建计量模型（7 – 3）如下所示：

$$\ln GTFP_{i,t} = \beta_0 + \beta_1 \ln fee_{i,t} + \beta_2 \ln invest_{i,t-1} + \beta_3 \ln FDI_{i,t} + \beta_4 \ln market_{i,t}$$
$$+ \beta_5 \ln RD_{i,t} + \beta_6 \ln HR_{i,t} + \beta_7 \ln INF_{i,t}$$
$$+ \beta_8 (\ln fee_{i,t} \times \ln invest_{i,t-1}) + \varepsilon_{i,t} \qquad (7 - 3)$$

其中，i 表示省份（$i = 1,2,\cdots,30$），t 表示时间。$GTFP_{i,t}$ 表示中国
工业绿色生产率②；$fee_{i,t}$ 为费用型规制强度指标；$invest_{i,t-1}$ 为投资型规制强
度指标；$FDI_{i,t}$ 表示外商直接投资；$market_{i,t}$ 表示市场化水平；$RD_{i,t}$ 为研发投
入；$HR_{i,t}$ 为人力资本指标；$INF_{i,t}$ 表示基础设施禀赋；$\varepsilon_{i,t}$ 为误差项。为了消
除异方差，所有指标进行取对处理。

2. 变量说明与数据处理

选取 2000 ~ 2012 年我国 30 个省份的面板数据，原始数据均来自于历年
的《中国统计年鉴》《中国环境年鉴》《中国工业经济统计年鉴》和《中国
劳动统计年鉴》。对相关变量的具体说明如下：

（1）费用型环境规制（fee）。选用各地区排污费征收情况衡量费用型规

---

① 由于排污费的征收与企业成本上涨同期发生，因此本章采用其当期值；而企业的研发决策、
管理创新等行为对投资型环境规制的反应则存在一定的时间滞后效应，因此本章选取工业治污投资
的一期滞后值。

② 为了考虑生产率在各年间的动态变化，我们将 GTFP 指数转换为以 1999 年为基期的累积
生产率指数。由于部分数值为负，无法进行简单的对数变换，因此参考马纳吉和耶拿（Managi &
Jena，2008）的做法，将所有值加 1 后再进行逐年累乘，继而进行对数变换后所得的值作为模型
的因变量。

制强度，排污费越高，表明环境规制越严厉。借助 GDP 指数对排污费进行价格平减，基期为 2000 年。

（2）投资型环境规制（*invest*）。选用工业污染治理投资额（以下简称"工业治污投资"）衡量投资型规制强度，并借助 GDP 指数将其平减为以 2000 年为基期的可比价格。

（3）控制变量。

外商直接投资（*IFDI*）：选用实际利用外商投资额占 GDP 的比重来衡量。

市场化程度（*market*）：以非国有企业工业产值占工业总产值的比重表示，该比值越大，表明市场化程度越高；反之，亦反。

研发投入（*RD*）：选取 R&D 经费支出来衡量，借助 GDP 指数将其平减为以 2000 年为基期的可比价格。

人力资本（*HP*）：鉴于数据的可得性，本节选取分地区就业人员的人均受教育程度作为人力资本指标。具体计算方法如下：

$$HR_i = p_{1i} \times 6 + p_{i2} \times 9 + p_{i3} \times 12 + p_{i4} \times 16$$

其中，p_{i1}、p_{i2}、p_{i3}、p_{i4} 分别表示第 i 省份受教育程度为小学、初中、高中、大专及以上的就业人口比重，各阶段的受教育年限（6 年、9 年、12 年和 16 年）为相应的权重。

禀赋特征（*INF*）：对于反映地区禀赋特征的基础设施状况，借鉴吴延瑞（2008）的做法，用各省份每十平方千米土地上的公路长度与铁路长度的几何平均值来表征。

二、实证结果及分析

1. 环境规制与工业绿色生产率的非线性关系检验

对上文构建的计量模型（7-1）和计量模型（7-2）进行回归分析，首先对固定效应模型和随机效应模型进行了豪斯曼（Hausman）检验，并根据检验结果选择相应的面板回归方法。回归结果如表 7-1 所示。

（1）费用型规制与 GTFP 的关系。表 7-1 中列（1）的回归结果表明，排污费与中国工业绿色生产率之间存在非线性关系：在 1% 的显著性水平下，排污费的平方项对 GTFP 的影响系数符号为正，说明排污费与工业绿色生产率之

表 7 - 1 　　　　　　　　环境规制与 GTFP 之间关系的回归结果

变量	列（1）	列（2）	列（3）
$\ln fee_{i,t}$	- 0.4125 *** （ - 3.97）		
$(\ln fee_{i,t})^2$	0.0200 *** （3.56）		
$\ln invest_{i,t-1}$		- 0.0429 *** （ - 2.97）	- 0.0275 *** （ - 2.78）
$(\ln invest_{i,t})^2$		0.0064 （1.46）	
$\ln FDI_{i,t}$	- 0.0145 （ - 0.82）	0.0136 （0.75）	0.0109 （0.61）
$\ln market_{i,t}$	0.0575 ** （2.38）	0.0453 * （1.68）	0.0392 （1.47）
$\ln RD_{i,t}$	0.0242 *** （3.99）	0.0185 *** （2.82）	0.0174 *** （2.67）
$\ln HR_{i,t}$	0.3925 *** （3.99）	0.3546 *** （3.52）	0.3390 *** （3.38）
$\ln INF_{i,t}$	0.2378 *** （7.47）	0.2748 *** （7.65）	0.2828 *** （7.96）
_cons	1.9337 *** （3.57）	0.0601 （0.19）	0.1291 （0.42）
个体固定效应检验	固定	固定	固定
Hausman 检验	Chi - Sq. = 70.57 （P = 0.0000）	Chi - Sq. = 67.44 （P = 0.0000）	Chi - Sq. = 68.80 （P = 0.0000）
调整样本决定系数	0.6647	0.6440	0.6417
F - 统计量	99.95	83.47	96.70
伴随概率（F - 统计量）	P = 0.0000	P = 0.0000	P = 0.0000

注：（1）括号里的数字代表 t 值；（2）***、** 和 * 分别表示在 1% 、5% 和 10% 的水平上变量显著；（3）所有结果均由 Stata 12.0 计算而得。表 7 - 2 同。

间呈"U"型关系。当其他因素不变，在 $lnfee_{i,t}$ 的值达到 10.3125[①] 之前，排污费与 GTFP 呈负相关，排污费征收水平的提高导致了工业绿色生产率的损失。可能的原因是，当处于"U"型曲线的左侧时，低水平的排污费意味着企业的违约成本较低，企业缺乏进行技术创新的动力，而排污费的征收直接增加了企业的成本，不利于企业 GTFP 的增长。随着排污费的不断提高，并跨过了 10.3125 这一"门槛"，位于"U"型曲线的右侧时，高额排污费的征收会刺激企业增加研发投入、引进新技术和新工艺，并进一步优化资源配置，从而拉动工业 GTFP 的提升。此时，费用型规制可促进工业企业由短期内的成本上涨向长期的研发激励过渡，最终实现绿色生产率的提升，验证了"强波特假说"的成立。

本节根据表 7-1 中列（1）的回归结果绘制了排污费与工业绿色生产率的"U"型曲线图（如图 7-1 所示），并结合 2012 年中国各省份的排污费征收数据做了进一步的分析。目前，中国大部分省份的排污费征收水平处于"U"型曲线的左侧，其中江西（26443.4524）、浙江（27056.6512）和广东（27398.2233）三省的排污费水平已非常接近拐点，而只有七个省份的排污费跨过了拐点，位于"U"型曲线的右侧，如图 7-1 中所示的江苏（59777.3144）、山东（46307.6426）和辽宁（40351.6162）。这表明中国现阶段费用型环境规制强度仍然较低。相关研究表明，经过改革开放 40 多年

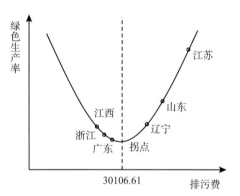

图 7-1 排污费与 GTFP 的关系

---

① 由表 7-1 中列（1）的回归结果可以看出，排污费对工业绿色生产率的影响呈抛物线形式。当 $lnfee_{i,t} = 0.4125/(2 \times 0.0200) = 10.3125$，即排污费达到 30106.6092（万元）（$e^{10.3125}$）时出现拐点。

的长足发展，中国制造业已经有能力接受更高的环境标准，甚至已经把提高环境质量作为提升竞争力的一种重要方式（金培，2009）。因此，中国政府，尤其是地方政府不应该把环境规制与GTFP之间的负向关系作为放松规制的理由，应改变只注重当前经济效益的短视行为，尽快提高费用型环境规制强度，激励各省份的工业企业加强研发投入和技术创新，以尽快跨过拐点，实现环境保护与工业绿色增长的"双赢"。

（2）投资型规制与GTFP的关系。由表7-1中列（2）的回归结果可知，工业治污投资的平方项未通过显著性检验，表明投资型规制与工业绿色生产率之间不存在非线性关系。因此，进一步检验两者之间的线性关系，即由表7-1中列（3）的结果所示，工业治污投资与GTFP呈负相关，工业治污投资每增加1%，将导致GTFP增长率下降0.0275%。可见，投资型规制的检验结果未能支持"强波特假说"。可能的解释是：第一，与排污费不同，工业治污投资的资金来源主要有企业自筹和政府补贴等，其中政府补贴能够在很大程度上分担企业的治污压力，大大降低企业的治污投资成本，因此企业污染的外部成本只有一部分可通过投资型规制的约束而转化为企业的内部成本，其对企业研发的激励小于费用型规制。第二，中国目前正处于环保事业的初期，大型治污设施尚未健全，先进的清洁技术亦较为缺乏，因此对治污投资的资金需求较大。而对于工业企业而言，在生产资料一定的情况下，增加环保投入，必然会挤占原本用于生产或研发的资源，导致产出减少或研发强度下降，不利于工业绿色生产率的提升。由此可知，"强波特假说"成立与否，不仅与环境规制的强度密切相关，也取决于环境规制的类型。

此外，研发投入、人力资本和基础设施禀赋均为能够显著促进工业绿色增长的重要因素。而FDI对工业绿色生产率的影响不显著，这可以从两个方面来解释：一是流入沿海地区的FDI大多以寻求廉价劳动力为主要目的，因此会更多地流向劳动密集型产业，而这些产业多由同质化的中小企业组成，技术含量和附加值较低，长期处于全球价值链的低端环节；二是流入内陆地区的FDI则多以获取能源为主要目的，因此会更多地流向能源挖掘、开采和初加工等工业部门，这可能会加重这些地区的环境破坏。

2. 进一步的分析：费用型与投资型规制的关系检验

为了检验在影响工业绿色生产率方面，费用型规制与投资型规制之间存在替代关系还是互补关系，本节进一步对计量模型（7-3）进行了计量回归分析，依然采用面板回归方法，并根据豪斯曼（Hausman）检验的结果选择固定效应模型。结果如表7-2所示。

表7-2　　　　　　　　不同规制类型之间关系的检验结果

变量	估计系数	变量	估计系数	计量模型检验	
$\ln fee_{i,t}$	-0.0444 *** (-2.93)	$\ln RD_{i,t}$	0.0197 *** (3.04)	个体固定 效应检验	固定
$\ln invest_{i,t-1}$	-0.1339 ** (-2.41)	$\ln HR_{i,t}$	0.3386 *** (3.35)	Hausman 检验	Chi-Sq. =67.44 (P=0.0000)
$\ln fee_{i,t} \times$ $\ln invest_{i,t-1}$	0.0122 ** (2.06)	$\ln INF_{i,t}$	0.2684 *** (7.49)	调整样本 决定系数	0.6516
$\ln FDI_{i,t}$	0.0174 (0.97)	_cons	0.4621 (1.38)	F-统计量	75.29
$\ln market_{i,t}$	0.0613 ** (2.24)			伴随概率 （F-统计量）	P=0.0000

由表7-2的结果可知，排污费与工业治污投资交互项的系数为0.0122，且在5%显著性水平上显著，这表明，费用型规制与投资型规制在促进工业绿色生产率提升方面存在互补关系。排污费属于惩罚型规制，依据"谁污染，谁治理"的原则，企业需要为其排污行为支付一定的社会成本，通过经济杠杆作用激励排污企业进行污染控制活动和清洁生产。按照庇古税的设计原理，有效的排污费标准应高于企业的边际治污成本，从而激励企业选择治污减排。然而，中国现行的排污费收费标准制定于1979年，虽然在2003年进行了调整，但排污费征收标准依然普遍偏低，仅为污染治理设施运转成本的50%左右，某些项目的排污费甚至不到污染治理成本的10%（侯瑜和陈海宇，2013）。因此无法对企业削减污染和技术创新形成有效激励，这一现状也与前文的实证结果相一致。工业治污投资属于补贴型规制，中国现阶段工业治污投资的资金来源主要包括政府补贴、企业自筹和银行贷款等方式，而投资资金则主要流向排污企业的前端预防和末端治理两个不同的污染

减排环节。其中，前端预防主要指清洁生产技术的研发和创新；末端治理主要指污染减排设施的安装和使用。

通过对两种环境规制特点的比较分析可知，费用型规制可在短期内迅速引致企业成本上涨，激励企业提升研发强度，而投资型规制更有利于在长期内对排污企业产生技术创新激励。两种类型的规制各有所长，且在污染治理中扮演了不同的角色，体现了在环境污染治理中，多样化规制工具组合使用的重要性。

从估计结果中还可以发现，排污费和工业治污投资一次项系数的符号，以及控制变量的系数符号和显著性水平与表7-1中的估计结果类似，这也证明了本节估计结果的稳健性。

三、主要结论

本节的主要结论如下：

第一，GTFP及其分解来源的测算结果表明，中国工业GTFP的增长主要依赖于技术进步，而非生产效率的改进；GTFP在地区间表现出了较大的差异性：东部沿海地区增长较快，而中西部地区则普遍偏低，这表明沿海地区的经济发展模式正逐步向全要素生产率驱动型转变，而内陆地区在经济发展中存在技术创新不足的弊端，要素支撑的粗放型发展模式尚未改善。

第二，排污费与GTFP呈"U"型关系，即排污费水平只有跨过特定的"拐点"，才能发挥"创新补偿"效应，而中国大部分省份的排污费水平尚处于"U"型曲线的左侧，表明中国现阶段费用型规制强度仍然较低。同时，工业治污投资与GTFP之间也存在负向的线性关系。这表明"强波特假说"的成立不仅要求合理的环境规制强度，且与环境规制类型密切相关。

第三，费用型规制与投资型规制在促进工业绿色生产率提升方面存在互补关系。排污费属于惩罚型规制，而工业治污投资属于补贴型规制，两种环境规制的不同特点决定了两者对经济系统和环境系统具有不同的作用机制，费用型环境规制可在短期内迅速增加企业成本，通过经济杠杆作用驱使企业进行污染减排和研发活动，而投资型规制则更有利于在长期内对排污企业产生技术创新激励。因此，若要在实现环境目标的同时促进工业绿色增长率的提升，应重视多样化规制工具的组合使用。

第三节　外商直接投资与中国工业
绿色生产率的提升

一、理论框架与研究假设

以新增长理论为基础，先假定 GTFP 不仅受到外商直接投资的影响，还取决于人力资本平均积累水平（毛其淋和盛斌，2011）。据此，本节采用的生产函数如下所示：

$$Y = A(FDI,\ HR,\ t) \cdot F(K,\ L) \tag{7-4}$$

其中，Y 表示工业增加值，$A(\cdot)$ 为考虑能源投入和非期望产出的绿色生产率；FDI 表示外商直接投资；HR 表示人力资本平均积累水平，K 为资本投入，L 为劳动投入。在此处，$A(\cdot)$ 代表希克斯中性（Hicks-neutral）技术进步的效率函数。

其中，FDI 对绿色生产率的影响主要通过竞争效应、技术溢出和"污染避难所"效应两种途径发挥作用。FDI 的流入能够通过挤占国内企业的市场份额加剧竞争，形成优胜劣汰的选择机制（Kugler，2006），迫使国内同类企业进行技术革新、提高资源配置效率；同时，内、外资企业之间的人员流动可显著促进 FDI 带来的先进技术和管理理念由外资企业向内资企业溢出。这种情形下，FDI 有利于生产率的提升。然而，当考虑环境因素时，发达国家的污染行业为规避国内严厉的环境规制和较高的环保成本而向发展中国家转移，发展中国家为了吸引更多的外资，往往会放松环境标准以迎合其需求。因此，在国际分工中，发展中国家将更多地从事污染密集型行业的生产，从而沦为发达国家的"污染避难所"（List & Co，2000）。这种情形下，FDI 的流入将对中国的绿色生产率产生负效应。

基于上述的理论分析，提出本节的第一个有待检验的理论假说：

假说 7.1：在控制其他影响因素下，FDI 是影响绿色生产率的重要因素，但其作用机制较为复杂，对一个地区绿色生产率的影响具有不确定性。

新古典经济理论认为，环境规制的实施必然会增加企业的私人成本、挤占 R&D 投入资金，从而影响企业绩效和生产力的提高。然而，波特于 1991

年提出了"波特假说",认为设置合理的环境规制能够激励企业进行技术创新,不但不会增加企业成本,还可能通过创新补偿作用抵消规制成本,产生净收益(Porter,1991)。此后,许多学者的研究支持了"波特假说",如拉诺伊等(Lanoie et al.,2008),张成等(2011)。

在上述分析的基础上,提出本节的第二个理论假说:

假说 7.2:环境规制可通过"创新补偿"效应激励企业的技术研发活动,从而有利于一个地区的绿色全要素生产率增长。

因此,我们在式(7-4)的基础上进一步引入环境规制对 GTFP 的影响,得到扩展理论模型如下:

$$Y = A(FDI,\ reg,\ HR,\ t) \cdot F(K,\ L) \tag{7-5}$$

其中,reg 表示环境规制水平。为了研究的方便,我们借鉴霍特等(Hulten et al.,2006)的做法,假定式(7-5)中的 $A(\cdot)$ 及其组成部分是多元组合的,即

$$A(FDI,\ reg,\ HR,\ t) = A_{i,0}e^{\lambda_i t}FDI_{i,t}^{\delta_i}reg_{i,t}^{\theta_i}HR_{i,t}^{\gamma_i} \tag{7-6}$$

将式(7-6)代入式(7-5)得:

$$Y_{i,t} = A_{i,0}e^{\lambda_i t}FDI_{i,t}^{\delta_i}reg_{i,t}^{\theta_i}HR_{i,t}^{\gamma_i} \cdot F(K_{i,t},\ L_{i,t}) \tag{7-7}$$

其中,i 表示地区,t 表示时间,$A_{i,0}$ 表示初始的生产效率水平,λ_i 表示外生的生产变迁,δ_i、θ_i 和 γ_i 分别表示 FDI、环境规制和人力资本对 GTFP 的影响参数。

按照 GTFP 的定义,式(7-7)两端同时除以 $F(K_{i,t},\ L_{i,t})$ 可得:

$$GTFP_{i,t} = Y_{i,t}/F(K_{i,t},\ L_{i,t}) = A_{i,0}e^{\lambda_i t}FDI_{i,t}^{\delta_i}reg_{i,t}^{\theta_i}HR_{i,t}^{\gamma_i} \tag{7-8}$$

对式(7-8)取自然对数:

$$\ln GTFP_{i,t} = \ln A_{i,0} + \lambda_i t + \delta_i \ln FDI_{i,t} + \theta_i \ln reg_{i,t} + \gamma_i \ln HR_{i,t} \tag{7-9}$$

改革开放以来,中国经济的依存结构经历了从"内需依存型"向"出口导向型"的转变(刘瑞翔和安同良,2011),林伯强和邹楚沅(2014)将世界经济通过国际贸易等形式向中国传导的发展模式称为"世界—中国"经济转移过程。这一过程助推了中国经济的高速增长,但也导致了严重的"贸易引致型"环境污染(Antweiler et al.,2001)。中国目前的环境规制政策恰恰是针对"世界—中国"这一经济发展过程中日趋严重的环境污染问题而制定的,这意味着 FDI 流入与中国环境规制的制定存在关联效应。受到上述研究的启发,本书认为将 FDI 与环境规制的相互作用割裂开来研究两者

对 GTFP 的影响有失偏颇，因此提出本节的第三个理论假说：

假说 7.3：FDI 的流入能够驱使东道国加强其环境规制；而严格的环境规制又反过来提高了 FDI 的环境门槛，对 FDI 起到了"筛选"的作用。因此，环境规制与 FDI 的交互作用也是影响绿色生产率的重要因素。

为了检验理论假说 3 是否成立，在式（7-9）的基础上进一步引入 FDI 和环境规制的交互项 $\ln FDI_{i,t} \times \ln reg_{i,t}$，从而得到本节理论模型的最终表达式：

$$\ln GTFP_{i,t} = \ln A_{i,0} + \lambda_i t + \delta_i \ln FDI_{i,t} + \theta_i \ln reg_{i,t} + \gamma_i \ln HR_{i,t} + \eta_i \ln FDI_{i,t} \times \ln reg_{i,t}$$

$$(7-10)$$

二、研究设计

1. 计量模型的设定

本节研究的主要目的是考察 FDI、环境规制，以及两者的交互作用对绿色生产率的影响。因此，笔者在上文式（7-10）的基础上，引入相应的控制变量，并对所有指标作对数处理。计量模型的具体构建如下：

$$\ln GTFP_{i,t} = \beta_0 + \beta_1 \ln reg_{i,t-1} + \beta_2 \ln FDI_{i,t} + \beta_3 \ln HR_{i,t} + \beta_4 \ln RD_{i,t} + \beta_5 \ln infra_{i,t}$$
$$+ \beta_6 \ln struc_{i,t} + \beta_7 \ln reg_{i,t-1} \times \ln FDI_{i,t} + \varepsilon_{i,t} \qquad (7-11)$$

其中，i 表示省份（$i = 1, 2, \cdots, 30$），t 表示时间。$GTFP_{i,t}$ 表示工业绿色生产率；$reg_{i,t-1}$ 表示环境规制水平，考虑到企业的研发决策、管理创新等行为对环境规制的反应存在一定的滞后期，因此选取了环境规制滞后一期的指标值，以检验其对绿色全要素生产率的影响；$FDI_{i,t}$ 表示外商直接投资；$HR_{i,t}$ 为人力资本指标，$RD_{i,t}$ 表示研发投入；$infra_{i,t}$ 表示基础设施禀赋；$struc_{i,t}$ 表示产业结构；$\varepsilon_{i,t}$ 为误差项。

2. 指标说明与数据处理

为了与前文保持一致，本节选取了 2000~2012 年我国 30 个省份的面板数据，原始数据均来自于历年的《中国统计年鉴》《中国环境年鉴》《中国工业经济统计年鉴》和《中国劳动统计年鉴》。对相关变量的具体说明如下：

（1）环境规制水平（$reg_{i,t-1}$）：在参考傅京燕和李丽莎（2010）指标构建方法的基础上，选取各省份废水排放达标率、二氧化硫去除率、烟（粉）尘去除率和固体废物综合利用率四个单项指标以构建环境规制水平的综合测量体系。[1]

（2）外商直接投资（$FDI_{i,t}$）[2]：选用实际利用外商投资额占 GDP 的比重来衡量。

（3）控制变量：人力资本（$HR_{i,t}$），选取分地区就业人员的人均受教育程度作为人力资本指标，计算方法与前文一致。研发投入（$RD_{i,t}$），选取 R&D 经费支出占工业 GDP 的比重来衡量。禀赋特征（$infra_{i,t}$），对于反映地区禀赋特征的基础设施状况，我们借鉴吴延瑞（2008）的做法，用各省份每十平方千米土地上的公路长度与铁路长度的几何平均值来表征。产业结构（$struc_{i,t}$），用工业增加值占地区 GDP 的比重衡量。

三、实证结果及分析

这一部分将运用计量方法对上文提出的理论假说进行经验验证。本书首先在全国样本的基础上，将其进一步分为沿海省份和内陆省份两组[3]以分析区域差异，同时作为全国样本回归的稳健性检验。继而，对固定效应模型和随机效应模型进行了豪斯曼（Hausman）检验，并根据检验结果选择相应的面板回归方法。由表 7 - 3 可知，三组样本均通过了 F - 检验，表明计量模型的设置是合理的；同时，各变量的面板数据回归结果与预期基本一致。

表 7 - 3 中的第（1）列给出了全国样本的固定效应模型回归结果。该结果显示，环境规制的滞后一期对 GTFP 的增长具有显著的正向促进作用，环境规制水平每提高 1%，将带动 GTFP 相应提高 0.0704%。这一结果支持了"波特假说"。随着环境规制水平的不断提高，排污企业的减排、治污成本将越来越高。有远见的企业会选择将较高的治污投入用于进行清洁技术的引进或研发，既可赢得竞争力，又能实现环境目标。因此，严格而合理的环境规制能够有效激发企业的技术创新，使科学技术既能成为第一生产力，又能成为第一环保力（王国印和王动，2011）。

---

[1] 限于篇幅，环境规制水平的具体计算方法不再复述，有需要的读者可向作者索取。

[2] FDI 的原始单位为百万美元，利用 2000～2012 年的中美年均汇率换算为以人民币为货币单位的相应数值。

[3] 沿海省份包括北京、天津、辽宁、河北、山东、江苏、上海、浙江、福建、广东和海南 11 个省份，其他省份则归属于内陆省份。划分参照国家测绘地理信息局，国家动态地图网，http://www.webmap.cn/。

表 7 - 3   面板模型回归结果

变量	（1）全国样本	（2）沿海省份	（3）内陆省份
$\ln reg_{i,t-1}$	0.0704 ** （0.0331）	0.0730 * （0.0432）	− 0.0311 （0.0507）
$\ln FDI_{i,t}$	− 0.0143 （0.0187）	0.0760 ** （0.0323）	− 0.0635 *** （0.0232）
$\ln RD_{i,t}$	0.0083 （0.0064）	0.5197 ** （0.2016）	0.0153 * （0.1000）
$\ln HR_{i,t}$	0.3794 *** （0.0971）	− 0.0003 （0.0085）	0.2572 ** （0.1064）
$\ln infra_{i,t}$	0.2495 *** （0.0327）	0.3246 *** （0.0516）	0.0838 ** （0.0335）
$\ln struc_{i,t}$	0.2053 *** （0.0540）	0.0853 （0.1102）	0.5231 *** （0.0695）
$\ln reg_{i,t-1} \times \ln FDI_{i,t}$	0.0564 *** （0.0157）	0.1534 *** （0.0333）	− 0.0030 （0.0238）
_cons	0.2442 （0.2465）	− 0.1568 （0.4915）	0.3377 （0.2667）
个体固定效应检验	固定	固定	随机
Hausman 检验	Chi – Sq. = 41.09 （P = 0.0000）	Chi – Sq. = 29.98 （P = 0.0002）	Chi – Sq. = 15.80 （P = 0.0453）
样本决定系数	0.6614	0.7463	0.6670
F - 统计量	90.14	47.91	Wald Chi – 2 （7） = 385.93
伴随概率（F - 统计量）	P = 0.0000	P = 0.0000	P = 0.0000

注：（1）括号里的数字代表标准差；（2）***、** 和 * 分别表示在 1%、5% 和 10% 的水平上变量显著。

FDI 与 GTFP 呈负相关关系，但并未通过显著性检验；其与环境规制的交互项与 GTFP 呈显著的正向关系，作用系数为 0.0564。这表明在全国样本下，FDI 本身虽未能对中国 GTFP 产生显著的直接影响，但可通过影响环境规制水平间接促进 GTFP 的提升。当中国环境规制较为松懈时，环境规制较为严厉的发达国家会将其污染产业向中国转移,从而加剧中国的环境污染。因此,FDI 的流入将促使中国政府加强环境规制、转变经济发展方式。相应地,严格的环境规制又能够促使政府不断调整外资结构、提高外资进入的环境门槛,并对 FDI 起到"筛选"作用,对于那些有利于环境保护和技术升级的 FDI 予以优先引进,对流向污染密集型产业的 FDI 形成"挤出效应",从而对 GTFP 增长发挥积极影响。

表 7-3 中的第(2)和(3)列分别给出了沿海省份和内陆省份的回归结果。在环境规制方面,沿海省份的规制水平与 GTFP 呈正相关关系,作用系数为 0.0730;内陆省份的规制水平与 GTFP 呈负相关,作用系数为 -0.0311,但未通过显著性检验。这表明沿海省份取得了较好的环境治理成效,而内陆省份以资源密集和劳动密集型产业为主,其资源禀赋和产业结构特征使其更容易陷入"资源诅咒"困境,这也可能是内陆省份不支持"波特假说"的原因。在 FDI 方面,沿海省份的 FDI 显著促进了 GTFP 的提升,FDI 每提高 1%,将带动 GTFP 增长率提高 0.0760%;但内陆省份与此相反,其 FDI 与 GTFP 呈负相关关系,FDI 每提高 1%,将导致 GTFP 增长率相应下降 0.0635%。这表明沿海省份由于较高的经济发展水平和自身资本的充足,已不再盲目追求利用外资的数量,而是更加重视 FDI 的质量,如 FDI 的技术水平、环境污染水平、能耗水平等(孙浦阳等,2012),其显著的技术溢出效应超过了"污染避难所"效应,有效提升了中国的绿色全要素生产率;流入内陆省份的 FDI 以寻求资源为主要目的(何兴强和王丽霞,2008),而对其核心技术进行了封锁和保护,因此并未在内陆省份产生有效的技术外溢。在环境规制与 FDI 的交互作用方面,沿海省份两者的交互项显著促进了 GTFP 的增长,作用系数为 0.1534,而内陆省份的系数估计未通过显著性检验。这表明中国沿海省份已形成了环境规制和 FDI 的良性互动;内陆省份的 GTFP 增长则主要依赖于研发投入、人力资本投入、基础设施建设和产业结构优化,而环境规制与 FDI 的互动机制尚未形成。

四、主 要 结 论

本节的主要结论如下:

第一,GTFP 及其分解项的测算结果表明,中国 2000~2012 年间的 GTFP 年均增长率为 3.04%,且 GTFP 的增长主要依赖于技术进步,而非生产效率的改进；中国工业 GTFP 在省际层面上表现出了较大的差异性，东部沿海地区的 GTFP 增长较快，而中西部内陆地区的 GTFP 则普遍偏低，表明沿海地区的经济发展模式逐步向全要素生产率驱动型转变，而内陆地区依赖于大量要素投入的粗放型发展模式尚未改善。

第二，就全国样本而言，一方面，环境规制对 GTFP 具有显著的促进作用，但存在滞后效应。严格而合理的环境规制不仅有利于污染减排，还能激励企业进行清洁技术的创新，为"波特假说"在中国的成立提供支持。另一方面，FDI 虽然未能显著影响 GTFP，但其与环境规制的交互项成为了显著提升 GTFP 的重要因素。这表明 FDI 的流入将促使中国政府提高环境规制水平，而严厉的环境规制又能有效提高外资进入的环境门槛，因此 FDI 与环境规制的良性互动能够积极促进 GTFP 增长。

第三，就区域分组研究而言，沿海省份和内陆省份的回归结果体现了显著的地区差异。沿海省份的环境规制水平与 GTFP 呈正相关关系，但内陆省份的回归系数不显著，表明沿海省份较为严厉的环境规制产生了"创新补偿"效应，内陆省份由于其特殊的资源禀赋和产业结构特征，更容易陷入"资源诅咒"困境，因而不支持"波特假说"。此外，沿海省份的 FDI 显著促进了 GTFP 的提升，且已形成环境规制和 FDI 的良性互动，而内陆省份则恰好相反，这与内陆省份 FDI 以寻求资源为主要目的、更注重技术封锁和保护等特征密切相关。

第三篇 环境约束下中国工业结构的"清洁化"升级

第八章

工业结构"清洁化"升级的理论基础

第一节　环境约束下产业内涵的界定

一、环境约束下产业内涵的重新审视

在对产业绿色升级进行理论分析和实证分析之前，本书将首先深入探讨"产业"这一概念存在的理论依据，重新审视和界定"产业"的内涵和外延。

早在 1879 年，阿尔弗雷德·马歇尔（Alfred Marshall）在与其夫人玛丽·马歇尔（Mary Marshall）合著的《产业经济学》一书中，便对产业组织及相关问题用专门的章节进行了研究，将产业组织定义为产业内部的结构。马歇尔夫妇认为，产业的形成是劳动分工深化的结果。随着劳动分工的细化，逐渐出现了农业劳动与制造业劳动之间的分工，其中制造业劳动者聚集在城镇中的人口密集区。在人口密集区，劳动分工的进一步深化增强了专业化，各种形式的技术性产业随之出现，并且每个细分的产业或行业都选址于最有利于自身发展的地理区位，从而形成了产业区或制造区。马歇尔夫妇以纺织业为例，在书中写道："纺织业从其他行业中分离出来。从事羊毛纺织业的工人集中于约克郡，从事棉纺织业的工人则生活在兰开夏郡；并且羊毛纺织业分离出了羊毛纺织业和精纺纺织业两个分支，每个分支又分离出不同的行业……大量从事同一行业的厂商聚集在一个地区，我们就可以把这个地区称作产业区。"由这一描述可知，纺织业即为"产业"，而从纺织业中分离出来的羊毛纺织业和棉纺织业以及其他更细的分支，则指"行业"。同一产业

中的不同行业，可能具有不同的生产技术和生产工艺，也可能具有不同的生产投入要素和要素需求结构，但其所生产的产品则属于同一类（如纺织业的产品为各类纺织品），在用途上具有高度替代性。马歇尔（1890）在后出版的《经济学原理》一书中，对"产业"给出了更清晰的界定，即将"产业"视为生产相同或相似产品的企业的集合。贝恩（Bain，1959）在《产业组织》一书中明确指出，产业组织理论中所研究的"产业"，是指生产具有高度替代性的产品的企业群。常晓鸣（2010）基于企业规模的相关理论，将"产业"界定为受到技术、交易和组织费用、资产专用性和进入门槛等因素的制约，生产相似或替代性产品的厂商的集合，集合内成员在要素投入类型和产出结构等方面具有较高程度的相似性。刘志彪和安同良（2009）指出，产业是介于微观经济主体（企业）与宏观经济组织（国民经济）之间的"集合概念"，根据具体分析目的的不同，可大致将产业的外延划分为三个不同的层次：一是以产品的同质性为依据，把所有生产同类商品或提供同种服务的企业归为同一产业；二是把生产过程中使用相同或相似技术、工艺的企业归为同一产业；三是把使用同类生产要素或具有相同要素结构的企业归为同一产业。波特（2005）指出，无论是基于传统产业组织理论还是现代产业组织理论，现有对产业的定义都只是强调了企业及其行为在整个分工体系中的不同侧面。这一观点体现了"产业"外延的复杂性。

本书将沿用"集合"这一说法，对"产业"的概念给出一个更具普遍性的界定，即产业是指具有相同或相似的某一特定属性的企业的集合，这一特定属性包括产品类型的相同或相似、生产技术或工艺类型的相同或相似、生产要素种类或要素投入结构的相同或相似，以及非期望产出的排放总量或排放强度的相同或相似。其中，非期望产出指生产过程中的副产品——污染物。随着世界各国纷纷对各产业，尤其是工业提出了日渐趋紧的节能减排要求，"产业"的概念随之衍生出新的外延，非期望产出成为了产业经济学研究的新视角。

二、环境目标下工业行业的重新划分

产业是国民经济中的中观层次，是联结微观企业和宏观经济的纽带。对产业的类型进行划分，是产业经济学的基础，更是进行产业升级研究的前提条件。产业分类就是对国民经济的各种活动进行分解和组合的过程（简新华和杨艳琳，2009)，其中分解指把各经济部门或产业组织按照不同的特点进行拆分，而组合则是指将具有相同特点的产业归于同类。因此，根据产业的不同属性、特征以及在国民经济中的地位和作用，可以将产业划分为不同层次的多种类型。

对产业进行分类，应先确定相应的分类标准。目前，最常见的分类方法包括三次产业分类法、标准产业分类法和生产要素集约分类法等。三次产业分类法以一国产业发展的次序及其与自然界的关系为标准，将该国的经济活动划分为第一产业、第二产业和第三产业。该方法最早由费希尔（A. G. B. Fisher）提出，经由克拉克（C. G. Clark）和库兹涅茨（S. Kuznets）的推广而在许多国家得到普及。标准产业分类法是为了统一国民经济统计口径而由权威部门制定和颁布的一种产业分类法。联合国于 1988 年对其颁布的《全部经济活动的国际标准产业分类索引》进行了第三次修订，其后各国纷纷以此为标准，制定了各自的产业分类索引与代码。生产要素集约分类法是以生产过程中对不同生产要素种类的需求和依赖程度的差异为依据而划分产业类型的方法，不同的生产要素可指自然资源、资本、劳动或技术（知识）等。

就发达国家的发展历程来看，工业化过程中产业结构的高度化调整，一般表现为从以劳动密集型产业为主逐渐调整优化为以资本密集型和技术（知识）密集型产业为主，因此已有研究更多地采用生产要素集约法，针对工业各行业对劳动、资本或技术等生产要素的依赖程度，将其分为了劳动密集型产业、资本密集型产业、技术（知识）密集型产业，或低技术（知识）密集度产业、中技术（知识）密集度产业和高技术（知识）密集度产业。然而，一方面，将产业划分为劳动密集型、资本密集型和技术（知识）密集型三类的分类方法，仅反映出了不同产业对不同生产要素投入的相对依赖程度，而无法深层次地考量造成对要素依赖差异的内在原因；同时，金碚等（2010）指出中国重化工业的内涵与发达国家的重化工业化过程有很大的不同，根据中国的产业发展现实，基于统计意义上的重工业并不意味着一定是资本密集型行业。另一方面，全球产品内分工的深入使中国高技术产业包含了大量低技术含量的劳动密集型环节（中国社会科学院工业经济研究所课题组，2010），王岚和李宏艳（2015）的研究表明，与低技术行业和中技术行业相比，中国高技术行业的增值能力是最弱的。因此，将产业分为低技术产业和高新技术产业的分类方法，并不能真实地反映出产业的技术含量和技术水平。由此可知，传统的基于生产要素依赖程度的产业类型划分方法并不能真实地反映出不同产业在核心技术优势上的差异，亦无法与前文中重新界定的产业内涵相适应。基于此，本书分别从经济维度和环境维度两个方面，重新确定产业类型划分的标准，以期服务于下文中对产业绿色升级的内涵扩展以及实证研究。

首先，基于经济维度对产业类型的划分，本书主要以产业产品的增值能力为划分依据，可将不同产业划分为低附加值产业和高附加值产业两种类型。产业增值能力的提升，是产品技术含量显著提升、产业资源配置得以优化的综合反映，因此，这一分类方法能够较为准确地刻画产业在培育核心优势方面的努力以及产业间的差距；而借助高附加值产业和低附加值产业之间比例关系的动态变化，则能够较为准确地判断并刻画中国产业升级的动态演化过程。其次，基于环境维度对产业类型的划分，本书主要选择非期望产出，即生产过程中污染物的排放总量或排放强度为依据，将不同的产业划分为清洁型产业和污染密集型产业两种类型。进一步地，通过考察清洁型产业和污染密集型产业的比例关系及动态变化，可以反映出产业结构的清洁化升级路径。

因此，为了满足本书的研究目的，并与上文对产业内涵的重新界定相适应，通过对上述两个维度的产业划分标准进行综合考虑，我们可以对现有的产业体系进行重新归类，即将当前的产业重新划分为高附加值且污染密集型产业、高附加值且清洁型产业、低附加值且污染密集型产业、低附加值且清洁型产业四种类型（如图8-1所示）。

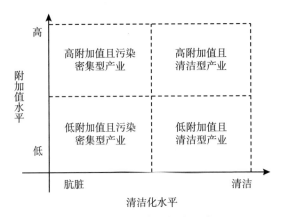

图8-1 产业类型划分矩阵

第二节　产业升级内涵的新古典经济理论解释

一、几个相近概念的辨析

1. 产业技术升级

从亚当·斯密的时代开始,"技术"和"技术进步"就得到了学者们的广泛关注,经过几个世纪的发展,技术进步无疑已成为经济学研究中最重要的关键词之一。自从索洛将技术进步引入新古典经济增长模型以来,"技术进步是经济增长的源泉"这一观点已被学术界和理论界所普遍接受。但索洛对技术进步的探讨是非常有限的,他将技术进步假定为外生变量,而并未进一步解释什么是技术进步以及技术进步的源泉是什么。为了克服新古典经济增长理论的这一缺陷,20世纪80年代中期以来逐渐兴起的内生增长理论将技术进步视为内生变量,对技术进步的源泉及其对经济增长的贡献进行了深入的探讨和研究。技术进步的理论研究随之得以不断完善和发展。上述理论中的"技术"通常指的是企业层面的技术。正如罗默(2003)所指出的"技术变化是资源被私人主体投向新产品或新工艺开发的结果",表明了技术研发或创新的主体是私人部门,即微观企业。然而,除了企业层面的技术之外,人们往往忽略了技术的另一个层面,即产业技术(何荣天,2000)。

何荣天(2000)基于马克思在《资本论》中的论述,提炼出产业技术是一定的"生产方式的技术基础",其中,"生产方式"可以理解为处于主导地位的产业;"技术基础"则可以理解为"生产过程的现存形式"和表现为"劳动的技术过程"的"机器、化学过程和其他方法"。远德玉(2000)指出企业单一的生产技术因不能生产出产品而不具有经济价值,只有产业化了的科技成果才会成为现实的生产力,而产业化、体系化了的生产技术即为产业技术。丁云龙(2002)进一步将产业技术归纳为企业生产技术演化到产业层面的一种存在形态。远德玉等(2005)指出产业技术是多种技术的综合体,是以主导技术为中心、多种技术发明成果共同转化的结果。由此可知,产业技术是中观层面的概念,比企业层面的生产技术具有更丰富的内涵。

根据技术的等级不同，产业技术可划分为尖端技术（自动化和智能化技术）、先进技术（半自动化技术）、中间技术（机械化技术）、初级技术（半机械化技术）和原始技术（手工生产技术）这五种类型（李悦，2004）。那么，产业技术升级的含义则可以相应地分为两个层面，一是产业技术进步，二是产业技术结构的升级。首先，产业技术进步是就某一具体的生产技术而言，人们在生产中不断开拓新的劳动手段以及先进的工艺方法和技能（丁宝山和任建平，1991），从而推动社会生产力不断提升的过程。技术进步包括新技术、新技能的发明和创造，如研制新技术、研发新能源或新材料、创造新产品等，以及旧技术或旧工艺的革新和改造。与原有技术和工艺相比，技术进步的结果不仅应该为各微观企业或生产部门带来更高的生产效率，使相同数量的投入能够获得更多的产出，实现资源节约、降低单位成本，从而获得超额利润；同时，还应降低单位污染排放强度，为企业带来更清洁化的生产方式。其次，产业技术结构的升级，是指国民经济各部门由以原始技术、初级技术为主导的技术结构向以先进技术和尖端技术为主导的技术结构的跃迁。其中，原始技术和初级技术由于资本和知识的含量较低，属于劳动密集型技术，即低端技术；先进技术和尖端技术则具有知识密集和资本密集的属性，属于高端技术。在生产部门中，采用先进技术和尖端技术的比重越高，表明产业技术结构越高级化；一国的产业技术结构的水平越高，其在国际市场上的核心竞争力越强。

产业技术升级的目标是缩小整个社会的必要劳动时间，提升整体国民经济的技术结构水平。这意味着，产业技术在一定程度上具有公共品特征，要求高端技术基础的充分扩散、先进技术知识的外溢和普及，促使尽量多的企业从产业技术升级中受益。因此，产业技术进步和升级的过程，将损害企业的私人利益，削弱其获得超额利润的机会。因此，产业技术升级并不能仅依靠企业来完成，这是一项社会性的工作，需要将"微观主体的力量上升为一种国家的力量、一种国民的力量"（何荣天，2000），以建立起现代产业技术体系，缩小中国与发达国家在产业技术层面的差距。

2. 产业结构调整

产业结构是产业经济学中最基本也是最重要的概念之一，是产业经济学领域的主要研究内容之一。产业结构指的是特定的地域范围内（如某一国或某一地区),各个产业部门的组成、各产业部门之间的比例关系,以及在经济生产活动过程中所建立的技术经济联系,其本质上反映的是生产要素在各产业部门之间的配置结构。由产业结构的定义可知,产业结构的内涵可从"量"和"质"这两个层面来理解。在"量"的层面,产业结构主要指各个产业部门在国民经济中所占比重之间的数量关系,或在特定地域范围内的产业空间布局等,反映了不同产业部门在国民经济中不同的重要程度。在"质"的层面,产业结构则指各个产业部分之间的要素投入结构、产出结构和技术结构等方面的相互联系。现代产业体系由众多属性各异的部门组成,每一个部门生产活动,都需要其他部门的产品作为生产资料或中间投入品,同时这一部门又将自己的产品提供给其他部门在生产活动中使用。因此,产业部门与部门之间会呈现出经常的、广泛的、错综复杂且日益深化的联系,而这种联系又在数量上表现为一定的比例关系。

根据产业结构的概念和内涵的阐述可知,产业结构调整,从本质上而言,是生产要素在各产业部门之间优化配置的过程;在表象上,则表现为各部门之间比例关系的变化。产业结构调整已成为各国经济增长的主题,产业结构的调整和优化与一国经济增长的速度和质量密切相关,因此产业结构调整理论一直以来都是产业经济学理论体系中的重要组成部分。早期对产业结构调整的研究,形成了三大经典理论:一是"配第—克拉克定理";二是库兹涅茨的人均收入影响理论;三是"霍夫曼定理"。早在 17 世纪初,英国经济学家威廉·配第就首次揭示了一国的经济发展阶段和国民收入水平与产业结构的演进密切相关。他通过考察发现,工业的收入比农业的更多,而商业的收入又高于工业的收入。克拉克在配第研究的基础上,第一次从劳动力流动的视角考察了产业结构的演进规律,并得出了结论:随着一国人均收入水平的不断提高,劳动力将依次从第一产业向第二、第三产业转移。库兹涅茨在配第和克拉克等人的研究成果的基础上,利用 57 个国家的人均收入和劳动力在产业间的配置结构等原始数据资料,深入探究了各国人均收入水平的变动与产业结构变动之间的关系,并揭示了两者关系的规律性结论:人均产值在 70 ~ 300 美元区间内的国家组,农业部门的份额呈现出显著下降的趋势,工业部门和服务业部门的份额则相应大幅度上升;人均产值在 300 ~ 1000 美元区间内的国家组,农业部门的份额与非农部门(工业部门和服务业部门)之间的相对份额趋于稳定,但工业部门和服务业部门之间的结构变化则较为显著。因此，库兹涅茨认为，人均收入水平是产业结构调整的直接影响因素。德国经济学家霍夫曼对工业结构的变化规律和工业化过程进行了富有开创性的研究。他按照产品的用途将工业部门划分为消费品工业和资本品工业。他通过对 18 世纪以来全球 20 个国家工业发展的历史统计资料的研究，发现各国的工业发展大体遵循一个共同的模式。他提出了"霍夫曼比例"，即消费品工业净产值与资本品工业的净产值之比这一指标来描述这一模式，并根据"霍夫曼比例"的取值，将工业化过程相应地划分为四个阶段，反映了消费品工业与资本品工业相对份额的变动规律。

产业结构调整是一个动态的概念，其目的是产业结构的优化和升级。周振华（2014）将产业结构的调整和优化分为两个方面，一是产业结构的合理化，二是产业结构的高度化。他指出，产业结构的合理化是指各产业之间在生产规模方面比例关系的良好协调，以及产业之间有机联系的聚合质量。根据这一解释，可将产业结构合理化视为产业结构调整的"横向"内涵；而产业结构高度化则是"纵向"的概念，指产业结构由低水准向高水准的攀升和发展。

3. 产业升级

产业升级对一国经济持续增长和国际竞争力提升的重要作用是毋庸置疑的，因此产业升级不仅是经济学研究领域的重要问题之一，其概念也同时被政府、新闻媒体等大量使用。然而，社会各界对"产业升级"这一经济概念的使用却较为混乱，产业升级的概念和内涵的界定仍未得到完全统一。关于产业升级概念的界定，较为经典的研究文献是格里芬和塔姆（Gereffi & Tam，1998）所提出的产业升级的四个层次，即产品特性（product charac-teristics）、经济活动类型（types of economic activity）、部门内部结构的调整（intra-sectoral shifts）以及部门间的结构转换（inter-sectoral shifts）。格里芬（Gereffi，1999）进一步分别对这四个层次的含义给出了具体的解释。他指出，产品特性层次上的产业升级，是指同类产品从简单到复杂的过程。经济活动类型层次上的产业升级包含众多因素，如日益复杂的生产、营销及设计。其中一个典型的例子便是企业的业务发展从装配到贴牌生产（OEM），再到原始品牌制造（OBM）和原始设计制造（ODM）的过程。典型的部门内部结构调整层次上的产业升级，是指企业或整个产业部门从位于价值链的最终制造环节,向生产具有更高附加值的产品和服务以及具有更强的前后向关联的环节转移。部门间结构转换层次的产业升级,是指从低附加值、劳动密集型的产业向资本密集和技术(知识)密集型产业的调整和升级,如从服装纺织业向汽车制造业、最终向计算机行业的升级。

汉弗莱和施米茨(Humphrey & Schmitz,2002)在上述研究的基础上,以企业,尤其是发展中国家的企业为研究对象,指出企业向能够维持较高收入水平的经济活动转移和调整的过程即为"升级",并从价值链的视角提出了产业升级的四种类型:一是流程升级,指企业通过重组生产体系,或通过引入先进技术以实现生产流程的升级,从而使投入产出的转换效率持续提升。二是产品升级,指企业转向更复杂的产品线,从而增加产品的附加值率。三是功能升级,指企业放弃已经具备的旧的功能,并获取新的功能,从而增加其生产活动中的技能。例如,企业可完全放弃其原有的低附加值的生产活动,选择从事设计或营销等附加值更高的环节来代替。四是部门间升级,指企业利用其在价值链中所处的特定位置以及相应地已具备的特定技能,而向新的部门或环节转移的过程。例如,生产电视机的企业,可利用其已具备的生产能力和生产技术转向生产显示器等设备,从而成功进入计算机产业。

西方学者早期对产业升级的研究大多基于微观视角,主要研究企业的技术创新、产品附加值创造以及价值链攀升。基于更为宏观的视角,刘志彪(2000)认为,产业升级是指产业部门从低技术水平、低附加值状态向高新技术、高附加值状态的演变趋势,主要包括资源在产业间的转移以及在同一产业内部从低效率企业向高效率企业转移这两种资源配置过程,目的则是使产业结构更符合市场的需求结构。波特(2002)在其《国家竞争优势》一书中指出,产业升级就是当资本等高级资源禀赋相对于劳动力等初级资源禀赋更加充裕时,一国在资本和技术(知识)密集型产业中发展比较优势的过程。潘(Poon,2004)基于产品内分工日益深化的现象,给出了一个更为复杂的界定,即产业升级是指生产部门的经济角色由从事低附加值环节向高附加值环节转变的过程,不仅生产劳动密集型产品,同时也生产资本密集和技术(知识)密集型的产品。朱卫平和陈林(2011)基于比较优势理论,认为产业升级是指随着资源比较优势从土地、劳动力等低端要素逐渐发展到资本、技术等高端要素,产业素质、技术进步和产业结构亦实现由低水平向高水平提升的动态过程。

国内外学者均对产业升级进行了较为丰富的研究，虽然关于产业升级的概念尚未有统一的界定，但通过已有研究可知，无论是基于微观层面还是较为宏观的层面，对产业升级的定义有许多共同之处，即均强调要素结构中资本、技术等高级要素对土地、劳动等低级要素的替代；价值创造过程中高新技术、高效率对低水平技术、低效率的替代；企业或产业在价值链中的位置以高附加值环节或高附加值产品对低附加值环节或产品的替代；而产业升级的共同目的，则是实现企业或产业成功攀升至高附加值的环节或领域以获取更高的获利能力，最终使一国的产业结构更加符合市场需求结构和经济发展阶段的内在要求（刘志彪，2000）。

学术界对产业升级的概念尚未有一个公认的、统一的界定。本书认为，产业升级是一个动态的概念，同时也是一个相对的概念，随着不同经济发展阶段的要求和任务的变化，其内涵和外延亦随之动态演变。随着全球环境质量的日益恶化，世界各国纷纷制定了经济增长和"绿色"发展的双重任务，与之相对应，产业升级的内涵和外延也应随之扩展，包含"绿色"升级和"清洁化"生产等相关含义。

4. 三者的联系与区别

在前文分别就产业技术升级、产业结构调整和产业升级的概念和内涵进行探讨和分析的基础上，本书将进一步对三者之间的联系与区别进行辨析和识别。

（1）产业升级具有丰富的内涵和外延。通过前文对产业升级概念界定的梳理和分析可知，在微观层面，产业升级主要包含技术升级和价值链升级等内容；在更为宏观的层面上，产业升级则主要指的是要素结构升级、产业结构高度化升级等。产业技术升级、产业结构调整与产业升级三者之间的关系如图 8 - 2 所示。较之于产业技术升级，产业升级具有更丰富的内涵和更宽泛的外延；产业升级和产业结构调整的内涵有重叠的部分，即产业升级的内涵中包含了产业结构高度化升级的内容，但并不包括产业结构"横向"的合理化调整；产业结构高度化升级和产业技术升级是产业升级的重要内容，但并不是全部内容。

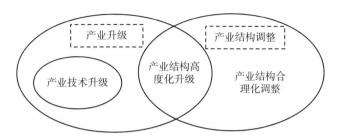

图 8 - 2 产业技术升级、产业结构调整与产业升级三者之间的关系示意

根据升级路径的不同,一国的产业升级可以分为爆发式升级和渐进式升级。其中,爆发式升级主要是指在中短期内,由重大技术突破驱动的产业升级,如新兴产业的突然兴起等。因此,爆发式产业升级与重点技术领域的"蛙跳型"科技创新路径密切相关。然而,技术的重大突破并非技术演化的普遍规律,也并非能够轻易实现,需要长期的技术积累和技术整合。因此,"爆发式"产业升级是"可期而不可求的",并不会时常发生,渐进式产业升级才是一国产业升级的常态。渐进式产业升级指的是在长期内通过技术的不断积累、高级生产要素的培育和比较优势的演进,而实现的渐进的、渗透性的产业升级。以要素禀赋理论为代表的传统经典国际经理论认为,伴随比较优势由低级状态向高级状态的动态变迁,产业升级将沿着与当前比较优势产业更为"接近"的方向"自然演进"(金京等,2013)。渐进式的产业升级是一个更加需要耐心的过程,需要踏实地进行实业生产和技术创新、遵循循序渐进的规律性(金碚,2012)。这一过程可能并不会出现原有主导产业格局的重大变化,而更多的是通过新技术手段与原有产业的融合,在现有产业基础上孕育出新模式和新业态(黄先海和诸竹君,2015)。综上可知,中短期内的产业升级主要由关键领域内突破性的技术升级所主导;而长期内的产业升级则主要是指产业结构的渐进式演进,包括新兴产业的不断出现和主导产业的更替。

(2)产业结构高度化升级是产业升级的核心内容。从整个国民经济层面来看,产业结构高度化升级指的是在国民经济中占主体地位的产业由第一产业向第二产业和第三产业的依次转变;从工业内部结构层面而言,产业结构高度化升级指的则是由劳动密集型产业为主导向资本密集、技术(知识)密集型产业为主导的动态迁移,同时要素资源由劳动生产率较低的工业部门向劳动生产率较高部门的动态转移的过程。这是产业结构高度化升级的两个基本方面。由于本书的研究对象主要为工业，因此产业结构高度化升级则对应后者，即主要指工业内部的结构升级。

产业结构的调整与升级是一国经济增长中的根本问题，尤其是对发展中国家而言，产业结构高度化升级是释放经济增长潜力的重要手段。自20世纪40年代克拉克和库兹涅茨的经典研究以来，产业结构高度化升级对一国经济增长的作用得到了越来越多的经济学家的关注和重视。罗斯托（Rostow，1962）指出，产业结构演进的过程包括两个方面，一个是经济增长吸收技术创新成果的过程；另一个是主导产业部门更替的过程。张辉（2015）对中国产业结构高度化升级的研究发现，1987~2012年中国的主导产业群基本均隶属于工业部门，但经历了主导产业部门由轻工业向重化工业的更替。在中国工业化初期处于主体地位的纺织业、家具制造业等轻工业，目前已逐步淡出主导产业群；而随着工业化进程加速进入中期和中后期，金属矿采选业、金属冶炼、化学工业和石油工业等典型的重化工业部门则迅速崛起，对中国宏观经济的高速增长发挥了决定性作用。

（3）产业技术升级是产业升级和产业结构高度化升级的核心动力。经济系统中，众多因素均对产业升级和产业结构高度化升级产生了重要的影响，如需求结构的变动、供给结构的变动、国际贸易、政府产业政策等，这些因素或独立作用于产业升级和产业结构高度化升级，或相互作用产生复杂的共振影响。但在所有的影响因素中，产业技术升级是推动一国产业升级和产业结构高度化升级的核心的内生动力（张晖明和丁娟，2004；Lahorgue & Cunha，2004；孔宪丽等，2015）。

就单个产业部门而言，单个产业部门的兴起、成长和发展，离不开新技术的发明和创造。首先，一个产业的兴起，往往是因为新技术的出现、新产品的开发或原来产品的重大改善，即重大的技术进步或技术突破导致了新产业的出现；其次，随着新技术的逐渐完善和成熟、创新成果的不断转化，产业的相对成本不断下降，该产业获得了超额利润，越来越多的企业由于超额利润的吸引而进入该产业，使产业规模不断扩张，逐渐成长为国民经济中的重要部门。就产业部门间的结构变动而言，产业结构的升级与技术结构的升级密切相关。无论是从经济发展史的角度考察，还是从经济理论的逻辑出发，历次产业结构的变革和升级总是以技术结构的变革和升级为先导（李悦，2004），产业技术不断由落后技术向先进技术进步、技术结构不断由低级水平向高级水平演进，推动了产业结构不断由低级水平向高级水平升级。

综上所述，产业技术升级为产业发展创造了新的生产力，提供了新的生产工具和生产技术、工艺，使产业部门的发展渗透了越来越多的技术因素，从而最终有效推动并加速了产业的升级以及产业结构的升级。

二、产业升级的经济学理论基础

由前文的研究可知，"产业升级"这一概念具有较为宽泛、模糊的外延边界，学术界尚未对其有一个公认的、统一的界定。基于本书的研究目的，本书认为产业升级属于"纵向"层面的概念，因此，本书基于中观层面，将产业升级的经济内涵界定为产业结构由低级水平向高级水平的动态调整，即产业结构的高度化升级，表现为低端产业的比重逐渐下降，高端产业、高新技术产业的比重逐渐提高。众多研究均发现，一国产业结构高度化升级的进程主要是由主导产业由低端产业向高端产业的不断更替所推动和实现的（张辉和任抒杨，2010；徐赟和李善同，2015）。罗斯托（1962）则进一步指出，主导产业更替的内在动力主要来源于不同产业部门之间生产率的差异。各产业部门在生产率增长速度、技术创新效率以及研发成果转化和吸收速度等方面存在差距，而这些差距又将导致各产业部门呈现不同的增长速度，从而导致产业结构的动态变迁和主导部门的更替：生产要素资源不断从生产率较低的部门流出，而具有更高生产率的部门将吸引更多生产要素的流入，因此生产率较高的产业部门规模将不断扩张，逐渐替代原有主导产业，成长为新的主导产业。

进一步地，新古典经济理论指出，产业部门间生产率的差异主要是由于技术进步速度的差异所导致的。一方面，某一产业获得新的技术创新成果，并逐渐成功转化为供产业内的各企业广泛推广应用的共性技术后，将带来该产业生产率的大幅提升。因此，该产业部门成长为高生产率部门，吸引了更多且更优质、更高级的生产要素从低生产率部门向该部门的流入，该产业部门得到优先发展，并逐渐成长为一国的主导产业；而生产率较低的部门则因生产要素的流出而导致产业规模不断萎缩甚至被淘汰。如图 8-3 所示，在经济发展初期，手工技术即代表当时最先进的技术，以手工技术为主的纺织、服装业等劳动密集型产业部门相较于农业部门，具有更高的全要素生产

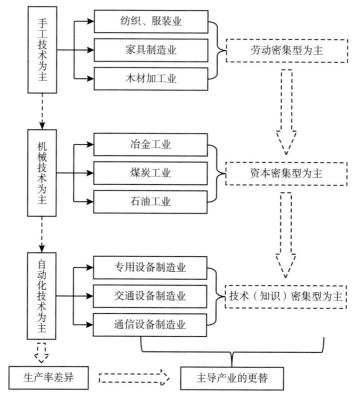

图8-3 生产率差异、主导产业更替与产业升级的关系示意

率，因此是国民经济中的主导产业；而随着生产技术的不断革新，产业技术结构逐渐从以手工技术为主先向以机械技术为主、再向以自动化技术为主演进，而技术水平的不断提高和进步导致了不同产业部门之间生产率的差异越来越大，从而推动了产业结构逐渐从以劳动密集型产业为主导先向以资本密集型产业为主导、再向技术（知识）密集型产业为主导的不断演进。另一方面，技术的重大突破或"蛙跳式"的技术进步，往往导致以先进技术和知识为基础的高新技术产业的兴起和壮大，而高端产业的发展壮大是一国产业升级的重要方面。首先，高新技术产业具有较高的研发创新能力、较高的创新波及能力以及显著的经济支撑能力等特点（李邃和江可申，2011），其在国民经济中所占比重的不断上升，本身就标志着一国产业结构的升级；其次，高新技术产业对传统产业具有显著的溢出效应，促进了先进知识和技术

向传统产业的流动（Hauknes & Knell，2009），从而带动了传统产业的产出增长和产业升级。

上述关于产业升级的理论分析，强调了技术进步、全要素生产率提升在驱动产业升级中的关键作用，而这一结论符合新古典经济理论中所指出的技术进步是经济增长主要源泉的研究范式。因此，由生产率驱动的产业升级路径也被称为"新古典式产业升级"。

三、产业结构高度化的内涵界定

工业结构的内涵非常丰富，厘清其概念和内涵是众多学者研究的第一步（傅元海等，2016）。丁宝山和任建平（1991）编写的《产业经济词典》中，将产业结构高度化的基本含义归纳为四点：一是产品高附加值；二是产业普遍运用高新技术；三是产业高集约化；四是深化加工。李悦（2004）认为，产业结构高度化的基本含义是通过使用新技术和新工艺，促进产业部门劳动生产率的快速提升，并在尽量短的时间内有效提高部门产品的附加价值；而根据产业类型的不同，产业结构高度化又包含两方面的含义，一是高新技术产业通过不断进行新技术和新工艺的研发、应用和扩散而实现规模扩张和持续增长；二是传统产业不断进行技术改造，提高其技术含量。因此，产业结构高度化的核心，即由产业技术更新和升级而引发的结构性改进。刘伟等（2008）指出劳动生产率的提升才是产业结构高度化的"质"的内涵，认为产业结构高度化即生产要素和资源从劳动生产率低的产业部门不断向劳动生产率较高的部门转移和配置，使劳动生产率较高的产业部门的比重不断上升的过程。黄亮雄等（2013）则从技术水平的角度，认为产业结构高度化是指具有较高技术复杂度的产业部门的份额不断增加。杨丽君和邵军（2018）归纳了工业结构升级的三种含义，即，产业结构由低水平向高水平跃迁，生产由利润较低至利润较高、由附加值较低至附加值较高转变，产业由劳动力密集型向资本密集型以及技术密集型转换，指出工业结构升级侧重于层级的提升，其核心和典型特征是产品附加值提高。

基于已有的研究成本，本章认为，产业结构高度化的核心关键词是产品附加值的有效提高，即产品附加值较高的产业份额不断增加，不同产业部门的产品附加值普遍提高。这是基于结果导向的对产业结构高度化内涵的归纳和概括，产品附加价值提升意味着产品中的高技术含量的不断增加，是技术进步和升级、效率改善、生产率提升、要素集中等变化所产生的效果的综合体现。产业从低附加值产品向高附加值产品的升级主要有两种路径：一是从低高加工度向高加工度升级，即"高加工度化"升级路径；二是从价值链的低端环节向高端环节逐步渗透，即"链条高端化"升级路径。产品附加值提升的两种路径可根据图8－4中箭头所指的方向进行刻画。在微观层面，这两种路径的实现则主要取决于企业的行为选择。首先，"高加工度化"是指企业从生产能源、基础原材料为主先向初级加工、组装为主转变，再向深层次加工、精密加工和组装为中心逐步演进。这一过程要求企业通过更多地运用技术、人力资本等高级生产要素，不断提高企业的机械化、自动化和信息化水平，不断提高其专业化率，从而实现加工层次的不断延伸和深化。加工制造企业通过自身的努力不断追求极致，最终提升了产品的附加值、实现了高度化升级。其次，"链条高端化"升级路径主要是指企业沿着"微笑曲线"，从最低端的加工、组装环节，不断向上游的核心零件生产、研发设计，以及下游的自主品牌营销、售后服务等高端环节攀升和渗透的演进过程。上下游的高端环节即价值链的关键环节，决定着对整条价值链及全球分工的掌控能力。"链条高端化"升级对企业的研发能力、运营管理能力和品牌营销能力等具有较高的要求，这就要求企业能够不断加强其研发投入

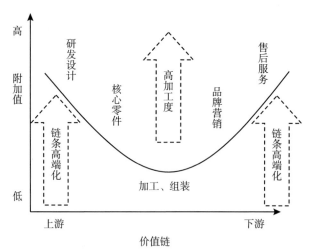

图 8－4 产业结构高度化升级模式

资料来源：李悦. 产业经济学 [M]. 北京：中国人民大学出版社，2004.

强度和智力资本的投资强度，不断提高研发能力和技术创新水平，以逐步掌握核心技术，从而实现向价值链高端环节的攀爬。然而，获得重大技术突破并不能一蹴而就，其需要大量的投入和长期的积累，因此，企业的"链条高端化"升级将面临巨大的挑战，是一个艰难且漫长的过程。

在位企业的高加工度化和链条高端化的升级努力，均有助于其成长为在规模效应和技术水平等方面接近世界领先水平的大型优质企业。一方面，大型企业将更有可能获得重大的技术突破，并因此获得更强的市场势力和更多的市场份额，并为了维持其垄断利润而继续增加研发投入，成为技术创新的领先者，从而形成良性循环；另一方面，大型企业的重大技术进步可通过溢出效应等途径，激励和推动其他在位企业的模仿和再创新活动，最终驱动整个产业高度化升级。

不同产业内企业升级行为的叠加，在一个经济体的不同产业间则表现为主导产业的更替。某一产业产品附加值的增加，意味着该产业盈利能力和经营状况的不断好转以及核心竞争力的显著提升，这无疑将使该产业逐渐成长为一国国民经济的主导产业。而随着不同产业间的要素比较优势的转化以及由技术创新能力的差异而导致的生产率差异，主导产业将由制造初级产品的低端产业为主向制造中间产品和最终产品的高端产业为主依次更替，由轻工业为主的劳动密集型产业向重化工业为主的资本密集型产业、并最终向以技术和知识集约化产业为主导依次更替；而主导产业由低级产业向高级产业的更替，则意味着一国产业升级的实现。

第三节　产业升级内涵的环境经济学理论解释

一、"绿色经济"与清洁生产的理论概述

经济系统与自然生态系统之间呈现出交互、共生的关系。自然生态系统为经济系统的生产活动提供物质基础，如能源、矿产、木材等基本投入品，同时也是生产活动副产品输出的容纳场所，如废水、废气及其他污染物的排放。而经济系统的良好发展和增长则能够提供生态系统保护所需的资金及其他物质投资，从而为自然生态系统正常功能的维持提供保障，例如增加对生

态保护区建立、沙漠化治理等方面的投资，能够有效保护生物多样性和生态环境。然而，自第一次工业革命带来社会化大生产以来，经济系统对自然生态系统的索取远远高于对生态系统保护的投入。

工业革命以来，工业生产技术的巨大变革以及由此带来的前所未有的工业化大生产，尤其是重化工业的迅猛发展，对自然环境产生了前所未有的影响和依赖。然而，自18世纪第一次工业革命爆发直至21世纪初，世界各国的经济发展主要以物质财富的增加和积累为首要目标，并且主要依赖能源等原材料的高消耗、高投入来拉动和保持经济的高速增长。这种依赖高投入、高消耗和高排放的粗放型发展模式，被许多学者称为"灰色经济"（a brown economy）或"灰色文明"，其无法避免地导致了对能源的过度开采以及对生态环境的严重破坏，甚至是生态系统的大崩溃（UNEP，2011b；OECD，2011）。然而，当传统的粗放型经济增长模式不断逼近甚至超越生态边界（ecological boundary conditions）时，经济系统和自然生态系统的互动将出现失衡，此时生态系统必然将反过来对经济系统施加愈来愈严厉的约束。资源环境约束主要有两种表现形式，一种是资源、环境及相关产品市场价格的变化（卢忠宝，2010），可称为内生环境约束；另一种是各国政府纷纷制定的环境管制政策，包括环保立法、环境政策等，可称为外生环境约束。当自然资源趋近枯竭、环境资源严重稀缺时，资源、环境及相关产品的市场价格将上涨至经济主体无法承担的程度，最终可能导致经济增长和人类福利无法遏制的崩溃式下降（诸大建，2012）。因此，由"灰色经济"增长模式向"绿色经济"增长模式的转型，并不是一个可供选择的选项，而是未来世界各国必须要走的发展道路。

"绿色经济"一词最早由英国环境经济学家大卫·皮尔斯（David W. Pearce）在其于1989年出版的《绿色经济蓝图》一书中提出。自2008年国际金融危机以来，联合国环境署（United Nations Environment Programme，UNEP）对"绿色经济"进行了专门的系列研究，将其定义为"一种能够提高人类福祉和社会公平性，同时能够显著降低环境风险和生态稀缺性的经济发展模式"（UNEP，2011a）。由该定义可知，绿色经济首先是低碳的和资源节约的，是对传统工业化、以化石能源消耗为支撑的"灰色经济"发展模式的根本性变革，而绿色经济转型的基础是实现绿色经济增长模式的转变。绿色经济增长模式是指以低能耗、低污染为主要特征增长模式，通过加强对绿色技术、绿色能源和绿色资本的鼓励和引导，带动资源节约和环境友好的清洁型产业比重不断提高，使经济增长与高能耗、高污染脱钩，最终实现经济的清洁化、绿色化发展。由"灰色经济"向"绿色增长"的转型，主要有两条关键路径：一是绿色投资。绿色经济之所以能够在保持经济增长和社会福利提高的同时，降低环境风险和生态稀缺性，主要是依赖于公共投资和私人投资的驱动。在绿色经济中，这些投资的显著特点是能够降低碳排放和污染排放，提高能源和资源的利用效率，并阻止生态服务的损失以及对生态多样性的破坏。其可行的做法就是，引导社会资本更多地投资于资源节约和环境友好的产业和领域，如绿色农业，节能与新能源汽车、新材料等绿色工业，以及废弃物处理等环保产业。二是清洁生产。清洁生产最早是1989 年联合国环境署（UNEP）在总结工业污染防治工作时提出来的，经过多年的研究和发展，至1998 年 UNEP 将清洁生产的概念重新界定为一种全新的创造性的生产模式，将整体预防的环境战略持续应用于生产过程、产品和服务中，以提高环境效率并降低环境风险为最终目的（石磊和钱易，2002）。清洁生产是对"先污染后治理"模式的根本变革。国内学者对清洁生产的理论研究则聚焦于生产过程，认为清洁生产指的是在经济部门、尤其是工业生产部门的生产活动过程中降低能源消耗、降低对自然资源等原材料和中间投入品的消耗强度、降低污染物的排放总量和排放强度，从而实现产出增长的同时降低对自然生态系统的压力（胡鞍钢和周绍杰，2014）。清洁生产的基础和关键在于绿色技术的发明和应用，而绿色技术则包括主要包括节能技术、清洁生产技术和末端治理技术。

二、产业绿色升级的环境原则

2008 年，联合国环境署发起了全球绿色经济计划（Green Economy Initiative，GEI）其总体目标是为各国或环保组织等环保部门的投资，以及用于"灰色经济"绿色转型的投资提供分析、咨询和政策支持。由于制造业消耗了全球三分之一的能源供应，同时排放了超过全球排放总量的四分之一的温室气体（Sukhdev et al.，2010），因此是绿色经济转型的重点领域，同时也是中国目前产业绿色化升级的重点领域。那么，在经济增长和产业绿色升级的过程中，应具体遵循哪些环境标准或原则呢？极端环保主义者认为应停止经济增长，停止对不可再生资源的开发和使用。然而，这是一种过于僵化且缺乏理性的观点。一个追求可持续的、向绿色转型的经济体，并不是为了保护生态环境而必须"零增长"的，而更多的是关注经济质量的提高胜过简单的总量扩张，更谨慎且有效率地对待和使用不可再生资源，采取有效的相关措施实现资源的合理定价，以及重点关注可再生能源和新能源的开发、清洁技术和高效技术的创新等。

为了实现经济系统、社会系统和生态系统的可持续性，在保证经济增长的同时，降低环境风险和避免不可逆的生态损失，从而减少贫困和促进社会代际间的公平，赫尔曼·戴利（Herman Daly，1991）提出了一国经济可持续发展必须满足的三个条件：一是可再生资源消耗的速度不能超过它们再生的速度；二是不可再生资源消耗的速度不能超过可再生的替代资源的发展速度；三是污染排放的速度不能超过环境的吸收能力。罗马俱乐部于1972年首次出版的《增长的极限》一书中，对可持续发展的根本性变革和系统重构提出了一组一般性的指导原则。胡鞍钢和周绍杰（2014）认为，绿色经济在某种意义上讲，可以被视作可持续发展观的升级版和加强版，其比可持续发展观具有更广泛和更丰富的内涵。我们在上述研究的基础上，结合"绿色经济"的内涵和要求，对绿色经济转型和发展中所必须遵守的环境原则进行了重新归纳和界定。

（1）对于不可再生资源，应当做到最低程度的使用和最大程度的节约。在消耗如化石能源、矿物燃料、地下水等不可再生资源时，应当保证将这些资源用于并尽可能仅用于不得不使用的领域，即保证不可再生资源被最低程度地使用和消耗；在使用过程中，则应当做到最高效率地使用，并且建立有效的回收和循环利用机制，做到最大程度的节约。

（2）对可再生能源的开采和使用，应控制在小于或等于其自我再生的速度内，并且最大程度地避免对可再生资源的破坏。这就需要一国政府制定强有力的惩罚性或经济激励型的环境规制，一方面，应通过获取有关各类可再生能源再生速度的有效信息，保证可持续的开采速度，禁止使用可能破坏生态系统的技术、禁止滥采滥用；另一方面，应加强对土壤肥力、地表水、森林资源等资源的保护，加强对其再生能力的恢复和培育。

（3）对于排放到空气、地表水域和土壤中的污染物和固体废弃物，首先，应将各类污染物的排放量最大可能地降到最低，并且保证排放总量不超过生态系统对这些污染物的吸纳、分解、转移和循环的能力；其次，应当尽最大的努力提高所有资源的使用效率,这不仅在技术上是可行的,在经济上也是合理的(Hawken et al.,2000);最后,应建立有效且切实可行的回收和循环利用系统,通过鼓励对废弃物的回收和循环再造,将其转化为新的可利用的资源并利用其创造新的收益。

(4)建立有效的信号反馈机制和价格机制。通过建立相关机制以能够更准确、更及时地了解经济活动对生态系统的实际冲击,准确评估该冲击所造成的生态环境损失以及社会福利的损失,并通过完善的信号传递和反馈体系连续、即时地向政府和公众进行通报,以加强信息的对称性;进一步地,加强市场体制的建设,将资源、环境成本纳入市场价格中,从而有效实现外部成本的内部化,运用经济规律和市场经济的价格机制优化资源配置。

三、产业结构清洁化的内涵界定

现有研究大多基于宏观经济层面研究绿色经济增长(孙瑾等,2014),或基于微观层面研究企业的污染减排决策(王明喜等,2015),而从产业层面研究产业结构的绿色化或清洁化调整、升级的文献较少。根据本书的研究目的,借鉴潘冬青和尹忠明(2013)的研究,本书认为产业结构的清洁化升级,是指为了适应节能和环保要求,一国的产业发展中清洁技术或低碳技术的含量越来越高、绿色技术效率显著提升,一国的产业结构则由高能耗、高污染为主向低能耗、低污染的路径转变,从而升级至一种崭新的、区别于传统工业文明的产业组织模式。由这一定义可知,产业结构的清洁化包含两个层面的含义:一是降低高污染、高能耗的污染密集型产业的比重,提高低能耗、低污染、绿色生产的清洁产业的比重,从而形成清洁型的产业结构;二是对于单个产业而言,激励单个产业在生产活动中更多地依赖于清洁生产技术、高效节能技术和末端治理技术(可统称为绿色技术),从而促进单个产业或典型产业的绿色发展,并逐步拉动所有产业的清洁化变革。

具体而言,根据国家统计局的统计知识解答,在统计意义上,电力热力的生产和供应业、石油加工炼焦及核燃料加工业、化学原料及制品业、有色金属冶炼、黑色金属冶炼和非金属矿物制品业属于六大典型的高能耗产业;而根据布塞(Busse,2004)和陆旸(2009)的研究,化学行业、造纸及纸制品业、非金属矿物制品业以及钢铁行业等金属冶炼,则属于典型的高污染行业。

那么,一国政府可通过抑制高能耗、高污染产业的过快增长,加大低端产能和过剩产能的淘汰力度，以降低这些产业的产值比重，削弱这些产业在国民经济中的主导地位，促进要素资源向优势企业和优势产业集中；同时，引领清洁型的新兴产业在高起点上实现绿色发展，大力促进新材料、新能源、节能与新能源汽车、智能绿色列车、航空航天设备等高端装备，以及生物医药及高性能医疗器械等清洁产业的成长和发展，提高这些清洁产业在国民经济中的比重，提升这些产业对国民经济增长的贡献，使其成为拉动经济增长的新动力。另外，可通过加速高能耗、高污染产业的绿色改造和升级，全面提升工业行业整体的清洁度。绿色改造和清洁化升级的过程，通常建立在清洁技术和高效节能技术的发明创造，以及先进的末端治理技术的普及应用的基础之上。因此，对于生产过程而言，应重点激励节能、环保、清洁技术的研发和创新，加快高能耗、高污染产业中低效能、落后技术和肮脏技术和工艺的淘汰，鼓励如余热余压回收、水循环利用、脱硫脱硝除尘、废渣回收和资源化、水循环利用等绿色工艺技术装备的研发和推广，以及清洁高效铸造、焊接、切削等加工工艺的推广和应用；在要素流通环节，应提高资源回收及利用效率，例如提高工业固体废弃物、废旧金属、废弃电子产品等的综合利用水平；而在生产流程的末端，则应通过严厉的规制推动末端治理技术和装备的普及应用。通过上述措施，能够在高能耗、高污染产业中全面推行清洁生产，促进绿色制造体系的建立。

需要指出的是，企业绿色化改造和升级的努力具有显著的正外部性，这将导致市场失灵（李平，2005）。在"理性人"的假设下，需要政府对企业施加合理且适度严厉的规制政策，以引导和激励企业推动整个产业的绿色转型升级。由此可知，在推行产业绿色升级的过程中，制定和实施合理、可行的产业政策和环境政策，是不可或缺的重要环节。

第四节　工业结构"清洁化"升级的概念界定

由于在 21 世纪之前，世界各国尤其是发展中国家经济发展的主要目标是追求国民经济总量的快速增长，以及培养其主导产业在国际市场中的核心竞争力，因此学术界对产业升级的传统界定和研究更多地聚焦在产业部门价值链攀升、高新技术研发和升级等经济层面。而进入 21 世纪以来，随着全球环境质量的日益恶化，世界各国纷纷制定了经济增长和"绿色"发展的双重任务，与之相对应，本书认为产业升级的内涵和外延亦应随之进行动态演变，即除了其传统的经济层面的含义以外，还应包含"绿色"升级和"清洁化"生产等相关含义。因此，作者从经济维度和环境维度两个方面，对工业升级的概念进行了重新界定，并将包含"绿色"含义的工业结构升级称之为工业结构的"清洁化"升级。

首先，将工业结构"清洁化"升级的经济内涵界定为工业结构的高度化升级，即产品附加值较高的产业份额不断增加，所有工业部门的产品附加值普遍提高。产品附加价值作为产业结构高度化的核心关键词，其提升意味着产品中的高技术含量不断增加，是技术进步、效率改善、生产率提升、要素集中等变化所产生的效果的综合体现，能够较为全面地刻画工业结构高度化升级的内涵。其次，将工业结构"清洁化"升级的环境内涵界定为工业结构的绿色转型升级。本书认为，工业结构的"清洁化"升级，是指为了适应节能和环保要求，一国的工业发展中清洁技术或低碳技术的含量越来越高，并逐步驱动工业结构由高能耗、高污染为主向低能耗、低污染的路径转变，即降低污染密集型工业行业的比重，提高低能耗、低污染、绿色生产的清洁工业行业的比重。

由上述分析可知，工业结构"清洁化"升级可沿着"低附加值且污染密集型产业——中附加值或轻度污染产业——高附加值且清洁型产业"的螺旋式升级路径得以实现，如图8-5所示。

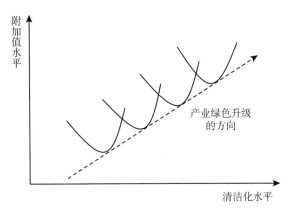

图8-5　产业绿色化升级路径

第九章

环境约束下中国工业结构变动的特征分析

第一节 环境保护目标下中国工业行业类型的重新划分

一、工业行业的样本确定

由于国家统计局分别于 2002 年和 2011 年对工业行业的分类和代码进行了修订，因此，2000～2002 年、2003～2011 年、2012～2014 年①这三个区间内相应统计年鉴中的工业行业划分并不一致。为了划定统一的行业范围，本书对发生变化的相关行业进行了删除或合并处理。（1）剔除的行业。"木材及竹材采运业"在 2002 年以后已不属于工业行业的范畴，而被划归为农、林、牧、渔业，因此将其剔除；"工艺品及其他制造业"和"废弃资源综合利用业"这两个行业，是 2003 年以后新出现的行业，而在 2003 年之前的年鉴中并未包含这两个行业的统计数据，因此将其剔除；"开采辅助活动"以及"金属制品、机械和设备修理业"这两个行业则是 2011 年以后新增的行业，而在 2011 年之前的年鉴中并未对这两个行业的相关指标数据进行专门的统计，因此将其剔除；同时剔除"其他采矿业"以避免数据过小带来的偏差。（2）合并的行业。2012 年以后，相关统计年鉴中将"橡胶制品业"和"塑料制品业"合并为"橡胶和塑料制品业"，为了与此保持一

---

① 除非特别说明，本书中的年份均为数据年份，而非相应统计年鉴的年份。

致，本书将 2000 ~ 2011 年的"橡胶制品业"和"塑料制品业"进行合并处理，统一为"橡胶和塑料制品业"；同时，将 2012 年以后新出现的"汽车制造业"和"铁路、船舶、航空航天和其他运输设备制造业"合并为"交通运输设备制造业"，从而与 2000 ~ 2011 年区间内的行业划分保持一致。

最终本书将研究样本确定为 35 个二位码工业行业。此外，由于 2000 年以前的《中国环境统计年鉴》中的工业分行业统计数据，只将制造业粗略地划分为 16 个二位码行业，并且只公布了采掘业、电力煤气及水的生产和供应业这两个大类行业的数据，而未将其进一步细分为二位码行业。为了统一口径，本章将数据样本的时间窗口确定为 2000 ~ 2014 年。

二、工业行业类型划分的指标说明

基于上述所提出的环境约束下工业行业类型的划分标准，本章将选取相应的指标，对中国工业二位码行业进行重新分类，即将中国 35 个工业行业重新划分为低附加值且污染密集型工业、低附加值且清洁集型工业、高附加值且污染密集型工业、高附加值且清洁集型工业这四种类型，作为后文分析的基础。

首先，基于附加值指标，将工业行业划分为高附加值产业和低附加值产业。具体而言，选取附加值率这一指标作为工业行业类型划分的依据。工业各行业的附加值率由工业增加值与工业总产值的比值表示，其中，工业总产值数据处理与前文一致，此处不再赘述。2001 ~ 2003 年和 2005 ~ 2007 年的工业分行业增加值数据直接来自于历年的《中国工业经济统计年鉴》；2004 年的工业增加值数据缺失，由 2003 年和 2005 年的平均值代替。2008 年以后该年鉴不再公布工业增加值这一指标数据，因此该值可运用国家统计局网站公布的 2008 ~ 2014 年 12 月份的工业增加值累计增长率计算而得。各年工业增加值数据均将工业品出厂价格指数平减为以 2001 年为基期的可比价，从而与工业总产值数据保持一致。为了平滑短期内波动的影响，本章将计算样本时间窗口内工业行业附加值率的年平均值；继而，按照两分法的原则，将全部工业行业年均附加值率的中位数作为分界点（金碚等，2011），附加值率指标的年均值大于该中位数的行业界定为高附加值产业，而附加值率指标的年均值小于等于中位数的行业界定为低附加值产业。

其次，通过选取相应的指标，将工业行业划分为污染密集型产业和清洁型产业。关于对污染密集型产业和清洁型产业的划分，国内外文献中存在两种最常见的方法：一是采用"污染治理和控制支出"（pollution abatement and control expenditures，PACE）这一指标，通过计算各工业行业或企业的污染成本负担的大小，即运用单位产出的污染治理成本（Cole et al.，2005）或污染治理成本占总成本费用的比重（Busse，2004；陆旸，2009）作为区分污染密集型产业和清洁产业的标准。二是以单位产出的污染排放强度作为划分标准（Bommer，1998；Akbostanci et al.，2007；沈能，2012；傅京燕和赵春梅，2014；童健等，2016）。限于污染治理成本数据的可得性，本章选用第二种方法。基于中国当前的主要污染物排放现状以及数据的可得性，选取工业行业的"三废"排放量，即工业废水排放量、工业废气排放量和工业固体废弃物产生量的数据，构建污染排放强度指数，以作为工业行业分类的依据。其中，工业废气排放量等于工业二氧化硫排放量和工业烟粉尘排放量的加总。工业分行业污染排放强度指数的构建方法如下：

首先，计算各工业行业单项污染物的排放强度。

$$PI_{i,j} = E_{i,j}/Y_i \qquad (9-1)$$

其中，i 指工业行业（$i=1, 2, \cdots, 35$），j 指各类污染物（$j=1, 2, 3$）；$PI_{i,j}$ 表示工业行业 i 的污染物 j 的排放强度，其等于该行业污染物 j 的排放总量 $E_{i,j}$ 与该工业行业总产值的 Y_i 之比。其次，对各单项污染排放强度 $PI_{i,j}$ 进行线性标准化处理，以消除指标间在量纲上的矛盾性和不可公度性。计算公式为：

$$PI_{i,j}^{S} = \left[PI_{i,j} - \min(PI_{i,j}) \right]/\left[\max(PI_{i,j}) - \min(PI_{i,j}) \right] \qquad (9-2)$$

其中，$PI_{i,j}^{S}$ 表示各单项污染物排放强度指标的标准化值。

最后，将上述得到的各种污染排放强度的标准化值进行等权重加权平均，以最终求得工业各行业的污染排放强度指数 TPI_i，即：

$$TPI_i = \frac{1}{3} \sum_{j=1}^{j} PI_{i,j}^{S} \qquad (9-3)$$

同样，为了平滑短期波动的影响，首先计算研究时间窗口期内工业各行业污染排放强度指数的年均值；继而参考阿克博斯坦奇等（Akbostanci et al.，2007）和童健等（2016）的研究，以各工业行业污染排放强度年均值的中位数作为工业行业分类的依据，将污染排放强度指数大于等于该中位数的工业行业划分为污染密集型产业；污染排放强度指数小于该中位数的工业行业则划分为清洁型产业。

三、中国工业行业的分类结果及分析

根据两个指标的计算结果，可首先将中国 35 个工业行业分别划分为高附加值、低附加值两类，以及污染密集型和清洁型两类，划分结果如表 9-1 所示。进一步地，按照第八章中所提出的工业类型矩阵图，可将上述两种角度的工业行业类型进行排列组合，最终归类为低附加值且污染密集型、低附加值且清洁型、高附加值且污染密集型、高附加值且清洁型四种类型，分类结果见表 9-2 所示。

表 9-1　　　　　　　　　　工业行业的类别划分

产业划分视角	产业类型	二位码工业行业
附加值率视角	低附加值产业（17 个）	石油加工、化学纤维、食品加工、有金冶炼、化学工业、纺织业、黑金冶炼、通信设备、文教体育、交通设备、金属制品、电气机械、煤气生产、家具制造、专用设备、木材加工、皮革毛羽
	高附加值产业（18 个）	造纸制品、食品制造、非金制品、非金采选、医药制造、饮料制造、电力热力、黑金采选、有金采选、水的生产、煤炭采选、通用设备、服装纤维、仪器仪表、印刷媒介、橡胶塑料、烟草加工、石油开采
非期望产出视角	清洁型产业（17 个）	通信设备、文教体育、交通设备、金属制品、电气机械、煤气生产、家具制造、专用设备、木材加工、皮革毛羽、通用设备、服装纤维、仪器仪表、印刷媒介、橡胶塑料、烟草加工、石油开采
	污染密集型产业（18）	石油加工、化学纤维、食品加工、有金冶炼、化学工业、纺织业、黑金冶炼、造纸制品、食品制造、非金制品、非金采选、医药制造、饮料制造、电力热力、黑金采选、有金采选、水的生产、煤炭采选

表 9-2　　　　　　　　　　工业行业矩阵分类结果

产业类型	二位码工业行业
低附加值且污染密集型（7 个）	石油加工、化学纤维、食品加工、有金冶炼、化学工业、纺织业、黑金冶炼
低附加值且清洁型（10 个）	通信设备、文教体育、交通设备、金属制品、电气机械、煤气生产、家具制造、专用设备、木材加工、皮革毛羽

产业类型	二位码工业行业
高附加值且污染密集型 （11个）	造纸制品、食品制造、非金制品、非金采选、医药制造、饮料制造、电力热力、黑金采选、有金采选、水的生产、煤炭采选
高附加值且清洁型 （7个）	通用设备、服装纤维、仪器仪表、印刷媒介、橡胶塑料、烟草加工、石油开采

对表9-2中给出的中国35个工业行业的分类结果进行简要的分析。中国国家统计局印发的《高技术产业（制造业）分类（2013）》中将医药制造，航空、航天器及设备制造，电子及通信设备制造，计算机及办公设备制造，医疗仪器设备及仪器仪表制造和信息化学品制造等六大类产业确定为高新技术产业。另外，李娜和王飞（2012）、徐赟和李善同（2015）的测算结果均表明，中国于2005年以后的典型主导产业主要包括交通运输设备制造业，电气机械及器材制造业，通信设备、计算机及其他电子设备制造业，通用设备制造业，专用设备制造业，仪器仪表制造业等。李娜和王飞（2012）进一步指出，食品制造、烟草加工、纺织业等轻工业行业，以及有金冶炼、电力热力和石油加工等能源类行业在2002～2005年期间异军突起，成为仅次于机械电子类产业的主导产业。中国工业的大部分主导产业均与高新技术产业的范围相重叠。本书将着重对高新技术产业和主导产业进行分析。与表9-2中的分类结果相对照可知，石油加工、有金冶炼、纺织业属于低附加值且污染密集型产业；医药制造、电力热力、食品制造属于高附加值且污染密集型产业；航空、航天器及设备制造业所属的交通设备制造业，通信设备、计算机及其他电子设备制造业，医疗仪器设备制造业所属的专用设备制造业、电气机械制造业则均属于低附加值且清洁型产业；只有办公设备制造业所属的通用设备制造业、仪器仪表制造业以及烟草加工业属于高附加值且清洁型产业。

上述的分类结果显示了目前中国工业所面临的两大亟须突破的发展"瓶颈"。一是主导产业和高新技术产业的产品附加值率普遍偏低，验证了中国产业被全球价值链低端环节锁定的事实。自20世纪90年代以来，中国高技术产业发展势头强劲，其产品出口呈现"爆炸式"（outbreak）增长，

2004 年开始出现贸易顺差,至 2007 年中国高新制造业的规模和出口总额已跃居世界第二。[①] 然而,黄先海和杨高举(2010)指出这是一种"统计假象"(statistical illusion),高新技术产品出口额的巨幅增长,并不意味着中国的高新技术行业拥有核心技术优势。恰恰相反,由于缺乏核心技术优势,中国高技术产业只能被动嵌入全球价值链的低端环节,从事大量低技术含量、劳动密集的加工组装活动,导致附加价值和利润份额非常低。若这种附加值较低、低端锁定的情形不尽快改变,中国工业"价值链锁定困境"的风险将日益增大(周密,2013;刘志彪和郑江淮,2012)。二是主导产业和高新技术产业中许多行业具有污染密集型的特点,说明中国工业总体上尚未摆脱高能耗、高污染的粗放型发展模式。2020 年,中国 GDP 占全球 17.4%,但一次能源消费量占全球 26.13%,位居世界第一;其中,煤炭消耗量占全球 54.33%,居世界首位;石油消耗量占全球 16.70%,仅次于美国,位居第二;[②] 在碳排放方面,中国二氧化碳排放总量达 98.99 亿吨,占全球排放总量的 30.7%,居世界首位。[③] 中国工业的粗放型增长模式已导致了资源过度消耗、环境质量恶化等严峻问题,因此工业行业迫切需要加快构建清洁技术含量高、资源消耗低、污染排放少的绿色发展模式。

第二节 基于行业重新分类的中国工业绿色生产率特征分析

根据前文对中国 35 个工业行业类型的划分结果,以及第五章中中国工业分行业绿色生产率的测算,本节进一步对低附加值且污染密集型产业、低附加值且清洁集型产业、高附加值且污染密集型产业、高附加值且清洁集型产业四类产业的绿色生产率增长率及其对工业增长的贡献率等指标数据进行分析,以期客观反映四种类型工业行业的发展模式及其主要特点。

表 9-3 给出了四种类型产业的相关指标数据。低附加值且污染密集型和

---

① 资料来源:中华人民共和国中央人民政府网站(http://www.gov.cn/wszb/zhibo156/content_762801.htm)。

② 《世界能源统计年鉴 2021》。

③ 世界银行数据库(https://data.worldbank.org.cn/indicator)。

低附加值且清洁型产业的产值占工业总产值的比重最高，分别是32.6851%和32.0458%，其次是高附加值且污染密集型产业，占工业总产值的比重为21.9921%，这三类产业的产值总共占了工业总产值的86.7230%，而高附加值且清洁型产业的产值仅占工业总产值的13.1173%。由此可知，低附加值和污染密集型产业仍然占据着中国工业的绝对主导地位。

表 9 - 3　　　　　　不同工业类型的绿色生产率年均增长率

测算结果（2002~2014 年）　　　　　单位：%

工业类型	占工业总产值的比重	年均增长率							GTFP贡献率
		GTFP	Effe	Tech	工业总产出	能源投入	资本投入	劳动投入	
低附加值且污染密集型	32.6851	0.7253	-1.5154	2.2407	18.9294	7.6060	35.6529	4.1603	3.8316
低附加值且清洁型	32.0458	4.7518	2.5857	2.1661	21.9680	8.8001	13.6389	8.3599	21.6306
高附加值且污染密集型	21.9921	1.3456	0.9070	0.4386	27.0968	7.3917	18.0230	3.3758	4.9659
高附加值且清洁型	13.1173	3.6959	0.9633	2.7326	15.8332	5.1937	7.7421	4.0665	25.0480

　　工业产出的年均增长速率最快的是高附加值且污染密集型产业，其产出的年均增长率为27.0968%；其次是低附加值且清洁型产业和低附加值且污染密集型产业，这两类产业的产出的年均增长率分别为21.9680%和18.9294%。由这三类产业的投入增长率指标数据可知，这三类产业同时具有较高的资本投入和能源投入增速，且均远远超过其绿色生产率的增长速度。具体而言，低附加值且污染密集型产业的资本投入的增长最快，其年均增长率为35.6529%，其次为高附加值且污染密集型（18.0230%）和低附加值且清洁型（13.6389%）；低附加值且清洁型产业的能源投入和劳动投入增长速度最快，其能源投入的年均增长率为8.8001%，劳动投入的年均增长率为8.3599%；低附加值且污染密集型产业和高附加值且污染密集型

产业的能源投入增长速度亦相对较快，两类产业的能源投入年均增长率分别为 7.6060% 和 7.3917%。而高附加值且清洁型产业的产出增速最慢，产出年均增长率为 15.8332%；同时，其资本投入和能源投入的增长速度均是最慢的，年均增长率分别为 7.7421% 和 5.1937%，远低于另外三类产业。

上述四类产业的绿色生产率增长速度的相对排名，几乎与生产要素投入增速的情况完全相反。清洁型工业行业呈现出较快的绿色生产率增速，且对工业增长的贡献率亦相对较高，其中，低附加值且清洁型产业的绿色生产率年均增长率在四类产业中是最高的，为 4.7518%，其绿色 TFP 对工业增长的贡献率为 21.6306%，仅次于高附加值且清洁型产业；高附加值且清洁型产业的绿色 TFP 年均增长率为 3.6959%，但其绿色 TFP 对工业产出的贡献率是最高的，为 25.0480%。而污染密集型产业的绿色 TFP 增长率及其对工业产出的贡献率则相对较低，其中高附加值且污染密集型产业的绿色 TFP 年均增长率为 1.3456%，其对产出的贡献率为 4.9659%；低附加值且污染密集型产业的绿色 TFP 年均增长率仅为 0.7253%，其对产出的贡献率为 3.8316%。由上述分析可知，没有任何一种类型的产业的绿色 TFP 对产出增长率的贡献率超过 50%，这一结果再次显现出 2002～2014 年中国工业的快速增长主要来自于低附加值、高污染排放的行业的贡献，而这些行业，尤其是污染密集型产业的快速增长则主要依赖于资本积累和能源消耗的拉动，而远非来自绿色生产率的贡献，因此表明，中国工业增长具有显著的要素驱动、粗放型增长和不可持续等特点。

根据上述的数据分析，可以对当前中国工业增长模式的一些主要特点进行归纳和总结。

（1）中国工业目前仍处于依赖资本积累、劳动力投入和能源消耗等要素驱动的粗放型增长阶段，且尚无法得出工业发展方式向绿色生产率驱动转变的证据。然而，要素驱动的粗放型增长模式越来越值得我们深思。一方面，以低附加值和污染密集型产业为主导的发展模式具有显著的高能耗、高排放特征，导致了严重的环境污染。"十一五"以来，工业部门的生产总值占国内生产总值的 40% 左右，但却消耗了全国 67.9% 的能源，排放了 83.1% 的二氧化碳（沈可挺和龚健健，2011）。另一方面，随着中国逐渐步入老龄化社会，众多研究表明以劳动力短缺和工资水平持续提高为特征的"刘易斯拐点"已到来，"人口红利"面临消失（蔡昉，2013）；自 2008

年全球金融危机以来，中国想要维持现有水平的资本积累速度已是非常困难，而要维持与过去 30 年一样的快速增长则几乎是不可实现的（杨汝岱，2015），并且在未来必然将面对资本报酬递减的困扰。由此可知，已经无法再复制改革开放以来最初 30 年的发展模式，随着要素成本优势的逐渐消失，中国工业依靠要素的高强度投入来实现快速增长的空间越来越小，经济成本和环境成本越来越高，经济不可持续的风险则越来越大。因此，为了避免陷入"中等收入陷阱"并维持经济的快速增长，中国工业经济必然且唯一的出路就是转向依靠绿色生产率的驱动路径，尤其是强调环保技术进步和环境污染成本的绿色生产率，以尽快实现中国工业结构的高端化、绿色化升级。

（2）中国工业的绿色生产率普遍较低，绿色生产率驱动的转型升级任重道远。在传统全要素生产率的基础上考虑能源投入和非期望产出的绿色生产率，被认为是对工业行业绿色技术研发、节能减排技术应用、新能源开发以及其他节能减排努力的综合体现，是判断工业各行业绿色发展和绿色升级的较好的指标（Watanabe & Tanaka，2007），陈诗一（2010b）更是将绿色生产率的切实提高解读为绿色工业革命发生的标志。由此可知，清洁型产业，尤其是高附加值且清洁型产业在节能减排、清洁生产方面取得了相对较好的进展和表现，在由粗放型向集约型、由高能耗高排放向环境友好型升级的过程中具有相对的领先优势。然而，就总体来看，中国工业发展中绿色生产率的驱动效应仍然不足，任何一种类型产业的绿色 TFP 对产出增长的贡献率均远远低于 50%，这是值得重视和深思的现状。这意味着，考虑能源和环境约束的中国工业绿色化升级的进程并不乐观，未来推进工业绿色生产率的持续提升、加快由要素驱动向绿色生产率驱动的发展模式的转型和升级任重而道远；同时，也说明了中国工业传统发展模式的弊端尽显，各工业行业，尤其是污染密集型行业加快推进绿色化更新改造、推行清洁技术的应用、提升绿色技术效率的必要性和紧迫性日益显现。国务院于 2015 年印发的中国实施制造强国战略第一个十年的行动纲领《中国制造 2025》以及工信部于 2016 年发布的《工业绿色发展规划（2016～2020）》，是对中国工业绿色发展的重要战略规划。这两份规划均强调，面对资源和环境约束的不断强化，中国工业的结构升级、发展质量和效率的提升已刻不容缓，而实现绿色化、新兴工业化道路的关键着力点，便是绿色科技创新、环境绩效改善和可持续发展。

（3）不同类型产业的绿色生产率增长的来源差异较大。由表 9 - 3 可知，低附加值且污染密集型和高附加值且清洁型工业的绿色 TFP 的增长主要来源于绿色技术进步的贡献，而非环境效率的改善。其中，低附加值且污染密集型产业的绿色技术进步率的年均增长率为 2.2407%，而绿色技术效率在此期间下降了 1.5154%；高附加值且清洁型产业的年均绿色技术进步率为 2.7326%，绿色技术效率提升了 0.9633%。而低附加值且清洁型和高附加值且污染密集型产业的绿色 TFP 的增长则主要依赖于绿色技术效率的改善。其中，低附加值且清洁型产业的绿色技术效率提升了 2.5857%，略高于绿色技术进步率的 2.1661%；但高附加值且污染密集型产业的绿色技术效率和绿色技术进步率均显著偏低，其绿色技术效率提升了 0.9070%，年均绿色技术进步速率仅为 0.4386%。技术进步被众多文献证实是全要素生产率增长的主要来源（张少华和蒋伟杰，2014；陈超凡，2016）。本书的测算结果与大部分研究结论不完全一致的一个可能的原因是，在考虑能源消耗和污染排放等非期望产出的情况下，中国工业各行业的绿色技术水平普遍较低。因此，这与大部分文献中不考虑能源环境约束的传统技术进步的情况并不相同，而传统技术进步反而增加了能源消费和污染排放（Kumar，2006）。

进一步对四类工业行业绿色 TFP 来源的特点进行分析，高附加值且污染密集型行业是绿色改造和绿色升级的重点产业，其绿色技术水平和绿色技术效率水平均亟须较大幅度的提升；低附加值且污染密集型产业和高附加值且清洁型产业在继续加强绿色技术研发和绿色创新的同时，更应着重改善其绿色技术效率。绿色技术效率的改善表现为对环境面的追赶效应，即与绿色技术边界的距离越来越小。在微观层面，绿色技术效率的提升在本质上反映了企业在现有技术水平条件下，加强绿色技术的消化吸收，优化企业在节能降耗、污染减排以及生产活动之间资源要素的配置，从而最大可能地释放当前技术水平的潜能；在宏观层面上，绿色技术效率的改善表现为淘汰污染密集且落后的产能，促使优质资源从低效率部门配置到高效率部门，从而加快低能耗、低排放的清洁型产业的发展；绿色技术进步则意味着代表最先进绿色技术的环境面的向外移动，即在技术上以同样的要素投入组合实现更多的期望产出和更少的污染排放。杨汝岱（2015）指出技术进步速度的提升空间是非常有限的，对于绿色技术而言更是如此。因此，中国不仅应加快制定合理且有效的环境政策和产业政策，引导并鼓励企业开展绿色技术的研发活动，激励企业加大对绿色技术研发的投入力度；也应充分发挥中国作为发展中国家的后发大国优势，运用中国改革开放 40 余年以来所积累的人力资本和物质资本，抓住全球"绿色发展"的历史机遇，从而实现绿色技术更高的创新到达率和更高的进步速度。

第三节　基于产业集聚视角的中国工业污染排放特征分析

一、研究背景与问题提出

产业集聚是基于分工深化而形成的空间组织形式，不仅兼具了市场与企业的双重优势，还通过规模报酬递增效应和知识溢出效应等特点，在提升产业竞争力、优化资源配置和激励企业技术创新等方面发挥了积极作用，其对国民经济增长的贡献已成为各国经济发展的特征性事实。为了获得集聚效应、降低交易成本，中国大量企业选址于市场经济更为发达和活跃的沿海地区，东部沿海省份的工业企业总数在全国占比已由 1978 年的 44.39% 攀升至 2008 年的 72.10%，虽受到 2008 年全球金融危机的冲击，但该指标至 2012 年仍然高达 64.58%。在产业集聚快速发展的同时，中国污染减排工作也初具成效。单位产出 SO_2 排放量自 1980 年的 0.3520（万吨每亿元）降至 2013 年的 0.0036（万吨每亿元）。[①] 简单的数据分析显示，产业集聚与污染减排之间可能具有某种内在关联。

理论上，产业集聚对污染减排可产生三个层面的积极作用：第一，新地理经济学的相关研究认为，技术的外部性与企业间技术溢出是经济活动集聚的主要驱动力（师博和沈坤荣，2013）。而技术进步在污染治理中的关键作用已成为国内外学者的共识，大部分文献的研究结果均表明，环境污染程度随着技术水平的提高单调递减（Grossman & Krueger，1991），因此，旨在分

---

① 企业数等相关数据来自历年《中国工业经济年鉴》；污染排放相关数据来自历年《中国环境统计年鉴》。

享技术溢出效应的产业集聚提供了协同创新的环境，大大提高了清洁技术的研发效率，具备了促进污染减排的可能。第二，产业集聚能够为集群内的企业提供多种基础设施（周文，1999），其中便包括公共治污设施，甚至形成了专门的环保产业。产业集聚不仅能够提供高度专业化的治污服务，还能实现污染治理的规模效应，显著降低单个企业的平均治污成本。第三，在产业集聚的过程中，企业之间会因存在物质交换而呈现共生状态（Enrenfeld，2003），即一个企业的副产品或废弃物可能恰好是另一个企业生产所必需的原材料或中间投入品，由此可在集群内形成物质资源的循环利用，从而减少污染排放。

根据集聚外部性是否来源于同一产业，产业集聚可划分为专业化集聚和多样化集聚两种模式，而哪一种模式对一个国家或城市的经济增长贡献更大，一直是学术界争论不休的问题。专业化集聚经济理论最早可追溯到马歇尔（Marshall）的"产业区观点"（industrial district-argument），他着重强调了同行业的知识溢出营造了协同创新的环境，促进了创新效率的提高及企业信息成本的降低。与此相反，雅各布斯（Jacobs，1969）则认为重要的知识溢出往往来自产业之外，互补知识在产业间的溢出更能促进创新搜寻，因此地理空间上的产业多样化集聚更有利于区域经济增长。以马歇尔和雅各布斯的理论为依据，学者们围绕专业化或多样化集聚对经济增长相对贡献的问题，从不同角度开展了大量的实证检验。基于区域经济增长的角度，孙晓华和周玲玲（2013）、西莫宁等（Simonen et al.，2015）的研究结果均表明，适度的专业化和多样化均对区域经济增长发挥了积极的作用，但也会受到城市规模和集聚结构等条件的影响。李金滟和宋德勇（2008）的研究则表明，多样化更能促进经济的城市集聚，这是因为生产者和消费者对于多样化城市的偏好存在着相互促进的自我强化的集聚机制。从产业发展的角度，亨德森等（Henderson et al.，1995）认为多样化集聚对高科技产业具有更大的吸引力，而专业化集聚更有利于成熟产业的发展。薄文广（2007）对中国的研究表明，专业化水平与产业增长负相关；多样化水平与产业增长之间具有非线性关系，随着多样化水平的不断提高，会对产业增长产生先抑制后促进的影响。基于技术创新视角的大部分文献认为多样化集聚具有更高的研发效率，显著促进了技术创新；而无论在产业层面还是在企业层面，专业化集聚都具有对创新激励不足且高风险的劣势（Feldman & Audretsch，1999；Duranton &

Puga，2000）。

　　进入 21 世纪以来，随着环境污染问题的逐渐凸显，产业集聚作为重要的经济发展模式之一，其环境外部性问题亦得到了越来越广泛的关注。部分学者验证了产业集聚发挥了正的环境外部性。有学者研究证明了制造业集聚能够减轻"污染天堂"效应（Zeng & Zhao，2009）。瓦格纳和蒂明斯（Wagner & Timmins，2009）认为化工行业的集聚效应是提高 FDI 流入的环境门槛的重要因素。另有学者则指出，产业集聚环境正外部性的发挥需要一定的条件。闫逢柱等（2011）运用面板误差修正模型考察了产业集聚与环境污染的关系，认为集聚发展只在短期内有助于降低环境污染，其在长期内与环境污染之间并不具有必然的因果关系。师博和沈坤荣（2013）研究了经济集聚对节能减排的作用机制，指出只有市场机制主导的企业集聚能够显著提高能源效率、改善环境质量，而政府主导型的产业集聚由于扭曲了资源配置，导致其抑制了能源效率的改进。李筱乐（2014）验证了工业集聚与环境污染的非线性关系，认为市场化水平是影响工业集聚环境外部性的重要因素：当市场化水平较低时，工业集聚会导致环境污染；随着市场化水平跨越较高的门限值，工业集聚则会改善环境。

　　由上述文献的梳理可知，一方面，已有文献验证了不同的集聚模式对资源配置、产业结构、技术创新等作用机制的差异，而关于其环境外部性的研究却并未区分不同的集聚模式以进行更深入的探讨；另一方面，现有文献多基于静态视角进行分析，而产业集聚的发展却表现为一个逐渐推进的、周期性的演化过程，处于不同演化阶段的产业集群具有不同的特征（王宏起和王雪原，2008），因此亦可能产生不同的环境外部性，但现有文献尚未从产业集聚动态演化的视角分析其对污染减排的影响。基于现有文献的不足，本章将尝试从以下几个方面进行拓展：（1）专业化和多样化是产业集聚的两种不同模式。本书猜想，两种集聚模式环境外部性的产生机理和作用机理也应不同。因此，分别对专业化和多样化集聚的环境外部性进行考察就显得尤为重要。（2）"集群生命周期"理论认为集聚处于生命周期的不同阶段，其在资源配置效率、研发效率、竞争程度、公共设施建设及企业间的合作等方面均呈现不同的特征（Eva et al.，2013；Mads & Torben，2013）。因此，产业集聚与环境污染之间存在非线性关系的可能。本章从产业集聚动态演化的视角，运用面板门限模型考察了集聚发展阶段变迁所产生的不同的污染减排效应。（3）在对中国问题的实证研究中，现有文献大多数使用的是中国省级面板数据，然而中国各省份的面积普遍较大，导致省份内各个地区和城市之间在经济发展水平、产业结构、资源禀赋等方面依然存在较大差异。鉴于此，本章运用 2003～2012 年中国 279 个地级市的面板数据，实证考察产业集聚与污染排放的关系，以从产业集聚的视角更好地刻画中国工业的污染排放特征及变化。

二、研究设计

1. 模型与研究方法

假设城市中的企业具有规模收益不变的生产技术，该生产技术同时具有马歇尔（Marshall）和雅各布斯（Jacobs）外部性。但由于污染具有负外部性，政府会设定一定的环境规制水平（R）以控制污染排放，企业为了满足环境规制的要求而将 θ 份额的产出投资于污染治理。本章借鉴李筱乐（2014）模型的思路，将两种集聚模式的集聚函数引入城市生产函数。因此，选址于城市 i 的工业企业 j 最终的实际产出为：

$$Y_{ij} = f(\sum_j L_{ij}) \cdot K_{ij}^{\alpha} L_{ij}^{1-\alpha} \cdot g(\sum_j L_{1j}, \cdots, \sum_j L_{ij}) \cdot (1-\theta) \quad (9-4)$$

其中，Y_{ij} 是城市 i 中企业 j 的总产出，K_{ij} 和 L_{ij} 分别是该企业的资本和劳动投入量，$f(\cdot)$ 表示专业化集聚，是同行业总就业人员的增函数，$g(\cdot)$ 表示多样化集聚函数，是城市内每个行业就业人数的函数。

借鉴黄菁和陈霜华（2011）的方法，将企业排污函数设定为：

$$P_{ij} = A^{-1} \cdot f(\sum_j L_{ij}) \cdot K_{ij}^{\alpha} L_{ij}^{1-\alpha} \cdot g(\sum_j L_{1j}, \cdots, \sum_j L_{ij}) \cdot (1-\theta)\beta$$

$$= A^{-1} \cdot Y_{ij} \cdot (1-\theta)^{\beta-1} \quad (9-5)$$

其中，$\beta>1$，保证了生产在经济上的有效性，即总产出 Y_{ij} 在扣除生产过程污染排放 $Y_{ij} \cdot (1-\theta)^{\beta-1}$ 后还有剩余；$P'(\cdot, \theta)<0$，$P''(\cdot, \theta)>0$，表明生产过程的污染排放 $P_{ij}=P(A, Y, \theta)$ 为 θ 的减函数，即环境规制水平越高，污染排放越少。A 表示技术进步，其与污染排放负相关。由于发展中国家的技术进步主要通过自主研发（R&D）和外资技术溢出（FDI）两种途径获得，因此技术进步函数可表述为：

$$A = h(R\&D, FDI) \quad (9-6)$$

与之相对应的计量模型设置如下。为了避免异方差，对所有变量进行取对数处理。

$$\ln pol_{it} = \alpha + \beta_1 \ln MAR_{it} + \beta_2 \ln JAC_{it} + \beta_3 \ln GDP_{it} + \beta_4 \ln IND_{it}$$
$$+ \beta_5 \ln RD_{it} + \beta_6 \ln FDI_{it} + \beta_7 \ln REG_{it} + \varepsilon_t \qquad (9-7)$$

其中，pol_{it} 表示污染排放；MAR_{it} 为专业化集聚指标；JAC_{it} 为多样化集聚指标；GDP_{it} 表示经济发展水平；IND_{it} 表示产业结构特征；RD_{it} 表示研发投入；FDI_{it} 为外商直接投资；REG_{it} 表示环境规制水平；ε_t 为随机误差项。根据傅十和和洪俊杰（2008）的论证，产业集聚的专业化程度和多样化程度之间存在非线性关系，因此，在线性回归模型中同时包含这两个变量，并不会导致多重共线性。

进一步地，为了分别检验专业化集聚与多样化集聚的不同发展阶段的内在特征对污染减排的异质性影响，本章将线性模型扩展为非线性模型。传统检验变量间非线性关系的方法是引入核心变量的二次项，但这种方法无法描述产业集聚的阶段性演化，从而无从分析其影响污染减排的非线性特征。因此，本章采用汉森（Hansen，1999）发展的面板门限回归模型。模型构建如下所示：

$$\ln pol_{it} = \alpha + \beta_{11} \ln MAR_{it} \cdot I(q_{it} \leqslant \gamma_1) + \beta_{12} \ln MAR_{it} \cdot I(q_{it} > \gamma_1)$$
$$+ \beta_3 \ln GDP_{it} + \beta_4 \ln IND_{it} + \beta_5 \ln RD_{it} + \beta_6 \ln FDI_{it}$$
$$+ \beta_7 \ln REG_{it} + \varepsilon_t \qquad (9-8)$$
$$\ln pol_{it} = \alpha_2 + \beta_{21} \ln JAC_{it} \cdot I(q_{it} \leqslant \gamma_2) + \beta_{22} \ln JAC_{it} \cdot I(q_{it} > \gamma_2)$$
$$+ \beta_3 \ln GDP_{it} + \beta_4 \ln IND_{it} + \beta_5 \ln RD_{it} + \beta_6 \ln FDI_{it}$$
$$+ \beta_7 \ln REG_{it} + \varepsilon_t \qquad (9-9)$$

其中，$I(\cdot)$ 为示性函数，q_{it} 表示门限变量，$\gamma_i (i=1, 2)$ 为待估计的门限值，其他变量的含义不变。门限回归模型采用面板固定效应模型方法对门限值和参数值进行估计。得到门限估计值后，需进一步利用自举法（Bootstrap）模拟似然比检验 F 统计量的渐进分布及其临界值（重复1000次），以检验门限效应的显著性和门限估计值的真实性。

对于是否存在"门限效应"，可以检验原假设：$H_0: \beta_1 = \beta_2$。在此约束下所得到的残差平方和记为 SSR^*，无约束的残差平方和记为 $SSR(\hat{\gamma})$，且 $SSR^* > SSR(\hat{\gamma})$。如果接受原假设，则不存在门限效应；若拒绝原假设，则表明存在门限效应。$[SSR^* - SSR(\hat{\gamma})]$ 越大，则越倾向于拒绝原假设。

对门限估计值的真实性检验，可以利用似然比检验统计量 $LR(\gamma)$ 来计算 γ 的置信区间：$LR(\gamma) = \left[SSR(\gamma) - SSR(\hat{\gamma})/\sigma^2\right]$，其中，$\hat{\sigma}^2 = SSR(\hat{\gamma})/n(T-1)$ 为对扰动项方差的一致估计。

上文只介绍了单门限模型的设置和估计方法，双门限模型与多门限模型与之类似。限于篇幅，不再赘述。

2. 变量选取及数据处理

本章选取了 2003~2012 年中国 279 个地级市的面板数据，[①] 原始数据主要来自历年《中国城市统计年鉴》。所有货币量均按相关价格指数调整为可比价格，基期为 2003 年。变量的经济含义说明如下：

（1）污染排放指标（pol_{it}）：选取各地级市工业 SO_2 排放量以衡量其环境污染状况。

（2）相对专业化集聚指数（MAR_{it}）：对专业化集聚水平的衡量，具有代表性的有区位熵指数等。为了去除宏观层面的比较优势对地区专业化程度的影响，且便于城市间的横向比较，本章采用相对专业化指数测算城市专业化集聚水平。

$$MAR_{it} = \max_j (s_{ij}/s_j) \qquad (9-10)$$

其中，s_{ij} 是城市 i 产业 $j(j=1, 2, 3, 4)$ 的就业人数占城市 i 总就业人数的比重，s_j 是产业 j 的就业人数占全国总就业人数的比重。具体而言，选取工业中所包括的三个行业进行指标的测算，即采矿业，制造业，电力、燃气及水的生产和供应业。相对多样化集聚指数的测算与此相同。

（3）相对多样化集聚指数（JAC_{it}）：为了与相对专业化指数对应，本章选用相对多样化集聚指数：

$$JAC_i = 1/\sum_j |s_{ij} - s_j| \qquad (9-11)$$

s_{ij} 和 s_j 的含义同上。该指数越大，表明城市的产业多样化程度越高。

（4）控制变量：经济发展水平（GDP_{it}）：选用人均 GDP 衡量，并用中国各省份的历年的居民消费价格指数（CPI）进行相应的价格平减，其中

---

① 在样本的时间窗口内，中国地级市的行政区划发生了些微的变化，为了统一口径，本章剔除中卫市、陇南市、巢湖市、毕节市、铜仁市和三沙市。由于拉萨市的数据缺失严重，故将其剔除。另外，为了保证样本间的可比性，北京、天津、上海和重庆 4 个直辖市亦予以剔除。279 个地级市中，数据缺失的样本均运用统计方法进行了缺失值处理。

CPI 数据来源于中经网数据库。产业结构特征（IND_{it}）：用城市第二产业产值占该市 GDP 的比重表示。研发投入（RD_{it}）：基于数据的可得性，选取地方财政预算支出中科学技术支出的比重来衡量。外商直接投资（FDI_{it}）：选用当年实际使用外资额[①]占城市 GDP 的比重来衡量。环境规制强度（REG_{it}）：用 SO_2 去除率表示。[②]

三、计量结果及分析

本章对上文中构建的计量模型（9－7）、计量模型（9－8）和计量模型（9－9）分别进行内生性检验。结果表明，计量模型（9－7）和计量模型（9－9）存在内生性，而计量模型（9－8）通过了显著性检验，即不存在内生性。为了消除内生性给估计结果带来的偏误，本章采用两步 GMM 方法对计量模型（9－7）进行估计，而对计量模型（9－9）进行被解释变量滞后一期处理。

1. 线性模型回归结果及分析

当变量存在内生性问题时，OLS 的估计结果会有偏误，而两步 GMM 估计不仅能有效解决内生性的问题，还能同时处理个体效应的影响，使估计结果更加准确。本章使用内生变量的滞后一期和滞后二期作为工具变量。回归结果如表9－4所示。

表9－4　　　　　　　　　线性模型回归结果（计量模型9－7）

（1）两步（Two－Step）GMM 回归结果							
变量	lnMAR	lnJAC	lnGDP	lnIND	lnRD	lnFDI	lnREG	c
估计结果	－ 0. 0118 （0. 0340）	－ 0. 5923 *** （0. 0543）	0. 3746 *** （0. 0422）	0. 3241 *** （0. 1127）	－ 0. 1344 *** （0. 0232）	－ 0. 0297 * （0. 0171）	0. 0279 ** （0. 0142）	－ 1. 8819 *** （0. 5477）

Hausman 检验：Chi2（8）= 18. 96（P = 0. 0151）R_2 = 0. 2438

---

①　FDI 的原始单位为百万美元，利用 2003～2012 年的中美年均汇率换算为以人民币为货币单位的相应数值，再进行计算。

②　《中国城市统计年鉴（2004～2011）》公布了工业 SO_2 的排放量和去除量的数据，因此，SO_2 去除率 = SO_2 去除量/（SO_2 排放量 + SO_2 去除量）；而 2012～2013 年的年鉴中公布了工业 SO_2 的排放量和产生量，相应地，SO_2 去除率 =（SO_2 产生量 － SO_2 排放量）/SO_2 产生量。

			(2) 固定效应回归结果				
变量	ln*MAR*	ln*JAC*	ln*GDP*	ln*IND*	ln*RD*	ln*FDI*	ln*REG*	c
估计结果	0.0609 (0.0417)	−0.0869* (0.0515)	0.2046*** (0.0290)	0.2028* (0.1090)	−0.0215*** (0.0060)	−0.0014 (0.0124)	−0.0606*** (0.0088)	−0.6177 (0.3938)
Hausman 检验: Chi2 (8) = 53.08 (P = 0.0000) R_2 = 0.1831								

注: (1) 括号里的数字代表标准差; (2) ***、**和*分别表示在1%、5%和10%的水平上变量显著。

表9 - 4 给出了分别用两步 GMM 方法和传统面板回归方法的估计结果。该结果验证了无论是拟合优度还是参数估计的显著性,两步 GMM 方法均优于固定效应模型。由表9 - 4 的估计结果可知:就本章所关心的产业集聚指标而言,相对专业化指数与环境污染负相关,但并未通过显著性检验;相对多样化指数亦与环境污染负相关,且在1%的显著性水平下显著,影响系数为 - 0.5923,表明多样化集聚能够作为促进污染减排的有效手段。可见,基于环境保护的视角,线性模型的估计结果更加支持多样化集聚的发展模式。

专业化集聚有两类,一类是以一家或少数几家大型国有企业为主导的,由于其垄断地位而普遍缺乏创新激励,加之其较大的市场势力易与政府形成制衡之势,地方政府可能因为利益驱使而放松环境管制;另一类则主要是由同质化的中小企业组成的,以加工贸易、为外资企业贴牌生产为主,彼此临近、易于模仿,但缺乏广泛的前后向联系(张公嵬和梁琦,2010),这种"企业扎堆"的现象并非真正意义上的产业集聚,反而会导致重复建设、产能过剩和能源过度消耗。因此,专业化集聚尚未有效发挥减排效应。而多样化集聚更能充分发挥竞争效应,其中市场规律在资源配置中发挥了主要作用。企业为了提高竞争力而努力降低能源消耗和边际治污成本,而激烈的竞争将驱使企业间进行联盟合作,使企业间的环境技术外溢更加显著,大大提高环境创新的效率而降低了创新风险,因此能够显著促进污染减排。

经济规模和产业结构均为造成环境污染的主要因素,这是因为传统重化工业在经济发展中仍占有重要地位,中国已形成的高污染、高能耗的经济发展模式以及能源驱动的产业格局尚未改变。研发投入与环境污染负相关,影响系数为 - 0.1344,再次证明了技术进步在污染减排中的关键作用。FDI 亦与环境污染负相关,影响系数为 - 0.0297,表明中国并未成为发达国家的

"污染避难所"。环境规制强度与环境污染正相关，这一结果与预期不符。这在一定程度上反映了中国现有环境规制体系尚不完善，规制强度普遍偏低，各地企业超排、偷排现象屡禁不止，并未有效促进污染减排。

2. 面板门限模型回归及结果分析

（1）门限效应检验。根据门限回归模型的原理可知，门限变量既可以是模型中的解释变量，也可以是其他的独立变量。门泽尔和福尔纳（Menzel & Fornahl，2009）指出产业集聚的演化发展可以从"量"和"质"两个维度进行衡量。"量"是指集群内的企业数量、就业人数等；"质"则指集群内知识、技术的多样性。由于"质"的维度难以定量测度，本章将从"量"的维度选取能够衡量集聚发展阶段变迁的指标。根据空间经济学理论，新企业在城镇选址的目的是获取集聚经济效益，其结果是随着企业数量的不断增多，城镇规模也越来越大（孙祥栋等，2015）。因此，产业集聚是城镇产生和发展的主要驱动力，并决定了城市的规模（Au & Henderson，2006）。基于此，本章将城市规模的变迁视作产业集聚发展阶段演化的外在表现，选取城市人口数量作为门限变量，分别对单门限、双门限和三门限模型进行显著性检验，结果如表9-5所示。

表9-5   门限效应检验结果

门限检验	门限变量：城市规模（lncitypop）			
	计量模型（9-8）		计量模型（9-9）	
	LM 检验统计量	门限值	LM 检验统计量	门限值
单门限	82.3136	5.7982**	122.0056	5.7982**
双门限	27.1978	6.0526	68.6356	4.6570**
三门限	17.6725	6.4369	47.2448	5.6744**

注：***、**和*分别表示在1%、5%和10%的水平上变量显著。

由表9-5可知，计量模型（9-8）通过了单门限检验，城市规模（lncitypop）的LR统计量为82.3136，对应的Bootstrap-P值为0.0433，表明城市规模在5.7982处存在且仅存在单一门限，将样本内生性地分为两组；计量模型（9-9）通过三门限检验，lncitypop的LR统计量为47.2448，对应的 Bootstrap - P 值为 0. 0167，表明存在 3 个门限值，分别为 4. 6570、5. 6744 和 5. 7982，可将样本分为 4 组。

（2）面板门限回归结果及分析。表 9 - 6 报告了面板门限模型的回归结果。计量模型（9 - 8）中，专业化集聚与环境污染之间呈现一种"U"型关系，表明了专业化集聚对环境污染产生了先抑制后促进的作用，且在城市人口为 329. 7056 万人①处出现拐点。当城市人口数量小于等于 329. 7056 万人时，表明专业化集聚尚处于初步形成或成长阶段，有利于降低污染排放，影响系数为 - 0. 1846；当城市人口数量跨越 329. 7056 万人这一门限值后，专业化集聚规模不断扩张，演化至成熟或衰退阶段，此时对环境污染的影响系数变为 0. 1971，表明随着集聚规模的继续扩大，专业化集聚的"拥塞效应"超过集聚效应，增加了污染排放。这是因为，首先，在专业化集聚从形成到成长、成熟的发展过程中，集群内的资源配置不断优化，并吸引人才的集聚，为环境创新和技术创新带来了丰富的知识供给。人才之间的沟通、交流与合作促进了知识的溢出，尤其是企业环保知识和环保技术的外溢，有助于激发"创新补偿"效应。其次，专业化集群内相同产业的生产活动将产生相同或相似的污染物，因此公共治污设施可实现污染治理的专业化操作和规模效应。此时，专业化集聚的集聚效应占主导地位，充分发挥了其环境正外部性。

表 9 - 6   面板门限模型回归结果

变量	计量模型（9 - 8）		计量模型（9 - 9）		
lnMAR	$\mathrm{ln}citypop \leqslant 5.7982$	- 0. 1846 *** （0. 0626）	lnJAC	$\mathrm{ln}citypop \leqslant$ 4. 6570	- 1. 3032 *** （0. 1360）
				4. 6570 < $\mathrm{ln}citypop \leqslant$ 5. 6744	- 0. 2707 *** （0. 0727）
	$\mathrm{ln}citypop > 5.7982$	0. 1971 *** （0. 0610）		5. 6744 < $\mathrm{ln}citypop \leqslant$ 5. 7982	- 0. 8323 *** （0. 0843）
				$\mathrm{ln}citypop > 5.7982$	0. 1434 * （0. 0779）
lnGDP	0. 0185 （0. 0156）		0. 0474 *** （0. 0143）		

① $\mathrm{ln}citypop = 5.7982$，故 $citypop = e^{5.7982} = 329.7056$（万人），下同。

变量	计量模型（9-8）	计量模型（9-9）
lnIND	0.2867 *** (0.1007)	0.9531 *** (0.0918)
lnRD	−0.0450 *** (0.0081)	−0.0483 *** (0.0061)
lnFDI	0.0018 (0.0085)	0.0080 (0.0079)
lnREG	−0.0555 *** (0.0091)	−0.0127 (0.0083)

注：（1）括号里的数字代表稳健标准差；（2）***、**和*分别表示在1%、5%和10%的水平上变量显著。

然而，集群内的各类资源都是有限而稀缺的，其承载能力亦不是无限扩大的。当集聚达到一定规模时，区内企业数量趋于饱和，进一步的扩张将使集群内的资源供给出现短缺，"拥塞效应"开始占主导地位。此时，集群规模接近极值，不断扩张的生产规模必然将产生更多的污染，但公共治污设施逐渐成为稀缺资源而导致企业间的过度竞争，新的设施又不可能在当期就迅速扩建，企业的治污成本上涨导致"偷排""超排"行为增多。另外，集聚效应的外部性开始逐渐减弱。在短期内，人们之间的交流有利于知识的传播和获得，但在长期内，同样一群人的集聚，有知识同化的倾向，所以时间将削弱知识外部性（梁琦，2005）。此时，企业为了生存而更可能增加产品创新或生产技术的研发投入，环境技术的创新活动则极有可能因资金短缺而被迫停止。因而，专业化集聚的环境正外部性逐渐被环境负外部性所抵消，表现为其对环境污染的影响由抑制作用变为促进作用。

多样化集聚演化的阶段性特征对环境污染的影响更加复杂。计量模型（9-9）的估计结果显示，四组子样本中多样化集聚指标的估计系数具有显著差异。当 $citypop \leqslant 105.3196$ 万人时，多样化集聚与环境污染呈负相关，影响系数为 −1.3020；当 $citypop \in [105.3196, 291.3135]$ 时，多样化集聚依然对环境污染产生抑制作用，但影响系数变为 −0.2707；当城市人口规模跨越第二个门限值而落入（291.3135，329.7056）区间时，多样化集聚对环境污染的抑制作用显著回弹，影响系数变为 -0.8323；当 *cItypop* $>$ 329.7056 万人时，多样化集聚对环境污染的影响方向发生突变，由抑制作用变为促进作用，影响系数为 0.1434。

当城市规模较小，即落入 ［0，105.3196］ 的区间时，多样化集聚正处于初步形成阶段，集群内的企业数量较少，企业间的合作关系和上下游关联未形成，尚不存在完整的价值链条。因此，较小的生产规模意味着较低的污染排放水平。此时，基础的污染治理设施或最先迁入集群内的环保企业足以满足这一阶段的治污需求。最先进入集群的企业获得了先动优势和超额利润，强烈吸引着外部厂商的进入。随着不同行业的企业数量不断增加，多样化集群的规模加速扩张，集聚效应逐渐显现。该阶段中，多样化集聚依然具有正的环境外部性，企业间逐渐频繁的交流和技术合作加速了知识溢出。西科恩（Ciccone，2002）指出，跨行业的知识外溢效应往往是重大创新的主要原因。因此，这一阶段的技术创新效率显著提高。然而，生产规模的扩大必然伴随污染排放量的攀升，而技术创新的成果转化存在一定的时间滞后，加之技术进步可能产生的"回弹效应"（Rebound Effect），即技术进步会扩大生产规模，进而间接带动能源消耗攀升，使技术进步的节能减排效应具有不确定性（Khazzoom，1980）。上述因素的综合作用，导致该阶段多样化集聚对减排的积极影响被大大削弱。

随着多样化集聚规模的进一步扩大，集聚效应带来的超额利润逐渐下降，企业数量增加的速度放缓，集聚规模趋于稳定，污染排放量亦收敛于某一特定值域。首先，企业之间在长期的竞争与合作中经过频繁的交流和人员流动，形成了特定的协同创新路径，且经过前一时期高效率的技术创新和积累，此时集群内已具有相对成熟和先进的技术，包括清洁生产技术和污染治理技术。其次，经过长期的发展，集群内的支持性产业已逐步完善，尤其是提供专业环保服务的企业。因此，多样化集聚已不仅限于公共治污设施的共享，而是形成了专门的环保产业，以进行专业化的污染治理，治污效率有了显著提高。最后，集群内不同类型企业间的关联更加密切，甚至呈现出了共生状态，一个企业产生的废弃物可能恰好是另一个企业生产所必需的原材料或中间投入品，因而可以在集群内形成闭合的物质流，实现废弃物的循环利用。

集群容量的渐进饱和将产生一系列的负外部性，如劳动力成本上涨、土地资源稀缺和环境污染等（Phelps & Ozawa，2003）。此时，"拥塞效应"逐渐超过集聚效应而占据主导地位。出于对有限资源的恶性竞争，原有的集聚企业将阻止新企业的进入和成长，以防止集群规模的进一步扩大。这种自阻碍机制同时阻止了新技术和新知识的进入，将集群结构、知识溢出和技术创新等锁定在特定的路径上，企业只能接受过时的技术和知识（Martin & Sunley，2006），而失去了获得突破原有发展路径的机会，多样化集聚逐渐走向衰退。此时，多样化集聚的环境负外部性最终抵消其正外部性，环境质量开始恶化。

四、主要结论

随着中国市场经济体制的逐步完善和改革开放的不断深入，产业集聚成为拉动国民经济高速增长的重要发展模式。与此同时，中国的环境质量趋于恶化。2012年以来，在全国范围内集中爆发的严重雾霾天气，以及频频曝光的恶性污染事件，使中国的环境压力越来越大。因此，产业集聚发展的环境外部性问题逐渐得到了学者们的关注。本节利用2003～2012年中国279个地级市的面板数据，在区分专业化和多样化集聚的基础上，从产业集聚动态演化的视角研究了集聚发展阶段变迁对污染减排的差异化影响。本节的结论如下：

（1）两步GMM的估计结果表明，专业化集聚对环境污染的影响不显著，而多样化集聚能够有效促进污染减排。因为多样化的产业在地理空间的融合具有更显著的竞争效应，企业为了提高竞争力会努力降低能源消耗和边际治污成本；知识在互补产业间的溢出激发了不同主体之间知识的碰撞，增加了创新产出，更有助于"创新补偿"效应的实现。可见，基于环境保护的视角，多样化集聚的发展模式优于专业化集聚的发展模式。

（2）专业化集聚与环境污染之间呈"U"型关系，即专业化集聚对环境污染产生了先抑制后促进的作用。当专业化集聚处于形成或成长阶段时，集群内环保知识、技术的外溢和集体学习，大大提高了清洁生产技术和节能治污技术的水平，而公共治污设施的共享实现了污染治理的规模效应。此时，专业化集聚有利于污染减排。当专业化集聚进一步演化、扩张，区内资源供给出现短缺，"拥塞效应"超过集聚效应，专业化集聚的环境正外部性就会逐渐被负外部性所抵消。

（3）多样化集聚的阶段性演化对环境污染的影响更为复杂。当集聚初步形成时，较小的生产规模意味着较低的污染排放水平，因此，基础的治污设施足以满足此时的需求；集聚规模的加速扩张导致污染排放量大幅攀升，加之技术进步可能产生的"回弹效应"，虽然仍具有环境正外部性，但其减排效应被大大削弱；随着集聚规模趋于稳定，污染排放量亦收敛于某一特定值域。此时，由于成熟的技术、专业的环保产业以及多样化产业间形成的物质循环系统等因素的综合作用，多样化集聚对污染的抑制作用再次得到了充分发挥；最终，当集群的容量接近饱和，过时的技术和僵化的结构将集聚锁定在既已形成的发展路径中，多样化集聚的衰退不可避免地导致了环境质量的恶化。

第十章

污染减排对中国工业结构升级的倒逼机制

第一节　研究背景与问题提出

自 20 世纪 90 年代以来，中国经济的高速增长令世界瞩目，而伴随经济高速发展而产生的日趋严峻的挑战是经济发展方式的不合理、产业结构调整的滞后和对生态环境的破坏。中国正处于工业化深度发展和城镇化加速发展的关键时期，对重化工业有着强烈的刚性需求，加之对资源投入的依赖以及清洁技术的落后，使环境污染问题尤为突出，严重阻碍了中国经济和社会的可持续发展。为了治理环境污染，中国政府制定了一系列的环境政策，并配合产业政策，将产业结构调整作为污染减排的重要手段之一，包括产业价值链升级和产业结构升级。但问题的关键在于：一方面，在经济增速的刚性约束下，产业结构调整的过程将非常缓慢，且缺乏有效抓手；另一方面，以污染减排为目的产业结构调整也有一定的承受限度，若只关注环境目标，可能会造成严重的经济损失。此外，中国目前产业结构高耗能、高排放的特点，不仅未能促进污染减排的实现，甚至还是造成严重污染的重要原因之一。那么，如何实现产业结构调整和污染减排的双重目标，走出环境问题的两难困境？传统的污染治理思路并未对污染减排与产业结构调整之间的关系给予深入的思考和足够的关注。

自美国学者格罗斯曼和克鲁格（Grossman & Krueger，1991）将环境污染的影响因素分解为经济规模效应、结构效应和技术效应的重要研究成果发表以来，国内外众多学者就产业结构调整与环境污染治理的关系进行了深入的研究，但研究结论莫衷一是。首先，众多学者的研究显示产业结构调整并未促进减排，反而是加剧污染排放的直接驱动因素，总体上加重了环境污染（Shandra et al.，2008；黄菁，2009；许统生和薛智韵，2011）。张友国（2010）更具体地测算出：三次产业结构、三次产业内结构及制造业内结构的变化分别导致碳排放强度上升了2.5%、1.02%和3.85%。切尔尼坎（Cherniwchan，2012）利用两部门的新古典增长模型检验了工业化对环境质量的影响。结果表明，工业化进程是污染排放增加的显著影响因素，社会生产总投入在工业部门的份额每增加1%，将引致污染排放强度相应增加11.8%。另有学者表明，产业结构调整的减排效应并不显著，技术进步才是实现减排的主要因素（Bruvoll & Medin，2003；高辉，2009；逯元堂等，2011）。但艾成华（2011）进一步指出，减排应依靠技术进步效应，但技术效应是有限的，我们依然不能停止结构调整的步伐。与上述两种观点不同，许多文献证实了产业结构调整对污染减排的有效促进作用。亚利尔和费里敦姆（Jalil & Feridum，2011）认为工业比重的降低、金融行业的发展可降低碳排放，因为金融行业的快速发展可为引进新的环保技术及设备提供投资资金。也有学者测算出产业结构调整对实现污染减排的贡献率约为20%（Tao et al.，2010）。傅京燕（2009）认为产业结构较小的变动亦能引起产业平均污染密度的较大变化。蔡圣华等（2011）估算了纯产业结构变动对碳排放强度的影响，结果表明重化工业比重的降低和第三产业比重的提高，将促进二氧化碳排放强度的降低。综上可知，大部分文献均假定了产业结构调整影响污染减排的简单的单向关系。陆菁（2007）提出可将污染减排政策作为一种有效的倒逼机制，成为推动产业结构调整的有力抓手，然而鲜有文献对此进行有效的论证。

那么，中国的污染减排对产业结构调整的倒逼机制是否存在？若存在，该倒逼机制又是如何传导和发挥作用的？两者之间是线性关系还是非线性关系？政府又该如何有效利用污染减排政策倒逼产业结构的动态调整？产业结构调整和污染减排能否实现互动共赢？就上述问题的科学分析和实证研究，对于中国深挖污染减排的潜力空间、合理制定污染减排政策和产业结构调整政策以实现污染减排与产业结构调整的"双赢"具有重要的理论价值和实践意义。

第二节　污染减排与产业结构调整的
双向动态作用机制研究

选取产业结构调整与污染减排双向互动的视角，本节将运用我国 1992 ~ 2010 年①28 个省份（除西藏、重庆、海南及港澳台地区）的面板数据，通过格兰杰（Granger）因果检验和面板 VAR 模型的构建，实证探究污染减排与产业结构调整之间的双向动态影响机制。

一、研究方法与数据说明

1. 模型设置

运用面板 VAR 模型分析产业结构调整与污染减排之间的关系。模型构建如下：

$$ISR_{i,t} = \alpha_0 + \alpha_1 DGAS_{i,t} + \alpha_2 INV_{i,t} + \eta_i + \theta_i + \varepsilon_{i,t} \qquad (10-1)$$

其中，i 表示省份，t 表示年份，$y_{i,t}$ 包含三个向量，分别是产业结构升级率（ISR）、工业废气减排量（DGAS）和治理工业污染项目投资额（INV）。其中，ISR 由第三产业产值与第二产业产值的比率得到，DGAS 由工业废气前一年的排放量与当年排放量之差得到。同时考虑到产业结构升级率、污染物减排量和治理工业污染项目投资额存在区域差异性，本节在模型中引入了代表地区固定效应的变量 η_i，表示可能遗漏的与地区特征相关的因素。θ_i 代表时间效应，用以解释变量的时间趋势特征。$\varepsilon_{i,t}$ 为随机扰动项。

2. 数据处理

根据数据的可得性和代表性，选取 28 个省份 1992 ~ 2010 年的面板数据。由于各省份治理工业污染项目投资额（INV）的统计数据从 1998 年才

---

① 基于本节的研究目标，这一时间区间的样本数据选择较为具有代表性，因其既涵盖了 20 世纪 90 年代以来中国经济结构及产业结构调整的重要时期，亦包含了"十一五"时期（2006 ~ 2010 年），这是中国环境污染治理的重要转折，"十一五"期间，在科学发展观的指导下，节能减排第一次作为约束性指标，成为中国经济社会发展的重要的"指挥棒"。下一节的实证研究中，样本数据时间窗口的选择依据与之同理。

有记录，因此 1989 ~ 1997 年的数据使用 1998 ~ 2000 年各省份 INV 占全国 INV 的平均比重，与 1989 ~ 1997 年全国 INV 的乘积进行估算而来。为了平滑时间序列的影响，本节对各省份的 INV 数据进行了对数化处理，用 LINV 表示。所有数据均来自历年的《中国统计年鉴》和中经网数据库。

二、实证结果与分析

1. 面板单位根检验

为了检验各变量的平稳性，我们首先进行面板单位根检验。进行检验时，根据截面个体自回归系数是否相同，可以分为两类：一类假设所有个体均有相同的自回归系数，即对所有的截面 i 均有 $|\rho_i| = \rho$，如 Levin – Lin – Chu（LLC）、Breitung、Hadri 检验；另一类假设不同截面均有不同的自回归系数，包括 Im – Pesaran – Shin（IPS）、Fisher – ADF、Fisher – PP 等检验方法。我们采用 LLC 和 Fisher – ADF 两种检验方法分别对三个变量进行检验。检验结果见表 10 – 1。

表 10 – 1　　　　　　　　　各变量的面板单位根检验结果

变量名	检验方法	
	LLC	Fisher – ADF
ISR	− 0. 9550 (0. 1698)	69. 8520 (0. 1010)
ISR（− 1）	− 9. 1381 *** (0. 0000)	179. 6870 *** (0. 0000)
DGAS	− 0. 6553 (0. 2561)	125. 8640 *** (0. 0000)
DGAS（− 1）	− 12. 8881 *** (0. 0000)	385. 7300 *** (0. 0000)
LINV	− 0. 0835 (0. 4667)	58. 9048 (0. 3697)
LINV（− 1）	− 14. 6962 *** (0. 0000)	317. 252 *** (0. 0000)

注：（1）括号内是对应统计检验的 P 值；（2） *** 、** 和 * 分别表示在 1% 、5% 和 10% 的水平上变量显著。表 10 – 2、表 10 – 3 同。

由上述检验结果可知，LLC 和 Fisher – ADF 两种检验方法的结果一致：在 1% 和 5% 显著性水平下，拒绝没有单位根的原假设，即 ISR、DGAS 和 LINV 原序列均为非平稳序列。但在 1% 显著性水平下，各变量一阶差分序列均平稳，即 3 个变量均为一阶单整 I (1)。

2. 面板协整及因果检验

（1）面板协整检验。面板协整检验方法是将传统的协整检验方法推广到面板数据上。协整检验的基本思想是对于不平稳的时间序列，如果它们之间的线性组合可以构成平稳序列，则这些时间序列之间存在着协整关系。下面我们采用佩德罗尼（Pedroni，2000；2004）提出的面板协整检验方法对我们的数据进行检验。

佩德罗尼（Pendroni）构造了七个统计量，其中 Panel V、Panel Rho、Panel PP、Panel ADF 四个统计量假设不同的截面具有相同的自回归系数，Group Rho、Group PP、Group ADF 三个统计量假设不同的截面具有不同的自回归系数。为了使变量单整阶数统一，运算中均使用一阶单整序列。对三个变量进行长期协整关系检验，结果见表 10 – 2。

表 10 – 2　　　　　　　　各变量的面板协整检验结果

统计量	Panel V	Panel Rho	Panel PP	Panel ADF	Group Rho	Group PP	Group ADF
检验结果	– 2. 9508 *** (0. 0051)	6. 8498 *** (0. 0000)	5. 2915 *** (0. 0000)	8. 2151 *** (0. 0000)	9. 1128 *** (0. 0000)	6. 4583 *** (0. 0000)	10. 3411 *** (0. 0000)

由表 10 – 2 可知，佩德罗尼（Pedroni）的各统计量在 1% 的显著性水平上均可拒绝原假设，表明变量 ISR、DGAS 和 LINV 之间存在一个平稳的线性组合，即产业结构升级率、工业废气减排量和治理工业污染项目投资额之间存在一个长期的稳定关系。

（2）格兰杰因果检验。产业结构升级率、工业废气减排量和治理工业污染项目投资额之间存在长期的协整关系，并无法说明变量间是否存在因果关系，亦无法判断因果关系的方向。因此需要进一步对这些变量进行格兰杰因果检验。

面板格兰杰因果检验需借助面板误差修正模型来实现，把每一个变量分别作为解释变量和被解释变量依次进行估计，依据模型的估计结果判断变量之间是否存在因果关系，以及因果关系的方向。若参数估计显著，表明变量之间具有格兰杰因果关系；若不显著，则不具有格兰杰因果关系。面板误差修正模型构建如下：

$$ISR_{i,t} = c + \sum_{j=1}^{k} \theta_{1j}ISR_{i,t-j} + \sum_{j=1}^{k} \gamma_{1j}x_{i,t} + \sum_{j=1}^{k} \phi_{1j}x_{i,t-j} + \mu_{1it} \quad （10-2）$$

$$x_{i,t} = c + \sum_{j=1}^{k} \theta_{2j}ISR_{i,t} + \sum_{j=1}^{k} \gamma_{2j}ISR_{i,t-j} + \sum_{j=1}^{k} \phi_{2j}x_{i,t-j} + \mu_{2it} \quad （10-3）$$

式（10-2）和式（10-3）中，$x_{i,t}$ 依次表示变量 $DGAS$ 和 $LINV$。检验结果见表10-3。

表10-3　　　　　　　　　面板误差修正模型检验结果

自变量	因变量为 ISR		自变量	因变量为 $DGAS$	
	系数	P 值		系数	P 值
ISR （-1）	1.0283 ***	0.0000	ISR	-6.14E-12 ***	0.0000
$DGAS$	5.93E-06 ***	0.0001	ISR （-1）	6.76E-12 ***	0.0000
$DGAS$ （-1）	4.32E-06	0.0104	$DGAS$ （-1）	1.0000 ***	0.0000

自变量	因变量为 ISR		自变量	因变量为 $LINV$	
	系数	P 值		系数	P 值
ISR （-1）	0.9319 ***	0.0000	ISR	0.1762	0.1557
$LINV$	-0.0364 **	0.0337	ISR （-1）	-0.2610 **	0.0337
$LINV$ （-1）	0.0136	0.4170	$LINV$ （-1）	0.8382 ***	0.0000

由表10-3可知，以 ISR 为因变量进行估计时，$DGAS$ 一阶差分项的系数在1%的显著性水平下显著；$DGAS$ 为因变量时，ISR 一阶差分项的系数也在1%显著性水平下显著，表明产业结构升级率和工业废气减排量互为格兰杰原因。以 ISR 为因变量，$LINV$ 为自变量时，$LINV$ 的一阶差分项在1%和5%显著性水平下均不显著，表明 $LINV$ 并非 ISR 的格兰杰成因；以 $LINV$ 为因变量时，ISR 一阶差分项的系数显著，表明 ISR 是 $LINV$ 的格兰杰成因。因此，ISR 与 $LINV$ 之间仅存在单项格兰杰因果关系。

（3）检验结果分析。将上述协整检验结果和格兰杰因果检验所得因果关系方向结合起来分析，可以得到如下结论：

第一，产业结构升级率与工业废气减排量在长期内存在稳定的协整关系，并且产业结构升级率作为工业废气减排量的格兰杰成因，能够显著影响工业废气的减排，同时工业废气减排量亦成为了显著影响产业结构升级率变动的原因。这表明产业结构调整与工业减排之间并非简单的单向关系，而是复杂的双向互动关系。一方面，通过产业结构的调整升级，降低第二产业，尤其是污染密集型工业的比重，鼓励落后工业企业的转型和升级，同时扶持第三产业的发展，推动知识集约、技术集约的生产者服务业的快速增长，加速完成主导产业由第二产业向第三产业的更替，则可顺利实现污染减排；另一方面，污染减排亦可作为产业结构调整的重要抓手，充分发挥污染减排的潜在激励作用，通过减排标准及减排任务的合理制定，亦可改变企业面临的需求结构、供给结构和成本支出，从而影响企业的行为选择，使污染密集型产业或被迫淘汰，或技术升级，或产业转型，而"清洁型"的高端制造业和现代服务业比重不断提高，最终实现对产业结构调整的有力撬动。

第二，产业结构升级率与治污投资额之间亦存在长期稳定的协整关系，其中产业结构升级率可影响治污投资额的变动，而治污投资额并非产业结构调整的格兰杰成因。这是因为，面对减排压力时，企业首先会利用污染治理投资进行工程减排或管理减排，若这些措施足以使企业完成减排任务，企业则不必也不会采取结构减排的手段，因此污染治理投资无法促进产业结构变动；相反，当企业的减排压力由外生转变为内生而不得不进行结构减排时，产业结构的优化调整将从源头上根本性地实现减排，从而影响企业用于污染治理的投资分配。因此，产业结构升级率是治污投资额的单向格兰杰成因。

3. 面板 VAR 估计与脉冲响应分析

面板向量自回归（PVAR）主要由三个部分组成：第一是面板矩估计（GMM），说明变量之间的回归关系；第二是脉冲响应，观察变量对冲击的反应情况，以分析变量间的动态关系；第三是误差项的方差分解，分析误差项的影响因素大小。由于本节的目的是检验污染减排与产业结构调整的互动关系，因此将着重进行面板矩估计和脉冲响应分析。

（1）面板 VAR 的估计。根据 AIC 和 SIC 最小准则，本节选择滞后 2 阶的 PVAR 模型。根据式（10 - 1）设定的模型，对面板 VAR 进行估计，结果见表 10 - 4。

表 10 - 4   面板 VAR 模型估计结果

自变量	ISR		DGAS		LINV	
	α	t	α	t	α	t
ISR（-1）	1.1740	23.1533	-205.5460	-0.1467	-0.7444	-5.6574
ISR（-2）	0.0403	0.4640	3380.3480	1.4070	0.6848	3.0346
DGAS（-1）	1.26E-06	0.7089	-0.2810	-5.7000	-6.46E-06	-1.3942
DGAS（-2）	3.07E-07	0.1462	-0.1804	-3.1099	-5.95E-06	-1.0925
LINV（-1）	0.0327	1.7654	-775.3988	-1.5167	0.5991	12.4762
LINV（-2）	-0.0318	-1.4660	-941.2719	-1.5685	0.1628	2.8882

根据表 10 - 4 的估计结果，*ISR* 滞后一期对 *DGAS* 具有负向影响，而 *ISR* 滞后二期对 *DGAS* 的影响则为正，表明产业结构调整对废气减排的影响随着滞后期的推移发生转折，由抑制作用逐渐转变为促进作用，且从数值变化可知，促进作用大幅增加。*DGAS* 滞后一期和滞后二期对 *ISR* 的影响始终显著为正，表明废气减排对产业结构调整起到了显著的促进作用；但其系数值较小，说明促进作用较为有限。

ISR 滞后一期对 *LINV* 具有负向作用，*ISR* 滞后二期对 *LINV* 的影响则变为正向作用，表明随着滞后期的推移，产业结构调整对治污投资额的影响由抑制作用变为促进作用。*LINV* 滞后一期对产业结构升级的影响为正，表明治污投资额的增加有助于促进产业结构调整；而 *LINV* 滞后二期对产业结构调整的影响变为负。*ISR* 与 *LINV* 之间的相互作用为非对称关系。

（2）脉冲响应分析。脉冲响应函数是用来衡量随机扰动项一个标准差的冲击对其他变量当前和未来取值的影响轨迹，能直观刻画出变量之间的动态交互作用和效应，并从中判断变量间的时滞关系。本节通过给予变量一个标准差的冲击，得到了脉冲响应函数（见图 10 - 1），并给出了 95% 的置信区间。图 10 - 1 中横轴代表冲击反映的相应期数，滞后期数为 10，纵轴表示变量对于冲击的响应程度。

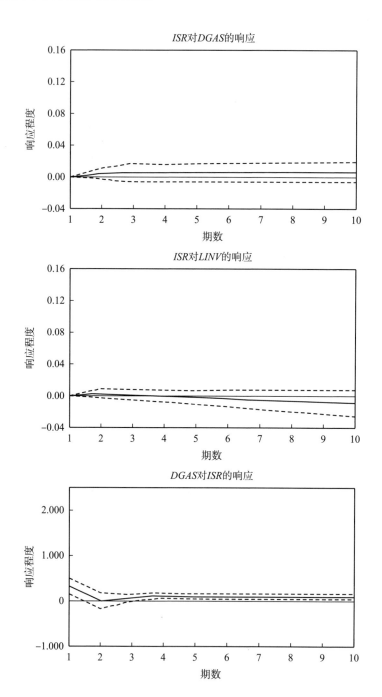

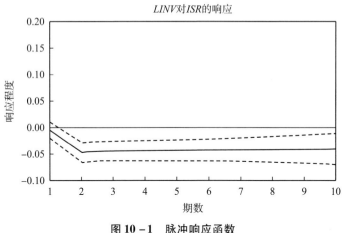

图 10 − 1 脉冲响应函数

从图 10 − 1 可以看出：第一，给工业废气减排量 DGAS 一个标准差的冲击，产业结构升级率 ISR 最初会产生较为显著的正向影响，但反应较为迟缓，在第 3 期左右达到最大值，随后在第 4 ~ 10 期趋于平缓，虽然只维持一个很小的正响应值，但趋势平稳，具有显著的持续性，说明工业废气减排可长期促进产业结构的调整。第二，给治理工业污染项目投资额 LINV 一个标准差的冲击，ISR 的反应并不十分显著。在第 1 ~ 3 期 ISR 反应迟缓并产生较小的正响应状态，但随后便变为负响应状态。说明 LINV 的变动对 ISR 的作用非常有限，且不稳定。第三，给 ISR 一个标准差的冲击，DGAS 最初会产生较为剧烈的正向影响，但随后逐渐减弱，并在第 2 期达到最小值。自第 2 期开始至第 10 期，DGAS 的响应值小幅增加，并最终趋于一个较小的正响应值，且总体上看均为正向影响。说明中国产业结构的优化调整会对工业废气减排在当期产生正向促进作用，并能够在长期内持续促进污染减排。第四，给 ISR 一个标准差的冲击，LINV 会产生显著的负向影响并逐渐增大，在第 2 期时达到最大，随后在第 2 ~ 10 期，此负响应状态趋于稳定并保持一个较为显著的负响应值。表明产业结构调整不利于治理工业污染项目投资额的增加，反倒起了抑制作用。

总体来看，一方面，污染减排可以倒逼产业结构的优化升级，且此撬动作用可长期持续，但治污投资额对产业结构调整的作用并不显著；另一方面，产业结构的调整可在一定程度上长期促进工业废气的减排，但对治污投资额却具有负向影响。

三、主要结论与政策启示

一直以来，产业结构调整对污染减排的促进作用都受到了广泛的关注，作为世界上最大的发展中国家，中国的结构减排潜力巨大。然而，产业结构调整与污染减排之间并非简单的单向关系，其亦可通过减排标准和减排政策的合理制定，充分发挥污染减排对产业结构调整的倒逼作用，形成"双赢"的发展态势。本节利用1992～2010年中国省际面板数据，通过面板格兰杰因果检验和面板VAR模型，深入分析了污染减排与产业结构调整之间的因果关系和双向动态作用机制。研究发现：（1）产业结构调整与污染减排之间具有长期稳定的双向动态关系，且产业结构升级率与工业废气减排量之间存在双向的格兰杰因果关系；而产业结构升级率是治污投资额的单向格兰杰成因。这一结论表明不仅可通过产业结构的调整解决污染问题，亦可通过污染减排标准的制定倒逼产业结构调整；但治污投资额的变化对产业结构调整无显著影响。（2）一方面，产业结构升级率对工业废气减排量的影响随着滞后期的推移发生转折，由抑制作用逐渐转变为促进作用；工业废气减排量对产业结构升级率的影响始终显著为正，但作用较为有限。另一方面，产业结构升级对治理工业污染项目投资额的影响亦由抑制变为促进作用，但两者之间的相互作用为非对称关系。（3）脉冲响应分析结果表明，一方面，工业废气减排量的冲击在一定程度上对产业结构升级率产生了正向影响，表明污染减排能够在长期内倒逼产业结构的调整，但治理工业污染项目投资额对产业结构升级率的影响并不显著。另一方面，产业结构的调整可在一定程度上长期促进工业废气减排，但对治理工业污染项目投资额却具有负向影响。

本节的研究结论蕴含着较强的政策启示：

（1）加快产业结构的"清洁化"调整。中国应进一步深化产业结构的优化调整，通过税收、财政转移支付等政策手段的使用，给予低污染、高效率、高产品附加值、高技术含量产业、环保产业等产业相应的政策优惠，以鼓励和加快"清洁型"产业的发展，并为环保产业、信息产业等新兴清洁型产业提供良好的制度环境和市场环境；同时限制高污染、低效率等污染密集型产业的发展，提高污染密集型产业的准入门槛，加快落后产能的淘汰。除此之外，还应制定相应政策鼓励企业进行自主研发和环境创新，大力扶持以知识密集、技术密集为特点的高端制造业和现代服务业的发展，促使产业结构实现合理化、高度化的调整，从源头上解决污染物的产生和排放，实现污染减排。

（2）制定与行业发展特点相适应的污染减排指标和治污投资政策。由于减排率的提高可有效倒逼产业结构的调整，因此中国应分行业、分地区逐步适度提高污染减排的标准，鼓励企业进行污染治理的技术升级，并促使企业减排成本的内部化转变，从而形成企业自发减排的激励，从微观层面促进产业结构的调整。但需要注意的是，政府要确保减排政策的强度适宜，循序渐进，制定企业可承受的减排标准，并在未来不断修改和调整，切忌盲目减排、用力过猛，否则不仅不利于倒逼产业结构的调整，更有可能陷入结构调整停滞，甚至"产业逆淘汰"（沈能，2012）的僵局。政府还应制定合理有效的污染治理投资激励政策。由于产业结构调整对污染治理投资具有抑制作用，因此政府应激励企业的治污投资决策，鼓励治污技术研发和技术改造；鼓励企业发展新能源技术，通过技术革新降低污染密集型产业的污染强度，提高污染治理效率。通过制定科学的政策，将产业结构调整的抑制作用降至最低。减排政策和产业结构调整政策双管齐下，则可产生叠加效应，实现结构调整和污染减排的双赢。

（3）改变地方政府的行为激励。污染减排对产业结构调整倒逼机制的建立，不仅依赖于污染减排政策的设计和制定，还依赖于地方政府行为的转变。这是因为，污染减排政策的落实和调整，需要地方政府的有效实施、监督和反馈，而且地方政府对资本、土地等重要资源拥有着相当程度的控制权，因此企业的决策过程在很大程度上受到地方政府的影响。在污染减排和产业结构调整方面，地方政府和中央政府存在着博弈。因此，利用污染减排倒逼产业结构调整的过程中，中央政府亟须改变对地方政府的行为激励，将减排绩效纳入政绩考核体系，采用财税分权等方式激励地方政府的减排决策和减排行为，促使地方政府能够从实质上高效地执行中央政府的污染减排政策，这是倒逼机制有效建立的重要前提。

第三节　污染减排政策对产业结构
调整的倒逼效应分析

产业结构调整的实质是企业行为的改变。污染减排政策可通过影响企业的行为选择驱动产业结构的自发调整。"十一五"时期之后，中国产业结构的演变出现了新的特点：一方面，重化工业向高附加值、高技术含量不断升级，生产者服务业亦日渐繁荣；另一方面，污染减排对中国产业结构调整的影响程度加深，国际减排压力和国内环境规制必然促使中国产业结构更加绿色化（中国社会科学院工业经济研究所课题组，2010）。一直以来，产业结构调整对污染减排的影响都受到广泛的关注，然而，将污染减排作为经济结构转型的逆向驱动力，利用污染减排政策建立倒逼产业结构调整的长效机制的相关研究却被忽略。本节将运用 1999～2011 年中国省际面板数据，借助门槛效应检验和面板门槛回归模型验证中国污染减排政策对产业结构调整的倒逼效应以及两者之间的非线性关系。

一、研究方法与数据说明

1. 模型设定及变量说明

对于污染减排政策强度的衡量，本节采用的是直接度量和替代变量相结合的方法。其中，直接度量从两个维度展开：一是对政策手段的描述，即将治理工业污染项目投资额作为减排政策强度的衡量变量，投资额越高，表明污染减排政策的治污强度越大；二是对政策效果的直接反映，用相关污染物的减排率来衡量。同时，选取工业废气排放强度作为衡量污染减排政策强度的替代变量，一方面，工业废气排放强度越高，表明污染减排政策越弱；工业废气排放强度越低，表明污染减排政策越严厉，即与政策强度成反比。另一方面，污染规模是污染减排政策倒逼产业结构调整的首要诱因，当某一地区污染规模较大时，政府治理污染的压力增大，产业结构调整的动力就此产生。在考虑相关控制变量的基础上，设定如下计量模型。为了消除多重共线性和异方差性，对人均 GDP 和固定资产投资（SCAL）作对数处理。

$$IND_{i,t-1} = \beta_0 + (\beta_{11}WAR_{i,t-1} + \beta_{12}WEI_{i,t-1} + \beta_{13}API_{i,t-1}) \times d(q \leq \lambda_j)$$
$$+ (\beta_{21}WAR_{i,t-1} + \beta_{22}WEI_{i,t-1} + \beta_{23}API_{i,t-1}) \times d(q > \lambda_j)$$
$$+ \beta_3 \log(GDP_{i,t-1}) + \beta_4 \log(SCAL_{i,t-1}) + \beta_5 HUMC_{i,t-1} + \varepsilon_{i,t-1}$$

$$(10-4)$$

为避免内生性问题对估计结果带来的影响，模型中的解释变量均滞后一期纳入方程。其中，下标 i 表示不同地区；t 表示时间；q 为门槛变量矩阵；$\lambda_j(j=1，2，3，4)$ 表示待估计的门槛值；$d(\cdot)$ 为示性函数，$\varepsilon_i \sim idd.$ $N(0，\sigma^2)$ 为随机扰动项。如果门槛值 λ 的选择是合理的，污染减排政策对产业结构调整的倒逼效应在不同的区间应呈现显著的差异，表现为关键变量的参数估计值符号或数值显著不同。以上仅分析了单一门槛，但也有可能出现多重门槛，多重门槛模型的设定与单一模型类似。

模型中的变量具体说明如下：（1）产业结构调整指数（IND,%）：用各省份第三产业增加值与第二产业增加值之比来衡量，比值越大，表明产业结构越合理。（2）工业废气减排率（WAR,%）：用以反映各省份污染减排政策的直接效果，计算方法为：$WAR =$（上年 – 当年）工业废气排放总量/上年排放总量×100%，该数值越大，表明减排效果越显著。（3）工业废气排放强度（WEI，万吨/亿元）：作为衡量污染减排政策强度的替代变量，通过工业废气排放总量，即各地工业二氧化硫排放量、工业烟尘排放量和工业粉尘排放量之和与第二产业总产值的比重计算而得。（4）人均治理工业污染项目投资额（API，元/人）：用以直接衡量各省份污染减排政策强度，由各省份治理工业污染项目投资额除以各省份总人口计算而得。（5）人均 GDP（GDP，元/人）：一方面，由于"中等收入陷阱"的存在，人均 GDP 在3000 美元附近时，经济增长将回落或长期停滞；另一方面，人均 GDP 在一定程度上可代表该地区的"要素禀赋"。因此为了考察各省份产业结构调整过程中出现停滞的可能性，将人均 GDP 作为影响产业结构调整的控制变量。（6）全社会固定资产投资（SCAL，亿元）：用以衡量产业规模。（7）人力资本（HUMC）：用各省份就业人员的人均受教育程度来衡量，具体计算方法为：$HUMC = p_{i1} \times 6 + p_{i2} \times 9 + p_{i3} \times 12 + p_{i4} \times 16$。其中，$p_{i1}$、$p_{i2}$、$p_{i3}$、$p_{i4}$ 分别表示第 i 省份受教育程度为小学、初中、高中、大专及以上就业人口比重。

鉴于数据的可得性和完整性，本节采用 1999～2011 年中国除西藏自治区和港澳台地区①以外30个省份的面板数据。原始数据均来自于历年《中国统计年鉴》《中国环境年鉴》《中国劳动统计年鉴》及国家统计局网站和中经网数据库。所有货币量均按相关价格指数调整为可比价格，其中，固定资产投资采用各省份固定资产投资价格指数进行平减，人均GDP采用居民消费价格指数进行平减，基期为1999年。

本节采用Matlab（R2008a）软件对面板门槛回归模型中的参数进行估计。

2. 门槛变量的选择

根据门槛回归模型的原理可知，门槛变量既可以是模型中的解释变量，也可以是其他的独立变量。本节的分析暗含了两个假设：（1）只有当污染规模超过某一门槛值时，政府才产生治理污染的压力，开展污染减排政策的制定或创新，从而激励企业的行为改变，倒逼产业结构调整；（2）只有当工程减排、管理减排等手段无法满足政府减排政策的要求时，才能将企业减排压力从外生转为内生，从而选择结构减排。

因此，本节将按照"污染规模—政策强度"的思路作为选择门槛变量的依据。选定工业废气排放强度（WEI）作为衡量污染排放规模的指标，工业废气减排率（WAR）和人均工业治污投资额（API）作为衡量减排政策强度的指标，分别作为备选门槛变量进行检验。

二、实证结果与分析

1. 门槛效应检验

本节对三个备选门槛变量分别进行了门槛检验，并且进一步检验了各门槛变量存在单一门槛、双门槛或三门槛的显著性。检验结果如表10-5所示。由表10-5可知，工业废气减排率和人均工业治污投资额未通过显著性检验，不能作为门槛变量。而工业废气排放强度的单一门槛模型和双门槛模型均通过了显著性检验，但三门槛模型不显著。在1%的显著性水平下，单门槛模型的LR统计量为79.9056，对应的Bootstrap–P值为0.0067；在5%

---

① 西藏自治区及港澳台地区多个指标的相关年份数据缺失较为严重，因此剔除该样本点。

的显著性水平下，双门槛模型的 LR 统计量为 37.3637，对应的 Bootstrap – P 值为 0.0133。选取以 *WEI* 作为门槛变量的双门槛模型，进行面板门槛回归。

表 10 – 5　　　　　　　　门槛变量的自抽样检验

门槛变量	单一门槛		双门槛		三门槛	
	LR 统计量	P 值	LR 统计量	P 值	LR 统计量	P 值
API	16.4774	0.3267	14.3912	0.2467	14.4611	0.1167
WAR	1.0748	0.9867	3.5357	0.8400	1.7265	0.9700
WEI	79.9056 ***	0.0067	37.3637 **	0.0133	9.6767	0.2500

注：***、** 和 * 分别表示在 1%、5% 和 10% 的水平上变量显著，下同。

图 10 – 2 为以"似然比统计量"LR(γ) 计算的门槛变量 *WEI* 第一个门槛值的置信区间图。第一个门槛估计值为 12.4914 万吨/亿元，此时似然比 LR(γ) 的值最小。图中虚线表示在 5% 显著性水平下，其置信区间为 [8.3671，12.4914]。

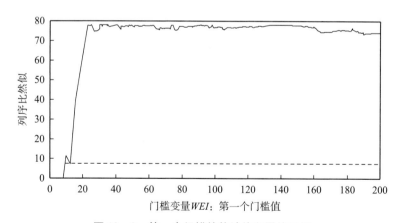

图 10 – 2　第一个门槛的估计值和置信区间

注：图 10 – 2 和图 10 – 3 中曲线通过 Matlab 2008b 软件根据 Bootstrap 方法仿真得到，其中实线为门槛变量的似然比曲线，虚线为 5% 显著性水平下的临界值。

图 10 – 3 为以"似然比统计量"LR(γ) 计算的第二个门槛值的置信区间图。第二个门槛估计值为 19.1861 万吨/亿元，此时似然比 LR(γ) 的值最小。

图中虚线表示在5%显著性水平下，其置信区间为 [19.1861，20.3439]。

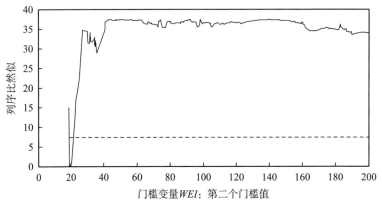

图 10-3　第二个门槛的估计值和置信区间

2. 门槛回归结果及分析

由前文门槛检验的结果可知，工业废气排放强度成为显著的门槛变量，并存在两个门槛值，表明污染减排政策与产业结构调整之间存在非线性关系，若建立线性模型，回归结果将是有偏的。因此，本节采用汉森（Hansen，1999）提出的面板门槛回归模型，以门槛检验结果为依据，构建分段函数，对两者之间的非线性关系进行实证估计。门槛回归结果见表 10-6。

表 10-6　　　　　　　　　　　面板门槛回归结果

解释变量	参数估计值	OLS 标准误	White 标准误
$WEI > 19.1861$	-0.0062	0.0065	0.0074
$12.4914 < WEI \leqslant 19.1861$	2.1246 ***	0.3129	0.3983
$WEI \leqslant 12.4914$	11.5102 ***	1.1585	0.9593
WAR	6.6013 *	4.6713	4.0606
API	-0.0904 **	0.0403	0.0457
$LGDP$	-2.0658	8.8033	9.6534
$LSCAL$	-10.9569 **	4.9886	5.2644
$HUMC$	28.1712	275.6927	231.9073

由门槛回归结果可知，关键变量的参数估计通过了 t 检验，验证了污染减排政策可以成为驱动产业结构调整的倒逼机制。回归结果显示，当 WEI 高于 19.1861 时，其与产业结构调整呈负相关，作用系数为 −0.0062，但该参数估计值并未通过显著性检验，表明当污染减排政策强度较低时，其未能对产业结构调整产生良好的效果。当 WEI 低于 19.1861 但高于 12.4914 时，作用系数由 −0.0062 变为 2.1246，即由负向阻碍变为正向促进；当 WEI 继续下降，低于 12.2914 时，作用系数由 2.1246 激增至 11.5102。WAR 与 IND 呈正相关，其驱动产业结构调整的弹性系数为 6.6013，即工业废气减排率越高，污染减排政策效果越显著，对产业结构调整的倒逼强度越大。然而 API 与 IND 呈负相关，其对产业结构调整的弹性系数为 −0.0904。相关数据显示，中国大部分省份的人均工业治污投资额较低，不仅工业污染没有得到有效治理，工业废气排放甚至还逐年增加，表明投资型的污染减排政策效果不甚理想，亦未对产业结构调整形成有效激励。

污染减排政策对产业结构调整的倒逼效应并非单调递增（递减）的，其影响的弹性系数在不同子样本间具有显著差异，表现在模型中参数估计值的符号和数值相差较大。随着工业废气排放强度的逐渐降低，会对产业结构调整产生先抑制后促进的影响，因此工业废气排放强度与产业结构调整之间符合倒"U"型关系，即较低的污染减排政策强度不利于产业结构的调整，而随着污染减排政策强度的逐渐提高，其对产业结构调整的倒逼效应逐渐显现。本节实证分析的结论给了我们以新的启示：WEI 与 IND 之间的倒"U"型关系，在一定程度上验证了"波特假说"在产业层面的适用性。当工业废气排放强度较高，即污染减排政策较弱时，不利于产业结构的调整；而当采取适宜强度的污染减排政策，将激励主导产业从第二产业向第三产业转移；当工业废气排放强度不断减弱，直至低于特定门槛值时，即污染减排政策强度跨过某一关键点后，其对产业结构调整的倒逼效应开始显现；随着工业废气排放强度继续降低，污染减排政策强度进一步提升，其倒逼产业结构调整的弹性系数显著增加。

具体而言，在经济发展初期，污染物排放随经济的增长而逐渐增多，环境质量趋于恶化。由于在此阶段经济增长是第一要务，大量的能源投入支撑了这一阶段的经济发展，对传统的高能耗、高污染的工业化发展模式依赖性较强，重污染行业，如火力发电行业、金属冶炼行业和矿产加工业等成为了经济增长的支柱产业，同时，为重化工业提供原材料和能源的采掘业和原材料加工业等污染密集的初级产业也得以快速发展，因此使得产业结构向重污染行业严重倾斜，形成了"以污染换增长"的产业格局。处于这一阶段，经济增长在某种程度上只能接受依靠高成本、低利润的上游产业和高污染产业来发展自己的世界分工格局，导致中国被锁定在低水平的产业链和产业结构的路径上（王国印和王动，2011）。经济增长对低产能、高污染、高能耗产业的路径依赖，不仅固化了产业结构的粗放型格局，产业发展质量低下也导致了产业结构缺乏动态调整的动力。此外，强度偏弱且不完善的污染减排政策体系并未对污染密集型的产业结构施加有效的环境约束，从而尚未建立对产业结构清洁化调整的倒逼机制。

从理论上讲，更高的经济发展水平将对应更严厉的减排政策，进而实现更低的污染排放强度。随着经济发展水平的提高以及对经济发展质量的重视，原有的"先污染，后治理"的老路已经走不通了，对产业实施严格且恰当的污染减排政策势在必行。这时，严格而合理的污染减排政策可以有效地迫使产业结构进行调整。为了满足更高的减排标准，污染密集型企业首先可以通过改变其生产要素投入结构，减少能源、自然资源等生产要素的投入比重，而更加依赖于人力资本、技术资本等高级生产要素的投入；其次，严厉的污染减排政策要求更"绿色"的生产技术和更高的治污技术水平，会使企业增加研发投资或引进国外先进技术和高端设备；最后，国外资金的集中涌入，同时伴随着先进的管理经验，共同带动了劳动密集、污染密集型产业跳跃式升级为资本、技术（知识）密集型产业（袁志刚和范剑勇，2003），最终有效倒逼产业结构的优化和升级。当工业废气排放强度降低至第二门槛值之后，其对产业结构调整的倒逼效应大幅增加，表明更为严格的污染减排政策对产业结构的调整产生了更强劲的驱动力，倒逼服务业代替重化工业成为经济发展的支柱产业，使现代服务业、生产者服务业等清洁型产业成为拉动国民经济的新增长极。

三、主要结论与政策启示

一直以来，产业结构调整对污染减排的影响受到了广泛的关注，然而，将污染减排作为经济结构转型的逆向驱动力，利用污染减排政策建立倒逼产业结构调整的长效机制的相关研究却被忽略。本节选取 1999～2011 年我国

30 个省份的面板数据，运用门槛回归模型实证检验了污染减排政策对产业结构调整的倒逼效应及两者之间的非线性关系。主要结论如下：污染减排政策能够作为一个有效的倒逼机制显著驱动产业结构的调整，同时污染减排政策对产业结构调整的倒逼效应并非单调递增（递减）的，而是呈现倒"U"型的非线性关系。工业废气排放强度成为显著的门槛变量，且存在两个门槛值，表明工业废气排放强度是影响污染减排倒逼产业结构调整的关键变量。

当工业废气排放强度较高，即污染减排政策较弱时，不利于产业结构的调整；随着污染减排政策强度的逐渐提高，工业废气排放强度不断减弱，直至低于特定门槛值时，其对产业结构调整的倒逼效应逐渐显现；随着工业废气排放强度的继续降低，即污染减排政策强度进一步提升，其倒逼产业结构调整的弹性系数显著增加，有效倒逼主导产业从第二产业向第三产业转移。因此，在一定程度上验证了"波特假说"产业层面的适用性。

依据本节的实证结果，具体的政策启示如下：

（1）适当提高环境标准。实证结果显示，只有当工业废气排放强度低于某一特定值，即污染减排政策强度跨过某一关键点时，才能形成对产业结构调整的有效倒逼。因此，应适当提高环境标准，进一步激励企业减排压力由外生向内生转变；利用较高的减排倒逼弹性系数，撬动产业结构更大幅度的调整，建立长效倒逼机制。一方面，设计完善且详细的减排政策体系，并在未来逐步适当提高环境标准，趋紧对企业行为的环境约束。若企业未能达到减排要求，则应实行严厉的惩罚性措施，如勒令停业整改、强制低产能企业兼并重组等，淘汰低产能、高消耗的落后企业，从根本上遏制资源损耗型的生产模式，打破高能耗、高污染的传统路径依赖，从而倒逼产业结构调整。但需要注意的是，政府不能盲目提高环境标准，应循序渐进，在未来不断的修改和调整，确保不同时期的环境标准均在企业可承受范围之内，否则不仅不利于倒逼产业结构调整，更可能陷入结构调整停滞，甚至"产业逆淘汰"（沈能，2012）的僵局。另一方面，政府应加大对工业企业的投资，特别是针对技术引进和生产设备升级的专项资金支持，驱动企业从"先污染，后治理"的传统发展模式转向依靠"绿色"技术以带动整个产业链的升级。

（2）促进由命令—控制型向基于市场的激励型政策转变。命令—控制

181

型政策依然在中国的污染治理中起着基础和主导作用，然而其对小微企业污染行为的监管效果不甚理想，因此应加快推动基于市场的激励型环境政策的设计和实施。首先，虽然已在上海、江苏、湖北、湖南等省份建立了首批排污权交易的试点，但该制度仍处于探索阶段。因此，政府应加快排污权交易制度和指标交易体系建设，并尽快实现全国范围的推广。其次，在经济较为发达且市场化程度较高的地区可尝试开征环境税和能源税，充分利用经济手段，通过提高生产成本刺激企业选择低污染的生产行为。最后，政府还应投入大量资源扶持高新技术产业和现代服务业等清洁型产业的发展，同时借助排污费—返还机制和税收—补贴机制等政策手段加大对企业环境创新的激励，这不仅能为产业结构调整增添更强劲的驱动力，也可通过先进的"绿色"技术向欠发达地区的溢出，助力产业结构的跨越式调整。

（3）设计消费导向减排政策，使政策的着力点由生产者行为转向兼顾消费者行为。不仅环境友好型的供给结构可以影响企业的行为选择，需求结构的清洁型转变亦能成为企业减排行为改变的直接影响因素。然而目前，一方面，中国的减排政策主要针对的是生产者行为，而缺乏针对产品消费环节和公众消费行为的引导和约束；另一方面，与发达国家相比，中国消费者环保意识薄弱，公众的环保参与程度较低，环保组织势力较弱，因此对污染减排的促进作用极为有限。因此，应将需求导向的环境政策纳入中国污染减排的政策框架内，通过引导和鼓励"绿色"消费，影响生产者的资源配置，从而形成倒逼产业结构调整的新动力。

第十一章

环境规制约束下中国工业
结构升级的门槛效应

第一节　问题的提出

经济的粗放型增长会导致资源的日益枯竭和生态环境恶化，而产业结构调整是协调经济可持续发展和环境保护的关键路径。调整产业结构，不仅能够提高技术密集型、知识密集型产业的比重，促进技术进步，扶持新兴产业；还能够降低高污染、高能耗产业的比重，鼓励环境技术研发和清洁生产设备投资，从源头上控制污染的产生和排放。中国当前的产业结构调整主要依赖于产业政策的引导和干预，地方政府受到来自于中央政府的强制性要求，企业则受制于地方政府的压力，这一系列被动传导的结果就是缺乏结构调整的内在激励。而环境规制，恰恰可以通过对企业施加环境约束而提供内在激励。环境规制将增加企业的内部成本，企业必须对其产品结构、组织结构、管理模式、技术水平等做出相应的调整以消化上涨的成本才能生存下去。因此，环境规制强度的提高，对产业和企业群体均是一种强制性的"精选"，产生优胜劣汰的作用，最终驱动产业结构的调整。

现有关于环境规制经济效应的研究，主要集中于"遵循成本说"和"创新补偿说"之争。[①]　"遵循成本说"基于静态分析视角，在假设技术、

---

① 本章仅从引入问题的需要对两个假说之争进行了概述，读者可参阅本章涉及的相关文献来做进一步了解。

资源配置和消费者需求固定不变的前提下，认为环境规制和企业竞争力之间存在着“两难”格局，因为环境规制的引入只会增加企业的成本负担，从而限制企业的利润最大化产出，削弱企业竞争力（Gray，1987；Gray & Shadbegian，2003）。但基于动态视角，波特和范·德尔·林德（Porter & Van der Linde，1995）认为合理的环境规制能够激励企业进一步优化资源配置效率和改进技术水平，从而激发企业的“创新补偿”效应，提高企业生产效率和竞争力，使其具备“绿色”与效率兼得的现实可能性。但实现环境规制和企业竞争力“双赢”的关键在于“创新补偿”效应的大小（张成等，2011）。

从上述的文献梳理中可以看出，现有研究大多局限于微观层面。当产业结构调整成为实现“保增长、促减排”的关键路径，有学者认为环境规制可作为一个有效的倒逼机制促进产业结构的优化和升级（陆菁，2007；肖兴志和李少林，2013）。然而，“波特假说”在产业层面的适用性尚缺乏有效论证。因此，本章试图从以下几个方面对已有文献进行拓展：（1）环境规制不仅包括政府制定的强制性环境政策，亦包括政府引导下的环保主义者以及未组织起来的一般社会公众等各种利益群体对环境权利和义务、责任的参与，以及与污染者的谈判和协商（谭娟和陈晓春，2011）。因此，非正式规制手段在环境保护中起到了越来越重要的作用，而国内学者尚未对此给予足够的重视。本章详细区分了正式环境规制和非正式规制并同时将二者纳入了模型，以全面刻画环境规制的特点和作用。（2）在分别测算正式环境规制强度和非正式规制强度的基础上，利用面板回归模型实证检验了“波特假说”在产业层面的适用性。（3）环境规制驱动产业结构调整的过程中是否存在“门槛效应”？是否会因不同地区规制强度的差异而具有空间异质性？本书拟通过面板门槛回归模型对样本进行内生性分组，并进一步检验环境规制强度与产业结构调整的门槛特征和空间异质性，为政府制定差异化的环境规制提供参考。

第二节　环境规制强度指标的选取及测度

对于环境规制的认识，学术界经历了一个不断深入的过程。最初，学者们将环境规制的含义界定为政府的直接规制，即政府以行政命令为主要方式对环境资源利用的直接干预。随着规制手段的发展，环境规制的含义被修正，不仅包括了政府的命令—控制型规制，还包括了利用市场机制的激励型环境规制和自愿性协议等。随后，非正式规制的提出，再次扩展了环境规制的含义。

帕夏和惠勒（Pargal & Wheeler，1996）最早提出了非正式规制的概念，认为当政府实施的正式环境规制缺失或强度较弱时，将出现许多团体与当地污染厂商进行谈判或协商以促使污染减排的实现的现象，这一现象被称为"非正式规制"，即社会团体基于自身的利益而追求较高环境质量的行为。卡图里亚和斯特纳（Kathuria & Sterner，2006）指出，随着学术界对信息不对称理论理解的不断加深，越来越多的人意识到，除了正式环境规制之外，还有许多其他的非正式规制手段可以影响污染厂商的治污行为，因为污染厂商对其社会声誉以及由于污染事故而可能引致的未来成本上涨会非常敏感。卡图里亚（Kathuria，2007）认为发展中国家的正式环境规制在污染治理中存在无法避免的局限性，特别是对于小微企业污染行为的管制。自此，国外越来越多的学者开始关注非正式规制的重要作用，其中最重要的研究内容之一便是分析资本市场对于上市企业环境污染事件（如违反排污许可、污染投诉等）或改善环境绩效行为曝光的反应（Konar & Cohen，1997；Lanoie et al.，1998）。国内学者尚未对非正式规制给予足够的重视，为数不多的文献也仅限于概念界定或理论介绍阶段。傅京燕（2009）认为在发展中国家，公众通过谈判或游说的非正式规制的环保效应更为明显。赵玉民等（2009）认为，由于环保意识也具备环境规制的本质特征（即其约束性），据此将环境规制分为显性规制和隐性规制两类，并将隐性规制界定为内在于个体的、无形的环保思想、环保观念、环保意识、环保态度和环保认知等。根据该定义，本节认为，隐性规制与非正式规制的内涵是一致的。

在上述研究的基础上，本节除了考虑正式环境规制并测度其强度之外，亦将非正式规制纳入模型，并借助相关代理变量度量了非正式规制强度，以期全面刻画环境规制的特点和作用潜力。

一、正式环境规制强度指标（FERI）

正式环境规制的实施依赖于地方政府的意愿、地区经济发展水平和环境污染现状等，即使一个国家制定统一的规制政策，不同地区的实施强度也可能存在差异。因此对正式环境规制强度的度量是一个困难且复杂的问题。在阅读国内外相关文献的基础上，本节总结了目前较为流行的衡量正式环境规制强度的五种方法：（1）用治污投资占企业总成本或总产值的比重作为代理变量以衡量经济个体遵守正式环境规制的程度（Lanoie et al.，2008；沈能，2012）；（2）用治理污染设施运行费用，或人均运行费用来衡量（张成等，2010）；（3）基于正式环境规制强度与收入水平之间的高度相关性，将人均收入水平作为衡量内生性正式环境规制强度的代理变量（陆旸，2009）；（4）用正式环境规制下的污染排放量或单位产值污染排放强度的变化来度量（Domazlicky & Weber，2004；张文彬等，2010）；（5）傅京燕和李丽莎（2010）、李玲和陶锋（2012）采用综合指数方法构建了中国制造业正式环境规制强度的综合测量体系，包括一个目标层（环境规制强度）和三个评价指标层（废水、废气、废渣），通过对不同污染物赋予不同的权重，计算出单项污染物的正式环境规制强度和行业总的正式环境规制强度。

前四种方法均存在指标单一化的缺点，为了更准确地反映正式环境规制强度，本节参照傅京燕和李丽莎（2010）的指标构建方法，并在其基础上进行相应的调整以适应本章的研究目的。基于中国各类污染物排放的严重程度及数据的可得性，选取各省份废水排放达标率、二氧化硫去除率、烟（粉）尘去除率和固体废物综合利用率四个单项指标，构建正式环境规制强度的综合测量体系。指标构建方法为：首先，对四个单项指标进行线性标准化处理，即通过数学变换将各指标的取值换算为 $[0，1]$ 的取值范围内，以消除指标间的不可公度性和指标间的矛盾性。计算公式为：

$$PR_{ij}^s = [PR_{ij} - \min(PR_j)]/[\max(PR_j) - \min(PR_j)] \qquad (11-1)$$

其中，i 指省份（$i=1，2，3，\cdots，30$），j 指各类污染物（$j=1，2，3，4$）；PR_{ij} 为各单项指标的原始值，$\max(PR_j)$ 和 $\min(PR_j)$ 分别为各省份四个单项指标每年的最大值和最小值，PR_{ij}^s 为各单项指标的标准化值。

其次，计算各单项指标的调整系数（ω_{ij}），即权重。对于不同省份而言，"三废"的污染排放比重相差较大；而对于特定的某一省份而言，不同污染物的排放程度也存在差别。因此对各省份的废水、废气和固体废物等指标赋予不同的权重，通过对各单项指标值的权重调整，反映各省份主要污染物的治理力度的变化。调整系数的计算方法如下：

$$\omega_{ij} = \left(\frac{E_{ij}}{\sum E_{ij}} \right) \Big/ \left(\frac{Y_i}{\sum Y_i} \right) \qquad (11-2)$$

其中，ω_{ij} 为省份 i 中污染物 j 的调整系数，E_{ij} 为省份 i 污染物 j 的排放量，$\sum E_{ij}$ 为全国同类污染物的排放总量，Y_i 为省份 i 的工业增加值，$\sum Y_i$ 为全国工业增加值。计算出每年废水、废气和固体废物的调整系数后，再计算出 1999~2011 年调整系数的平均值 $\overline{\omega}_{ij}$。

最后，通过各单项指标的标准化值和平均权重，计算出各省份的正式环境规制强度为：

$$FERI_i = \frac{1}{4} \sum_{j=1}^{4} \overline{\omega}_{ij} \cdot PR_{ij}^{s} \qquad (11-3)$$

$FERI_i$ 的值越大，表明正式环境规制越严厉。我国 30 个省份 FERI 的测算结果如图 11-1 所示。[①]

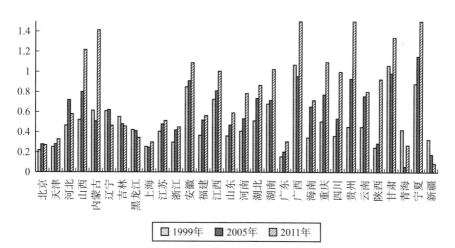

图 11-1 我国 30 个省份的正式环境规制强度

资料来源：原始数据均来自各年《中国环境年鉴》和《中国统计年鉴》。

---

① 限于篇幅，仅列出部分年份的测算值，通过比较以刻画各省份正式环境规制强度的动态变化趋势。

二、非正式规制强度指标（IERI）

环保意识是非正式规制的核心，因此非正式规制强度可通过环保意识进行测度。卡瑟利亚（Kathuria，2007）用污染事件的媒体曝光率来衡量非正式规制强度。戈尔达和班纳吉（Goldar & Banerjee，2004）把议会选举中的投票率和教育水平的增长率作为非正式规制强度的代理变量。然而，由于政府管理体制、教育水平、法律、媒体覆盖率、就业情况、居住地等均为影响公众环保意识水平的重要因素（赵玉民等，2009），不仅复杂，且难以定量表达。因此，用单一指标衡量非正式规制强度过于片面且不准确。

本节借鉴帕夏和惠勒（Pargal & Wheeler，1996）的方法，选取收入水平、受教育程度、人口密度和年龄结构等一系列指标以综合度量各省份的非正式规制强度。具体指标解释如下：（1）收入水平（$IERI_{wage,i}$）。一般而言，收入水平越高的地区，公众对高质量生存环境的需求越强。较之于贫困地区，高收入地区对环境污染的影响具有更高的关注度。帕夏和惠勒（Pargal & Wheeler，1996）的研究表明，美国高收入社区的污染排放量显著降低，可能的原因是收入水平会影响公众对环境质量的偏好和对污染厂商施压的能力，收入水平越高，向政府或污染厂商进行游说的力量越大。本节使用城镇在岗职工平均工资衡量各省份的收入水平。（2）受教育水平（$IERI_{edu,i}$）。受教育水平越高，环保意识越强，公众对环境质量的关注程度越高。如果一个地区的人口受教育水平普遍较低，公众对环境污染的后果意识就会比较淡薄，不仅对厂商污染行为的抵制意识和抵制能力较弱，污染厂商亦会因更容易雇用到劳动力而倾向于向受教育水平较低的地区转移。本节选取各省份就业人员大专以上受教育水平的比重作为衡量指标，以刻画较高的受教育程度在非正式规制中的更大影响力。（3）人口密度（$IERI_{den,i}$）。人口密度越高，意味着受环境污染负外部性影响的人数越多，参与非正式规制的人数也越多。（4）年龄结构（$IERI_{age,i}$）。年轻人口比重高的省份更关注污染问题，对非政府环保组织的参与程度也会更高。本节选取15岁以下人口比重作为年龄结构变量。非正式规制强度变量的描述性统计如表11-1所示。

表 11 - 1　　　　　　　非正式规制强度变量的描述性统计

变量	单位	观测	均值	最大值	最小值	中位数	标准差
$IERI_{wage,i}$	元	390	18846.5200	61175.4100	6181.7330	16791.8400	9759.6860
$IERI_{edu,i}$	%	390	8.5741	50.2556	0.9000	6.9859	6.3715
$IERI_{den,i}$	人/平方公里	390	405.2214	3701.8930	7.0608	268.1614	552.7744
$IERI_{age,i}$	%	390	19.3175	30.2979	7.5592	19.7316	4.9262

资料来源：原始数据均来自各年《中国统计年鉴》《中国劳动统计年鉴》和国家统计局数据库。

第三节　环境规制对产业结构调整的倒逼效应

一、计量模型设定

本节主要研究正式环境规制和非正式规制对产业结构调整的影响，这一部分用面板回归方法进行实证检验，把正式环境规制指标和非正式规制指标同时纳入计量方程作为核心解释变量，同时将影响产业结构调整的其他因素以控制变量的形式引入，具体计量模型构建如下。为了避免异方差和多重共线性，对各变量进行取对处理：

$$LIND_{i,t} = \beta_0 + \beta_1 LFERI_{it} + \beta_2 LIERI_{wage,i,t} + \beta_3 LIERI_{edu,i,t}$$
$$+ \beta_4 LIERI_{den,i,t} + \beta_5 LIERI_{age,i,t} + \beta_6 LFDI_{it} + \beta_7 LSCALE_{it}$$
$$+ \beta_8 LEP_{it} + \beta_9 LNR_{it} + \varepsilon_{it} \tag{11-4}$$

其中，i 表示省份（$i = 1，2，\cdots，30$），t 表示时间。IND_{it} 为产业结构调整指数；$FERI_{it}$ 表示正式环境规制强度指标；$IERI_{it}$ 表示非正式规制强度指标；FDI_{it} 表示外商直接投资；$SCALE_{it}$ 表示产业规模；EP_{it} 表示国家经济干预政策；NR_{it} 表示自然资源禀赋；ε_{it} 为误差项。

二、数据处理及指标说明

本节采用 1999～2011 年我国 30 个省份的面板数据，[①] 原始数据均来自

---

① 基于数据的可得性和完整性，不包括西藏自治区、香港特别行政区、澳门特别行政区和台湾地区。

历年的《中国统计年鉴》《中国环境年鉴》和《中国劳动统计年鉴》，以及国家统计局网站的"分省年度数据库"。为了提高估计的准确性和可信度，对于可能存在的价格波动的影响，本节利用 GDP 指数、居民消费价格指数和固定资产投资价格指数对所有货币量进行价格平减以调整为可比价格，基期为 1999 年。

对相关变量的具体说明如下：（1）产业结构调整指数（IND）：用各省份第三产业增加值与第二产业增加值的比重来衡量；（2）外商直接投资（FDI）[①]：不仅是一种重要的生产要素，还能够带来显著的技术溢出效应，因此其能够显著影响产业发展，尤其是对越来越趋向于资本密集型和技术（知识）密集型的工业结构的影响。国内外大量文献对中国是否会成为发达国家的"污染避难所"进行了检验，但对于 FDI 在中国经济"绿色"发展和产业结构"绿色"调整中起到了促进作用还是抑制作用，结论并不一致。（3）产业规模（$SCALE$）：用各省份全社会固定资产投资衡量。（4）国家经济干预政策（EP）：由于国家经济政策对国有企业的干预更为直接且效果显著，因此，某一行业中的国有企业比重越大，国家的政策干预则越强。本节选取工业部门的国有及国有控股企业资产额占工业资产总额的比重来衡量。（5）自然资源禀赋（NR）：不仅反映了不同地区在产业结构选择中的资源约束，还体现了经济发展的"比较优势"原则。对于自然资源禀赋的度量，徐康宁和王剑（2006）认为采掘业的投入水平完全取决于自然资源的可得性，并用此来衡量自然资源禀赋状况。本节认为自然资源为工业生产提供了重要的初级生产资料，除采掘业外，还应包含农林牧渔业。因此，选用农林牧渔业和采掘业的固定资产投资之和占全社会固定资产投资总额的比重，以最大限度地反映各省份自然资源的综合禀赋状况。

三、实证结果与分析

在进行面板回归之前，豪斯曼（Hausman）统计量的检验结果显示随机效应模型比固定效应模型更有效，因此采用随机效应模型检验环境规制强度对产业结构调整的倒逼效应，回归结果见表 11-2。表 11-2 中信息显示，

---

① FDI 的原始单位为百万美元，利用 1999~2011 年的中美年均汇率换算为以人民币为货币单位的相应数值。

模型整体通过显著性检验（F 统计量为 34.5210，伴随概率为 0.0000），表明计量模型设定合理。以下就各解释变量对产业结构调整的影响进行具体分析。

表 11 -2 面板回归估计结果

解释变量	参数估计值	t - 统计量	伴随概率
c	-0.0610	-0.1319	0.8951
$LFERI$	0.0719 ***	3.2200	0.0014
$LIERI_{wage}$	0.1336 **	2.1750	0.0302
$LIERI_{edu}$	0.0571 **	2.2621	0.0243
$LIERI_{den}$	0.1392 ***	3.3539	0.0009
$LIERI_{age}$	-0.1906 **	-1.9678	0.0498
$LFDI$	-0.0528 **	-2.4181	0.0161
$LSCALE$	-0.2487 ***	-7.6691	0.0000
LEP	0.0836	1.4220	0.1558
LNR	-0.0298	-1.2969	0.1954
样本决定系数	0.4498	F - 统计量	34.5210
调整样本决定系数	0.4368	伴随概率（F - 统计量）	0.0000
Hausman 检验	Chi - Sq. = 19.3693 P = 0.0222		

注：*** 、** 和 * 分别表示在 1% 、5% 和 10% 的水平上变量显著，下同。

1. 正式环境规制的倒逼效应分析

面板回归结果表明，正式环境规制强度与产业结构调整指数正相关，且通过了显著性检验，表明中国正式环境规制对产业结构调整产生了显著的倒逼效应，$FERI$ 每提高 1% ，IND 相应提高 0.0719% 。这符合本节的研究假设。为了更直观地考察正式环境规制对产业结构调整的倒逼机制，本节借助企业的边际治污成本曲线进一步分析（见图 11 -2）。假设企业 A 和企业 B 分属不同的行业，两家企业排放同质污染物，但具有不同的边际治污成本函数，企业 A 较之于企业 B 具有更大的斜率，其边际治污成本曲线更陡峭。

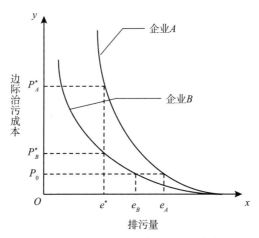

图 11 - 2 两家企业的边际治污成本

当正式环境规制强度较低时，企业 A 和企业 B 均能满足规制要求，且此时的初始排污量分别为 e_A 和 e_B，两家企业具有相等的边际治污成本，均为 P_0。当正式规制强度提高，并规定社会有效率的排放标准为 e^* 时，企业 A 的治污成本从 P_0 上升为 P_A^*，而企业 B 的治污成本仅从 P_0 上升为 P_B^*。由于企业 A 的边际治污成本曲线更陡峭，其每减少一单位的污染排放量，就需支付远高于企业 B 的治污成本。因此，较高的正式规制强度将对企业 A 造成更大的冲击。

将上述情形进一步扩展至行业层面，假设 A 和 B 分别为行业 A 和行业 B。那么，由于行业 B 整体具有较低的边际治污成本，政府趋紧的环境约束对该行业发展的影响较小，行业 B 也因此获得了“绿色”发展的比较优势，并吸引大量物质资本和人力资本等生产要素向该产业的流动转移。行业 B 得以进一步发展和规模扩张，逐渐成为国民经济的支柱产业和拉动新一轮经济增长的强劲动力。而严厉的正式环境规制将驱使行业 A 进行较大幅度的调整。若行业 A 以实力雄厚的大型企业为主，则不断提高的正式环境规制强度将激励其增加研发投入以获得先进技术，增加环保投入以引进清洁生产设备，提高能源的利用效率及生产率水平，以期在长期内显著降低其边际治污成本，实现“创新补偿”效应；企业将随之改变自己的产品结构，由以污染密集产品为主转向生产更多的清洁型产品，从而引致整个行业的优化升级。如果行业 A 多由污染密集型的中小企业组成，则对成本大幅度上涨的承受能力十分有限，最终将迫使在努力减排后依然无法满足规制要求的企业退出市场，行业规模逐渐萎缩。因此，严厉的正式环境规制能够倒逼污染密集型产能的顺利淘汰，有效驱动产业结构调整。

2. 非正式规制的倒逼效应分析

由表 11 - 2 可知，非正式规制强度总体上对产业结构调整产生了有效的正向驱动效应。收入水平每提高 1%，产业结构调整指数将相应提高 0.1336%；受教育水平每提高 1%，将促进产业结构调整指数相应提高 0.0571%；人口密度每提高 1%，产业结构调整指数将相应提高 0.1392%，其对产业结构调整的正向影响效应最大；只有年龄结构的变动对产业结构调整产生了阻碍作用。非正式规制强度越高，表明公众的环保意识越强，对高质量生存环境的偏好越强烈，同时环保组织更活跃，具有更大的势力和影响力与污染厂商进行协商或游说、对污染厂商的产品进行抵制，或通过媒体曝光、环境评级等手段影响厂商的信誉和公众形象，尤其是其产品和融资对外界市场的依赖性较强的厂商。因此可借助市场对污染厂商施加惩罚，影响污染厂商的行为选择（Kathuria，2007）。近年来，中国公众逐渐开始运用非正式规制手段以维护自身的环境利益，如环境事件的媒体曝光率显著增加，公众通过游行、游说等方式阻止污染厂商进驻的环保行为越来越多。可见，随着经济的快速发展和居民收入水平的不断提高，公众环保意识逐渐增强，非正式规制的污染管制效应和经济效应在中国已初步显现。然而，与发达国家相比，中国的非正式规制强度仍然偏低，并存在诸多问题：（1）非正式规制手段单一。目前，中国的非正式规制主要依赖于媒体曝光，而媒体曝光不仅具有较强的随机性，且仅对于恶性污染事件有效。（2）非政府环保组织数量依然较少，且规模较小，其向污染厂商施压的能力十分有限。（3）公众参与环境监督的制度并不完善，政府或环境规制机构的信息反馈机制以及对公众非正式规制行为的保障机制尚未建立，公众缺乏向政府当局或规制机构表达对环境的诉求的有效渠道。

3. 其他解释变量的影响分析

由表 11 - 2 可知，FDI 阻碍了产业结构的调整。FDI 每增加 1%，会导致 IND 相应降低 0.0528%。这一结论支持了"污染天堂"假说。外商投资为了规避本国严厉的环境规制，将高污染行业向中国转移，这在一定程度上支撑了中国高污染、高能耗产业的发展，更固化了中国不合理且污染密集的产业结构。产业规模对产业结构调整的作用是负向的，$SCALE$ 每提高 1%，将导致 IND 相应降低 0.2487%。中国工业发展存在低水平的重复建设现象，一些行业，如钢铁、水泥行业等不仅产能过剩，而且生产技术、工艺设备等相对落后，逐渐形成了劳动密集、能源密集和污染密集的产业结构。中国工业各行业经过改革开放以来 40 多年的发展，已初步形成一定的规模经济。此时进行技术（知识）密集型、清洁型的产业结构调整，必然阻力重重。产业规模越大，结构调整的阻力则越大。EP 每增加 1%，IND 将提高 0.0836%，但未通过显著性检验，表明现有经济政策在产业结构调整的过程中发挥了较小的引导作用，但缺乏有效性。中国的经济政策，尤其是产业政策更注重对微观经济的干预，并体现出强烈的直接干预市场、以政府选择代替市场机制和限制竞争的特征（江飞涛和李晓萍，2010）。因此，经济政策未对产业结构的动态调整产生有效的激励作用。自然资源禀赋与产业结构调整指数呈负相关，但未通过显著性检验，表明中国各省份的自然资源禀赋并未在产业结构调整中发挥有效的作用。

四、稳健性检验

为了充分利用面板数据包含的信息和考察估计结果的稳定性，本节针对计量模型（11-4），尝试了如下稳健性检验：（1）选用工业污染排放强度①的滞后一期变量作为衡量正式环境规制强度的替代变量。该变量数值越大，表明正式环境规制强度越小；反之，则强度越大。（2）选取各省份失业率、人力资本指标和儿童抚养比分别衡量收入水平、受教育水平和人口结构，用于衡量非正式规制强度。其中，人力资本指标的计算方法如下：

$$HUM_i = p_{i1} \times 6 + p_{i2} \times 9 + p_{i3} \times 12 + p_{i4} \times 16$$

其中，p_{i1}、p_{i2}、p_{i3}、p_{i4} 分别表示第 i 省受教育程度为小学、初中、高中、大专及以上就业人口比重。重新对计量模型（11-4）进行面板回归估计，豪斯曼（Hansman）检验结果支持随机效应模型。估计结果表明，

---

① 其计算方法为工业"三废"排放量分别除以工业增加值后，再取平均值。

主要回归结果均保持不变，由此可以认为该结果是稳健的。[①]

第四节　环境规制与产业结构调整的空间异质性

一、面板门槛模型的设定

上文已验证了环境规制对产业结构调整的倒逼效应确实存在，然而对于正式环境规制而言，中国各省份是否应制定无差异化的规制强度？是不是规制强度越大、环境标准越严格，对产业结构调整的倒逼效应越显著呢？许士春（2007）在对"波特假说"提出质疑时，指出"波特假说"的成立必须建立在"恰当设计的环境规制"这一重要前提下。金碚亦认为，资源环境成本提高的幅度越大，因无力承受成本上涨而被淘汰的企业就越多。而在一定时期内，一个国家或地区承受企业被淘汰的冲击是有一定的限度的，如果超过一定的限度，这样的管制强度和标准就是不可行的。上述研究给予了本书新的启发：正式环境规制对产业结构调整的有效倒逼机制的建立亦应满足适度的规制强度，过于严厉或过于放松的规制强度可能均不利于产业结构的优化调整，即正式环境规制影响产业结构调整的过程中可能存在若干个"门槛"，依据各省份的有关变量是否跨越了相应门槛值，正式环境规制的产业结构调整效应可能存在显著差异；同时，考虑到各省份在经济发展水平、产业结构特点、污染状况和环境规制强度等方面的不同，两者之间的关系亦具有空间异质的可能性。

为了对这一假设进行实证检验，本节利用汉森（Hansen，1999）提出的面板门槛回归模型。首先通过门槛检验对我国30个省份进行内生性分组，继而对各子样本环境规制效应的门槛特征进行估计和显著性检验，不仅保证了门槛值的可靠性，还得以考察中国环境规制强度与产业结构调整的"门槛效应"。在此基础上进行面板门槛回归，定量分析两者关系中的空间异质性。对于一个特定的门槛值 λ_i，构建分段函数，当门槛变量 $q \leq \lambda_i$ 和 $q > \lambda_i$ 时，核心解释变量的系数估计值显著不同，即不同子样本中正式环境规制强

[①]　限于篇幅，检验过程和检验结果并未给出，若需要可联系作者获取。

度对产业结构调整的影响方向或影响程度存在显著差异。对式（11-4）进行处理，设定面板门槛回归模型如下：

$$LIND_{i,t} = \beta_0 + \beta_{11}LFERI_{it} \times d(q \leqslant \lambda_i) + \beta_{12}LFERI_{it} \times d(q > \lambda_i)$$
$$+ \beta_2 LIERI_{wage,i,t} + \beta_3 LIERI_{edu,i,t} + \beta_4 LIERI_{den,i,t} + \beta_5 LIERI_{age,i,t}$$
$$+ \beta_6 LFDI_{it} + \beta_7 LSCALE_{it} + \beta_8 LEP_{it} + \beta_9 LNR_{it} + \varepsilon_{it} \qquad (11-5)$$

式（11-5）中相应变量的含义不变，$d(*)$ 为示性函数。q 表示门槛变量，λ_i 为特定的门槛值；β_{11} 和 β_{12} 分别表示在 $q \leqslant \lambda_i$ 和 $q > \lambda_i$ 时正式环境规制强度倒逼产业结构调整的弹性系数。如果门槛变量选择是合理的，且门槛估计值通过显著性检验，则 β_{11} 和 β_{12} 的符号或估计值应显著不同。以上仅分析了单门槛的情况，但也有可能存在多重门槛，多重门槛模型的设定与单门槛模型类似，本节不再赘述，仅在下文中对多重门槛进行检验。

二、门槛变量的选择与门槛检验

根据门槛回归模型的原理可知，门槛变量既可以是模型中的解释变量，也可以是其他的独立变量。正式环境规制对产业结构调整的影响具有特殊性，当正式环境规制强度达到某一特定水平时，其对产业结构调整的影响在原有水平之上会增加或改变符号。一方面，考虑到各省份的正式环境规制强度差异较大，因此选取正式环境规制强度（FERI）及其滞后一期 FERI（-1）分别作为备选的门槛变量进行检验；另一方面，各省份的环境污染状况也存在着较大差异，且环境污染程度与正式环境规制强度之间具有很强的相关性。一般而言，环境污染越严重，相应的正式环境规制越严厉。因此同时选取环境污染的相关指标纳入备选门槛变量之列。本节选取工业污染排放强度（PI）及其滞后一期 PI（-1）作为环境污染指标。

本节对四个备选门槛变量分别进行了门槛检验，并进一步检验了各门槛变量存在单门槛、双门槛或三门槛的显著性。检验结果如表11-3所示。由表11-3可知，正式环境规制强度及其滞后一期均通过单门槛检验，FERI 的 LR 统计量为50.0240，对应的 Bootstrap-P 值为0.0000；FERI（-1）的 LR 统计量为44.3064，对应的 Bootstrap-P 值为0.0133，分别在1%和5%的显著性水平下显著。当以工业污染排放强度（PI）为门槛变量时，单门槛模型、双门槛模型和三门槛模型均通过了显著性检验，其中三门槛模型的 LR 统计量为17.0835，对应的 Bootstrap-P 值为0.0700。而以 PI（-1）为门槛变量时，均未通过显著性检验。因此，本节选取 PI 作为门槛变量，构建三门槛模型。三个门槛变量的估计值分别为 5.7890 万吨/亿元、13.1264 万吨/亿元、72.3147 万吨/亿元，可将样本分为 4 组，即"强规制""中强规制""中弱规制"和"弱规制"。样本分组结果如表 11 - 4 所示。

表 11 - 3　　　　　　　　　门槛变量选择及自抽样检验

门槛变量	单一门槛		双门槛		三门槛	
	LR 统计量	P 值	LR 统计量	P 值	LR 统计量	P 值
FERI	50.0240 ***	0.0000	7.2900	0.6933	4.7971	0.7500
FERI（-1）	44.3064 **	0.0133	4.0502	0.8833	3.1854	0.8367
PI	35.5378 ***	0.0100	22.7870 *	0.0600	17.0835 *	0.0700
PI（-1）	18.2384	0.1300	16.3239	0.1200	4.9816	0.6800

注：*** 、** 和 * 分别表示在 1% 、5% 和 10% 的水平上变量显著。

表 11 - 4　　　　　　　　　依据门槛值的样本分组结果

分组	门槛变量值（万吨/亿元）	各组包含省份	样本容量
强规制	PI≤5.7890	北京、天津	2
中强规制	5.7890 < PI≤13.1264	黑龙江、上海、山东、广东	4
中弱规制	13.1264 < PI≤72.3147	河北、山西、内蒙古、辽宁、吉林、江苏、浙江、安徽、福建、河南、湖北、海南、贵州、云南、陕西、甘肃、青海、新疆	18
弱规制	PI > 72.3147	江西、湖南、广西、重庆、四川、宁夏	6

三、门槛回归及结果分析

本节采用 Matlab 2008b 软件实现门槛回归，估计结果见表 11 - 5。由表 11 - 5 可知，各子样本中核心解释变量的参数估计值及其符号差异显著，这一方面验证了正式环境规制与产业结构调整之间存在非线性关系，其倒逼效应会随工业污染排放强度的变化而发生突变；另一方面表明了正式环境规制强度对产业结构调整的影响具有显著的空间异质性。

表 11 - 5　　　　　　　　　　面板门槛回归结果

解释变量	参数估计值	OLS 标准误	White 标准误
LFERI（PI≤5.7890）	- 0.2900 ***	0.0589	0.0709
LFERI（5.7890 < PI≤13.1264）	- 0.0547	0.0365	0.0389
LFERI（13.1264 < PI≤72.3147）	0.0873 ***	0.0215	0.0226
LFERI（PI > 72.3147）	- 0.1192 **	0.0528	0.0470
$LIERI_{wage}$	0.0648	0.0510	0.0624
$LIERI_{edu}$	0.0754 ***	0.0281	0.0277
$LIERI_{den}$	- 0.0317 **	0.0184	0.0199
$LIERI_{age}$	- 0.1631 **	0.0868	0.0892
LFDI	0.0160	0.0190	0.0182
LSCALE	- 0.2122 ***	0.0207	0.0288
LEP	0.0877 ***	0.0312	0.0336
LNR	- 0.0978 ***	0.0215	0.0362

注：*** 、** 、* 分别表示在 1%、5% 和 10% 的水平上变量显著。

门槛回归结果表明，正式环境规制强度对产业结构调整的倒逼效应并不是单调递增（递减）的，正式规制强度的倒逼弹性系数在不同省份差异显著，即随着规制强度的由弱变强，会对产业结构调整产生先抑制、后促进、再抑制的影响。当工业污染排放强度高于 72.3147 时，FERI 每提高 1%，将导致 IND 下降 0.1192%；当工业污染排放强度跨过该门槛值，正式环境规制强度对产业结构调整的影响方向发生突变，倒逼弹性系数由负值变为正值，FERI 每提高 1%，将带动 IND 相应提高 0.0873%；当工业污染排放强度跨过第二个门槛值 13.1264 后，倒逼弹性系数又由0.0873 下降至 - 0.0547，但此时的参数估计值并未通过显著性检验；随着门槛变量跨过 5.7890 的门槛值，倒逼弹性系数进一步降低，由 - 0.0547下降至 - 0.2900。

对于"强规制"和"中强规制"组，当正式环境规制强度已达到较高水平时，规制强度的进一步提高未能对产业结构调整产生良好的驱动效果，甚至起到了阻碍作用。这是因为"强规制"和"中强规制"组包含了中国主要的经济发达省份，这些省份凭借自身的区位优势和经济政策的倾斜，不仅具有更高的市场化程度，能够借助市场的力量优化资源配置、引导产业结构的调整，较高的经济发展水平也使这些省份更有实力引进国外先进技术、高端设备和先进的管理经验。因此，其产业结构调整应更多地依赖于要素投入结构的调整、升级和技术进步，而非环境规制。除此之外，正式环境规制的实施必然引致企业成本增加，而在特定的经济发展阶段，企业对成本上涨的承受能力总是有限度的，因此正式环境规制强度的提升也应保持在一定限度之内。若盲目提高规制强度，将导致大量企业特别是中小企业的过度淘汰。过犹不及，反而会损害经济的健康发展和产业结构的优化调整。

"中弱规制"组具有正的倒逼弹性系数，即正式环境规制强度对产业结构调整产生了显著的正向驱动作用。中国大部分省份均落入该组中，且以典型的工业省份和资源型省份为主，基于这些省份特有的自然资源禀赋，采掘业、原材料加工业等初级产业和传统高能耗、高污染的重化工业在经济发展中占有重要地位，形成了"以环境换增长"发展模式的路径依赖和能源驱动的产业格局。王国印和王动（2011）指出，在某种程度上，中国中部地区在很长时间内只能接受依靠高成本、低利润的上游产业和高污染产业来发展自己的国内分工格局，这就导致了中部地区被锁定在低水平的产业链和产业制度的路径上。因此，正式环境规制的实施和强度提升，通过对"中弱规制"组省份的现有产业格局施加严厉的环境约束以建立有效的倒逼机制，不仅帮助了该组省份避免陷入"资源诅咒"的困境，更为其挣脱既定的产业结构和产业发展模式提供了强有力的驱动力，必然将有力撬动产业结构进行"绿色化"调整。"弱规制"组中省份的工业污染排放强度高于中国其他省份，表明该组工业污染情况严重，污染密集的产业结构更为固化，加之正式环境规制效果较差，因此未能对产业结构调整产生有效的驱动作用。

第五节 主要结论与政策启示

目前中国面临着保持经济增长的同时逆转环境恶化的严峻挑战，缓解这一"两难"格局的关键路径之一便是产业结构的"绿色化"调整。然而，中国的产业结构存在的结构趋同、产能过剩、恶性竞争、资源浪费等一系列问题尚未得到有效解决，经济个体也缺乏结构调整的内在激励。因此，亟须在现有产业政策的基础上，寻找新的有力抓手和驱动力助推产业结构的调整。本章对环境规制能否成为产业结构调整的一个有效倒逼机制进行了实证检验。首先对正式环境规制和非正式规制进行了区分和强度测算；其次选用1999～2011年我国30个省份的面板数据，运用面板回归模型和门槛回归方法，验证了环境规制对产业结构调整的倒逼效应、门槛特征及空间异质性。

　　本章的研究结论如下：（1）正式环境规制有效驱动了产业结构的调整。由于不同行业具有不同的边际治污成本函数，当正式环境规制对排污企业施加严厉的环境约束时，具有较低边际治污成本的企业就获得了"绿色"发展的比较优势，而边际治污成本较高的企业，则因其较差的成本上涨承受能力而导致所在行业规模逐渐萎缩。严厉的正式环境规制得以淘汰污染密集型的落后产能和过剩产能，因此可作为产业结构调整的新的驱动力。（2）非正式规制强度总体上对产业结构调整产生了正向促进作用，其中收入水平、受教育水平和人口密度与产业结构调整指数呈正相关，只有人口结构指标与产业结构调整呈负相关。这表明近年来，中国公众的环保意识逐渐增强，非正式规制的污染管制效应和经济效应在中国已初步显现。然而，与发达国家相比，中国的非正式规制强度仍然偏低，且存在非正式规制手段单一等问题。（3）依据工业污染排放强度是否跨过相应门槛值，可将我国30个省份分为"强规制""中强规制""中弱规制"和"弱规制"四组，而我国大部分省份均落入"中弱规制"组中。进一步的门槛回归结果表明，正式环境规制强度对产业结构调整的影响不仅呈现出了显著的门槛特征，即随着规制强度的逐渐提高，会对产业结构调整产生先抑制、后促进、再抑制的影响，且存在显著的空间异质性：正式环境规制未能对"强规制""中强规制"和"弱规制"三组省份的结构调整产生良好的驱动效果，甚至产生了阻碍作用；而"中弱规制"组因为具有较高的倒逼弹性，正式环境规制强度的提高可对该组省份产业结构的调整产生强劲的冲击。

　　本章的研究结论蕴含着较强的政策启示：

　　（1）制定差异化的正式环境规制。在充分挖掘和利用正式环境规制驱动产业结构调整的作用潜力时，必须考虑不同省份的污染特征以及正式环境规制倒逼产业结构调整的空间异质性，制定差异化的规制政策及强度。

　　对于正式环境规制强度的提高不利于产业结构调整的省份，不应继续盲目提高规制强度，甚至应适当放松环境管制；其产业结构调整应更多地依赖于产业政策的创新，以及市场的资源配置和竞争功能，深入市场机制改革，充分发挥市场的力量推动产业结构的动态调整。对于正式环境规制能有效驱动产业结构调整的省份，应将正式环境规制作为重要抓手和驱动力，利用较高的倒逼弹性，建立长效机制。政府应适当提高现有规制强度，制定更为严格的环境标准，并完善企业的退出机制，如勒令停业整改、强制低产能企业兼并重组等，顺利淘汰低产能、高消耗的落后企业，从根本上遏制资源损耗型的生产模式和传统路径依赖，从而有助于形成可持续的、清洁的产业结构。然而，必须要注意的是，在一定时期内，正式规制强度的提升必须限定在企业可承受的范围内。通过环境约束促进产业结构的调整是一个长期过程，不能期望其一蹴而就。若环境约束过于严厉或环境成本大幅上涨导致被淘汰企业的数量过多，反而会对经济发展造成伤害性的冲击，使产业结构调整陷入停滞，甚至"产业逆淘汰"（沈能，2012）的僵局。因此，一是政府不能盲目提高规制强度，应循序渐进，依据企业的可承受范围进行滚动修改并逐渐加强；二是政府应加大对排污企业的技术投资和补贴，设立针对绿色先进技术引进和生产设备升级的专项基金，扶持企业由短期环境成本增加向长期技术促进平稳过渡；三是政府应将命令—控制型环境规制与基于市场的激励型环境规制进行有效结合，在提高环境标准的同时，增加规制工具的多样性和有效性，加快环境税、排污权交易等基于市场的激励性规制的制度设计和实施。

（2）促进消费者导向的环境规制创新。由于企业的生产活动是污染排放和造成环境破坏的主要来源，中国现有环境政策主要是针对生产者行为进行的规制，通过制定环境标准和激励型环境政策，激励企业的产品结构调整、生产工艺改进、技术研发和先进治污设备投资等行为，以期从源头上减少污染排放。然而，中国现有的环境政策忽略了市场另一端的参与者，即消费者行为对环境污染和环境治理的影响。消费者行为对环境的影响包含两方面的含义：一是消费者对"清洁型"产品的偏好，会驱使企业生产以环境友好为特征的差异化产品。应当通过引导消费者的绿色消费行为，激励排污企业自发地治理污染，并进行"清洁"生产。消费者在做出购买选择时对环境特征的关注，决定了消费者对企业环境行为的影响程度；而消费者对不同环境问题的关注和对环境的偏好是有区别的，例如，消费者对森林产品环境影响的担忧甚于矿产品。因此，消费者导向的环境规制更应注重对消费者敏感性较弱的产品的购买进行引导。二是消费者造成的环境污染往往被忽略，如生活垃圾、生活污水，以及对于如废旧电池等废弃物的处置等，均缺少相应的环境政策对消费者的污染行为进行规制。最新数据显示，城镇生活污水排放量的增加已经成为了中国废水排放量增加的主要原因，该污水排放量占中国废水排放总量的比重于 2012 年达到了 67.6%，而 2001 ~ 2012 年，中国城镇生活污水排放量年均增量占废水排放总量年均增量的 92.2%。[①] 消费者行为造成的环境污染问题愈来愈凸显出来，亟须制定相应的环境规制进行约束。因此，设计消费者导向的正式环境规制，使政策着力点由生产者行为转向兼顾消费者行为，是环境规制体系创新的重要内容。应通过引导和鼓励"绿色"消费影响生产者的资源配置，形成倒逼产业结构调整的新路径。

（3）加强非正式规制的力量。相较于发达国家，中国公众的环保意识依然较为淡薄，环保活动参与程度较低，非政府环保组织势力较弱，非正式规制的作用在中国尚未得到足够的重视。但近年来，随着环境质量的恶化和媒体曝光的增加，非正式规制在解决环境问题中的作用逐渐凸显，特别是对中小企业污染行为的监管。由于正式环境规制难以对中小企业的污染行为进行有效的监督和管制，而中小企业已成为中国工业污染的"主力军"。因此，政府应对非正式规制进行适度的鼓励，引导公众参与环境监督，重视并加强非正式规制的力量。首先，政府应制定适宜的政策支持和规范非政府环保组织的建立和发展。一方面，非政府环保组织作为环境保护中的一支独立力量，不仅能够通过环境保护宣传对公众进行环保教育，增强公众的环保理念，还能够为环保领域的科学研究提供必要的支持和资助。另一方面，非政府环保组织是环境保护活动的重要组织者，其有能力充分发动公众保护和改善环境，鼓励公众通过游行等方式表达自己的环境保护意愿，组织公众对污染企业进行游说或协商，以及对企业破坏环境的行为进行监督等。其次，政府应建立并完善公众参与环境监督的制度。戈尔达和班纳吉（Goldar & Banerjee，2004）指出非正式规制有两种"正式"表达，一是向规制者举报违反法定排污标准的事件，二是向规制者或政府当局施加压力，促使他们提高

---

① 资料来源：水环境污染形势严峻［EB/OL］. 中国环境新闻网 . http：//www. cfej. net/? thread – 23695 – 1. html/2014 – 05 – 21.

监管力度或规制强度。这就要求社会具有完善的公众参与环境监督制度，该制度应包括如下内容：建立有效畅通的信息反馈机制和渠道，赋予公众直接向政府当局或规制机构提出建议或批评的权利，以及向环保、执法部门检举或控告排污企业的违法违规行为的途径等；当公众因环境污染造成损害而向污染责任者要求赔偿时，政府应给予公众所需的支持和保障。最后，政府应增加对环保科研机构的支持力度和投入，鼓励科研机构开展全国范围内的环保意识、环保组织等相关内容的调研，以获取真实的第一手数据，还应建立相关数据库，推进学术界对非正式规制的科学研究。综上所述，政府应充分激发和利用非正式规制的作用，特别是针对难以受到正式环境规制有效监管的中小企业，不仅应对其排污行为发挥监管作用，更应深度挖掘其助推产业结构调整等经济效应。

需要指出的是，本章是基于我国各省份的统计数据进行的分析，而并未考虑行业异质性的影响。由于能源依赖度、政策倾斜度、污染排放等方面的差异，不同行业的环境规制强度与产业结构调整的弹性系数也许会完全不同。因此，政府在选择环境规制手段和强度时，不仅应考虑地区差异，还应兼顾行业差异。此外，基于数据的可得性，本章对非正式规制强度度量指标的选取存在不可避免的局限性，所选指标只能间接反映非正式规制强度，而无法直接衡量社会环保意识或环保活动的强度水平。因此，应鼓励并资助相关研究机构开展对社会环保意识等方面的全面调研和测算，建立相关数据库，为中国非正式规制的研究提供数据支撑。

第十二章

环境规制约束下中国工业结构
升级的作用路径

第一节 研究背景

在经济增速放缓与环境质量恶化的双重困境下，学术界普遍认为，工业结构升级是中国实现经济发展由高速度向高质量转型的关键（杨丽君和邵军，2018）。一般而言，工业结构升级能否成功，很大程度上取决于升级动力的转换能否成功。然而，随着中国经济增速放缓迹象的不断出现和强化，在工业化初中期阶段支撑工业经济高速增长和升级的动力因素正在减弱甚至失效，人口红利窗口加速关闭、资本边际产出进入下降通道、对发达国家模仿创新的技术进步空间不断缩小，中国工业经济的发展已无法继续依赖于横向规模扩张的传统路径。那么，如何寻找强有力的抓手、识别新的升级动力，在实现工业经济可持续稳定增长的同时，突破资源环境"瓶颈"，是当前中国必须思考和解决的重大问题。

自从"十一五"首次将污染排放总量作为经济社会发展的约束性指标以来，中国政府就实施了越来越严厉的环境规制。"十三五"期间，政府出台了"史上最严厉"的环境法，对工业向清洁生产方式转型的要求更加紧迫；党的十九大报告指出，中国必须"实行最严格的生态环境保护制度，形成绿色发展方式和生活方式"。在对工业发展所施加的越来越高的"环境壁垒"的背景下，在前文研究的基础上，本章将进一步探讨如下问题：环境规制倒逼效应是通过何种传导路径来有效发挥的？传导机制如何？本章将运用 2002 ~ 2014 年中国工业行业面板数据对这些问题进行实证考察，以期为新时期中国经济如何保持高质量发展以及如何打好污染防治攻坚战提供相关的政策建议。

第二节 文献综述与研究假设

一、环境规制与工业结构转型升级

随着趋紧的环境管制措施在各国的广泛实施，环境规制与工业经济的关系得到了国内外学者的热烈讨论，研究结论不断被拓展。早期研究主要是围绕环境规制与污染产业转移的"污染天堂假说"（Millimet & Roy，2016；Shen et al.，2019）展开的。近年来，越来越多的学者，尤其是国内学者着重探讨了环境规制对工业转型及结构调整的影响（原毅军和谢荣辉，2014；Liu et al.，2016）。童健等（2016）认为环境规制对中国工业行业转型升级的影响呈现"J"型特征，"J"型曲线的拐点取决于环境规制的资源配置扭曲效应和技术效应在污染密集行业和清洁行业之间的相对大小。有学者以污染密集型企业为研究对象，考察了环境规制对产业动态变化的影响，结果表明，大型国有企业能够在严厉的环境约束下维持原有的生产规模甚至实现产业的升级，而中小型民营企业则被迫缩减生产规模以应对环境规制引致的成本上涨（Zhou et al.，2017）。刘和旺等（2019）的研究发现，环境规制可通过提升全要素生产率和市场集中度等路径，显著倒逼污染密集型行业企业的转型升级，但这种倒逼效应仅体现在非国有企业之中，难以促进国有企业的产业转型升级。另有学者验证了环境税的实施能够促进劳动力从污染密集型生产部门向技术研发部门的转移，从而促进产业结构的调整和转型（Karydas & Zhang，2019）。

关于环境规制倒逼工业结构调整的研究已取得了较为丰硕的成果。然而，金碚等（2010）指出，当前中国产业发展中存在的主要问题并不是各层次产业之间比例高低的问题，而是由产业粗放式的发展方式和低下的发展质量所引发的相关问题。但以往文献鲜有对环境约束下工业结构高端化升级的专门考察。工业结构高端化升级的本质内涵，是生产效率的提升（刘伟等，2011）。环境规制对工业结构升级的影响，在微观层面，主要是通过增加企业内部成本、改变企业原有的成本结构，促使企业不断优化其原有资源配置结构、提升配置效率而实现的；在行业层面，则表现为迫使无法消化上涨成本的落后产能退出市场，使优质资源由低效率部门向高效率部门流动和重新配置，最终实现行业结构的高端化升级。基于此，提出本章的第一个研究假设。

假设 12.1：环境规制能够通过促进工业行业间资源配置效率提升而显著驱动工业结构升级。

二、环境规制驱动工业结构升级的传导机制

现有与环境规制及工业结构升级相关度较高的文献大致包含两类：第一类文献是关于环境规制对技术创新及生产率提升的激励效应研究。传统观点认为，环境规制的实施，将迫使企业改变原本基于生产可能性边界而制定的最优生产策略，从而导致企业的产量和利润的下降（Shadbegian & Gray，2005；伍格致和游达明，2019）。而"波特假说"则对该传统观点提出了挑战，认为企业并非总是在生产前沿开展生产活动，而正是环境规制的实施使企业意识到了非效率的存在，从而激励企业进行技术创新和工艺改善，以实现生产可能性边界的扩张，并在新的生产可能性边界上实现利润最大化生产（Brännlund & Lundgren，2009）。"波特假说"的提出引发了学术界的激烈讨论，且越来越多的研究支持了该假说的成立，即总体上认为合理的环境规制对企业技术创新及生产率的提升具有显著的激励效应（Acemoglu et al.，2016；Cheng et al.，2017；Ramanathan et al.，2017；Qiu et al.，2018）。有学者运用中国污染密集型企业的面板数据，检验了"波特假说"在中国是否成立。研究结果表明，灵活的污染控制政策的实施取得了初步的成效，显著激励了中国污染企业的技术创新（Zhao & Sun，2016）。马艳艳等（2018）针对中国火电上市公司的研究表明，环境规制增强能够促进火电企业加大研发投入，但这一关系会受到企业规模的负向调节作用。潘雄锋等（Pan et al.，2019）运用中国省级面板数据，亦验证了市场

激励型环境规制对技术创新的积极效应，但命令控制型规制的激励效应并不显著。需要指出的是，大多数研究考察了环境规制对技术创新或绿色生产率的激励效应，但未将绿色生产率作为关键传导路径，进一步考察其对工业结构升级的影响。基于此，本章将绿色生产率作为环境规制对中国工业结构升级的关键传导机制之一，并提出本章第二个研究假设。

假设 12.2：环境规制能够通过激励绿色生产率提升产生中介效应，从而有效驱动中国工业结构升级。

第二类相关文献是关于环境规制对人力资本积累的影响研究。虽然环境污染对人力资本积累的负面影响已得到较多学者的关注和一致认可（Chang et al.，2016；陈诗一和陈登科，2018），但将环境规制与人力资本联系起来的文献并不多见，尚属于一个较新的研究视角。王洪庆（2016）认为，环境规制能够通过改善环境质量促进人力资本积累，但该影响的边际效应递减，即随着环境规制强度的不断提升，其对人力资本积累的影响将最终下降为零。陈素梅和何凌云（2017）认为政府较高的环境规制强度能够通过降低污染存量水平而显著提高居民的健康质量，即意味着环境规制是促进人力资本投资的有效工具。朱金生和李蝶（2019）认为中国环境规制强度的不断提升将推动污染企业生产技术的迭代更新和环保产业的快速发展，因此增加了对具有相应技能的人力资本的需求。孔索利等（Consoli et al.，2016）运用美国的相关数据研究了"绿色就业"与"棕色就业"对劳动者技能及人力资本需求的差异。研究结果表明，"绿色就业"对人力资本有更高的要求，如正规的教育、工作经验及在职培训等。余东华和孙婷（2017）进一步从技能溢价的角度，验证了环境规制趋紧能够促进"绿色就业"对"棕色就业"的替代，从而能够显著引导技能型劳动力供给的增加。另有相关实证研究结果表明，环境规制与人力资本积累之间存在长期的"U"型关系，而中国当前的环境规制强度显著提升了人力资本水平（Ma et al.，2019）。综上可知，环境规制能够促进人力资本积累的结论总体上得到了国内外学者的验证。

鉴于上述的文献梳理及分析，本章将人力资本作为环境规制对中国工业结构升级的另一条传导机制，并提出本章第三个研究假设。

假设 12.3：环境规制能够通过有效促进人力资本积累，对中国工业结构升级产生积极的间接驱动效应。

第三节 计量模型构建及指标说明

一、计量模型的构建

为了系统考察环境规制对当前中国工业结构升级的影响及其背后的传导机制，本节选择了构建动态面板模型，原因有二：第一，任何经济变量本身都具有一定的惯性（林伯强和邹楚沅，2014），而工业结构的变动更是一个动态过程，其前一期的状态往往对后一期的结构升级有一定的影响，因此动态模型能够更好地控制工业结构升级中可能存在的滞后效应；第二，将解释变量的一阶滞后作为解释变量纳入模型，能将其他影响工业结构升级的因素涵盖进来，克服因遗漏变量而导致的内生性问题，从而有效降低模型的设定偏误。进一步地，在线性模型的基础上，引入环境规制强度指标的平方项以检验其非线性效应，构建计量模型（12 - 1）；分别引入环境规制与绿色生产率、人力资本的交互项，以检验环境规制驱动的传导机制，构建计量模型（12 - 2）。为了消除异方差，对所有变量取自然对数。具体模型构建如下：

$$\ln UPGRADE_{i,t} = \alpha_0 + \alpha_1 \ln UPGRADE_{i,t-1} + \alpha_2 \ln ERS_{i,t} + \alpha_3 (\ln ERS_{i,t})^2$$
$$+ \alpha_4 \ln MEDIATING_{i,t} + \alpha_5 Z_{i,t} + \varepsilon_{it} \qquad (12-1)$$

$$\ln UPGRADE_{i,t} = \gamma_0 + \gamma_1 \ln UPGRADE_{i,t-1} + \gamma_2 \ln ERS_{i,t} + \gamma_3 (\ln ERS_{i,t})^2$$
$$+ \gamma_4 \ln MEDIATING_{i,t} + \gamma_5 \ln ERS_{i,t} \times \ln MEDIATING_{i,t}$$
$$+ \gamma_6 Z_{i,t} + \varepsilon_{it} \qquad (12-2)$$

其中，i 表示工业行业（$i = 1, 2, \cdots, 35$），t 表示时间。$UPGRADE$ 为工业结构升级指标，ERS 表示环境规制强度指标，$MEDIATING = \{ GTFP, HUMAN \}$ 表示中介变量的集合，其中 $GTFP$ 为绿色技术进步指数，$HUMAN$ 表示人力资本；Z 表示控制变量的集合，主要包括资本—劳动比（KL）、外资进入程度（FDI）和行业规模（$SCALE$）。$\varepsilon_{i,t}$ 为误差项。值得说明的是，计量模型（12 - 2）中在构建交互项时，为了避免其回归系数的无意义或其经济含义的理解偏误，笔者分别对环境规制、绿色技术进步及人力资本指标进行了中心化处理（Balli & Sørensen，2013）。

二、指标说明及数据处理

本节选取 2002～2014 年中国 35 个工业行业[①]的面板数据进行了实证研究。原始数据分别来自历年的《中国工业经济统计年鉴》《中国环境年鉴》《中国环境统计年鉴》《中国能源统计年鉴》《中国科技统计年鉴》等。

1. 工业结构升级指数（$UPGRADE_{i,t}$）

参照刘伟等（2008）和黄亮雄等（2013）指标构建的思路，工业结构升级指数在本质上应综合反映出数量和质量两个方面的内涵。其中，"数量"是指产业间比例关系的变化；"质量"则指行业间产品附加值的差异。据此，指标构建方法如下所示：

$$UPGRADE_{i,t} = S_{i,t} \times VALUE_{i,t} \qquad (12-3)$$

其中，$S_{i,t}$ 表示工业行业 i 在 t 年的产值占工业总产值的比重，以反映"数量"方面的含义；$VALUE_{i,t}$ 表示工业行业 i 在 t 年的产品附加值率，以反映"质量"方面的含义。

2. 环境规制强度（$ERS_{i,t}$）

在已有研究中，国内外学者主要采用两种度量方法：一是以污染物排放的达标率作为代理指标（Cole & Elliott，2003；Zhou et al.，2017）；二是以污染减排支出作为代理变量（Becker et al.，2013；Rubashkina et al.，2015）。鉴于中国工业行业数据的可得性和完整性，本节将遵循第二种方法，选取工业各行业废水和废气治理设施本年运行费用占该行业成本费用总额的比重作为衡量环境规制强度的代理指标（Lanoie et al.，2008；景维民和张璐，2014）。其中，工业行业的成本费用总额由该行业的财务费用、销售费用、管理费用和主营业务成本加总而得。

3. 中介变量

（1）绿色生产率指数（$GTFP_{i,t}$）。绿色生产率既可能源于新的绿色技术

---

① 其中，剔除木材及竹材采运业、其他采矿业、工艺品及其他制造业、废弃资源综合利用业、开采辅助活动以及金属制品、机械和设备修理业等 6 个行业；将 2000～2011 年的"橡胶制品业"和"塑料制品业"合并为"橡胶和塑料制品业"，将 2012 年以后的"汽车制造业"和"铁路、船舶、航空航天和其他运输设备制造业"合并为"交通运输设备制造业"，最终将工业行业数据确定为 35 个。样本企业为全部国有及规模以上非国有工业企业。

的发明创造、引入及应用，也可能来源于现有设备的质量改进、各行业对现行技术知识吸纳能力的提高等。本章绿色生产率指数①的测算方法与前文一致，使用 Max DEA 软件进行具体测算，选用各行业总产值作为期望产出，在 CO_2 排放量、工业废气排放量、工业废水排放量和工业固体废弃物产生量 4 个指标中，CO_2 排放量按照 2006 年联合国政府间气候变化专门委员会（IPCC）提供的方法进行了估算。要素投入指标主要包括：劳动投入，采用各行业从业人员数来衡量；资本投入，选用各行业固定资产投资净值来衡量；能源投入，选用折合为万吨标准煤的工业行业能源消费总量来衡量。所有货币量指标均平减为以 2001 年为基期的不变价。

（2）人力资本（$HUMAN_{i,t}$）。采用工业各行业 R&D 人员数占该行业从业人员总数的比重来衡量。

4. 控制变量

本节的研究共包含 3 个控制变量：（1）资本—劳动比（$KL_{i,t}$）：用于衡量行业的要素禀赋结构；（2）外资进入程度（$FDI_{i,t}$）：以工业各行业外商投资企业和港澳台投资企业的固定资产合计占全部规模以上工业企业固定资产合计的比重来衡量；（3）行业规模（$SCALE_{i,t}$）：采用工业分行业的固定资产合计占工业固定资产合计总额的比重进行度量。

各变量的描述性统计如表 12-1 所示。

表 12-1　　　　　　　　主要变量的描述性统计特征

变量	符号	观测量	均值	标准差	最小值	最大值
工业结构升级指数	UPGRADE	455	0.0078	0.0062	0.0005	0.0309
环境规制强度	ERS	455	0.0024	0.0030	$6.66e-08$	0.0183
绿色技术进步指数	GTFP	455	1.1509	0.2623	0.1315	2.3272
人力资本	HUMAN	455	0.0246	0.0192	0.0011	0.0881
资本—劳动比	KL	455	19.7529	23.5461	1.8736	173.9028
外资进入程度	FDI	455	0.2610	0.1744	0	0.8095
行业规模	SCALE	455	0.0285	0.0398	0.0021	0.2721

---

① 该方法测算得到的是 $t+1$ 期的绿色技术进步指数相对于 t 期的环比增长率。为了考虑绿色技术进步在各年间的动态变化，参照马纳吉和耶拿（Managi & Jena, 2008）的做法，进一步将环比指数相应地转换为以 2002 年为基期的累积增长指数。

第四节 实证结果与分析

本节将对上文构建的计量模型（12 - 1）和计量模型（12 - 2）进行回归分析，以实证考察环境规制对中国工业结构升级的驱动效应及其传导机制。首先，对中国工业行业总样本进行了回归分析；其次，考虑到清洁行业的低污染特征更多是内生的，并不是为了应对环境规制而人为加强的（李巍和郁永勤，2017），而污染密集型行业则会受到环境规制的直接监管和影响，因此本节进一步对污染密集型行业进行了专门的实证分析。

在回归方法上，本节使用稳健标准误的系统 GMM 方法对动态面板模型进行了估计，以得到更为可靠的估计结果。表 12 - 2 和表 12 - 3 分别列出了环境规制影响工业行业整体及污染密集型行业结构升级的回归结果。根据表中报告的统计检验结果可知，各组系统 GMM 估计结果均通过了自相关检验和过度识别检验，即表明误差项 $\varepsilon_{i,t}$ 不存在自相关，且每组实证回归中工具变量的选择都是有效的。因此，本节的计量模型设置及回归方法的选择是合理且有效的。

一、工业行业总样本的回归结果分析

1. 基准回归结果分析

表 12 - 2 中的第（1）列和第（2）列分别报告了环境规制影响工业行业总样本结构升级的线性效应和非线性效应的回归结果。该结果显示，环境规制平方项的估计系数未通过显著性检验，意味着环境规制与工业结构升级之间不存在显著的非线性关系，因此笔者将着重分析线性模型的回归结果。

由表 12 - 2 中第（1）列的结果可知，环境规制对工业行业整体层面的结构升级具有显著的正向驱动效应，估计系数为 0.0071，在 10% 的水平上显著。环境规制对被规制企业最直接的影响主要体现在对企业成本结构及资源配置决策的改变上。趋紧的环境规制将首先打破企业成本最小化的约束条件，环境成本内部化程度越高，被规制企业负担的成本就越重；成本结构的改变，进一步激励企业意识到非效率的存在（Porter & van der Linde，1995）。

具有危机感和转型意识的工业企业将率先进行要素资源的重新整合、优化、通过获得"先动优势"而在激烈的产业内竞争中生存下来，并吸引更多优质要素资源的流入；而无力承担高昂治污成本的企业将被加速淘汰（王勇等，2019）。由此可知，环境规制通过引导要素资源的优化再配置，能够有效驱动工业行业的结构升级。这一结果验证了假说12.1。

表12－2　　　　　　　　环境规制与工业行业结构升级的回归结果

变量	基准回归		传导机制检验	
	（1）线性	（2）非线性	（3）绿色生产率	（4）人力资本
$\ln UPGRADE_{i,t-1}$	0.9540 *** （0.0439）	0.9254 *** （0.0421）	0.9097 *** （0.0441）	0.9525 *** （0.0457）
$\ln ERS_{i,t}$	0.0071 * （0.0036）	－ 0.0086 （0.0182）	－ 0.0030 （0.0065）	0.0070 * （0.0040）
$(\ln ERS_{i,t})^2$		－ 0.0010 （0.0011）		
$\ln GTFP_{i,t}$	0.0046 （0.0099）	0.0088 （0.0114）	0.0520 ** （0.0207）	－ 0.0091 （0.0166）
$\ln ERS_{i,t} \times \ln GTFP_{i,t}$			0.0559 *** （0.0202）	
$\ln HUMAN_{i,t}$	0.0192 ** （0.0098）	0.0218 ** （0.0086）	0.0237 *** （0.0091）	0.0189 ** （0.0096）
$\ln ERS_{i,t} \times \ln HUMAN_{i,t}$				0.0101 ** （0.0040）
$\ln KL_{i,t}$	－ 0.0378 ** （0.0189）	－ 0.0473 ** （0.0190）	－ 0.0563 ** （0.0222）	－ 0.0349 * （0.0188）
$\ln FDI_{i,t}$	－ 0.0075 （0.0099）	－ 0.0098 （0.0091）	－ 0.0157 （0.0120）	－ 0.0097 （0.0092）
$\ln SCALE_{i,t}$	0.0313 （0.0347）	0.0588 （0.0369）	0.0741 * （0.0388）	0.0343 （0.0365）
_cons	0.0890 （0.0603）	0.0247 （0.1115）	0.0393 （0.0459）	－ 0.0425 （0.0684）

变量	基准回归		传导机制检验	
	（1）线性	（2）非线性	（3）绿色生产率	（4）人力资本
Wald 检验	24146.77	37671.03	24395.04 ***	20054.03 ***
工具变量数	48	49	49	49
AR（1）– p 值	0.0040 ***	0.0040 ***	0.0040 ***	0.0040 ***
AR（2）– p 值	0.8080	0.8090	0.5390	0.8010
Hansen 检验（p 值）	0.8020	0.8460	0.8260	0.8520
样本量	417	417	417	417

注：（1）括号里的数字代表标准差；（2）***、**和*分别表示在1%、5%和10%水平上变量显著。下同。

关于其他变量的回归结果，由工业结构升级指数滞后一期的回归系数可知，工业行业的结构升级本身呈现出了强显著的"传递效应"和"自加强效应"，即工业结构升级在前期取得的良好效果能够对未来的结构升级形成示范作用，并有效强化未来的升级效果，形成良性循环。人力资本对工业行业整体的结构升级产生了积极的促进作用，估计系数为0.0192，且在5%的水平上显著。人力资本作为经济系统的高级生产要素，不仅能够促进知识的传播，加快对先进知识和技术的吸收，还能够显著提升效率水平（詹新宇，2012），是经济增长和产业升级的重要引擎。

绿色生产率、外资进入程度和规模变量的回归系数均未通过显著性检验。资本劳动比指标与工业行业结构升级呈现了显著的负相关关系。20世纪90年代以来，中国依靠以政府为主导的大规模投资实现了工业资本的快速积累，显著加快了中国的工业化进程。然而，由于要素驱动的增长方式会不可避免地碰到要素边际报酬递减规律的"红线"（陈诗一，2016），资本深化所产生的负面效应已被越来越多的学者所关注，并被认为是导致产业结构固化和产能过剩的主要因素（于泽和徐沛东，2014）。本节工业行业样本的回归结果亦证实了这一观点。进一步地，由绿色技术进步所代表的创新驱动模式与由资本深化所代表的投资驱动模式，对工业结构升级的作用机制截然相反。对比技术进步指数与资本劳动比的回归结果可知，对于工业全行业而言，资本深化的弊端已经显现，但绿色技术进步驱动的发展模式还尚未形成。因此，当前亟须加快工业结构升级动力机制的转换。

2. 传导机制检验的回归结果分析

在前文分析的基础上，本节将分别从绿色技术进步和人力资本渠道来研究环境规制影响工业结构升级的传导机制。

表 12 - 2 中的第（3）列报告了在线性模型的基础上引入环境规制与绿色生产率交互项后的回归结果。结果表明，虽然环境规制强度指标的估计系数未通过显著性检验，但交互项的估计系数在 1% 水平上强烈显著，验证了绿色生产率传导机制的有效性，即环境规制能够通过激励绿色生产率提升，从而有效驱动中国工业结构升级。严厉的环境规制使被规制企业面临额外的污染治理费用支出，为了应对由此导致的成本上涨，被规制企业将增加绿色技术的研发投入，引进清洁的新技术和新工艺，以通过"创新补偿"效应抵消污染减排成本的上涨，由此可知，环境规制有效激励了绿色生产率的提升。根据新古典经济理论，部门间绿色生产率的差异将引致生产要素在部门间的重新配置和结构优化，从而驱动工业结构的变动和升级。假设 12.2 得以验证。

另外，值得注意的是，较之于表 12 - 2 第（1）列的回归结果，引入交互项后，绿色生产率指数的估计系数在显著性上有明显提高，估计系数为 0.0520，通过 5% 水平的显著性检验。这意味着，不仅绿色生产率在环境规制间接驱动工业结构升级的过程中有效发挥了中介效应，环境规制的实施亦有助于绿色生产率本身对工业结构升级的驱动效应，二者之间形成了一种螺旋式的响应机制。

表 12 - 2 中的第（4）列报告了引入环境规制与人力资本交互项后的回归结果。结果表明，二者交互项的估计系数为 0.0101，且在 5% 水平上显著，验证了人力资本传导机制的有效性，即环境规制能够通过促进人力资本的提升，显著驱动中国工业结构升级。面对趋紧的环境规制，工业企业将更加重视绿色转型和清洁生产，这就对企业的绿色管理、资源配置优化、工艺改进、技术迭代更新等多个方面的改善和升级提出了更高的要求，需要具有特定技能的人力资本与之匹配。因此，环境规制能够增加对人力资本的需求，促进"人口红利"向"人才红利"的转化，从而对工业结构升级产生显著的间接影响。至此，假设 12.3 得到了验证。

二、污染密集型行业子样本的回归结果分析

对于污染密集型行业的识别，本节选取了工业行业的"三废"排放量，即工业废水排放量、工业废气排放量①和工业固体废弃物产生量的数据，参照傅京燕和李丽莎（2010）的方法，将各污染物的排放强度标准化处理后进行等权重加权平均，构建污染排放强度综合指数，②作为行业分组的依据。首先，为了平滑短期波动的影响，计算本节时间窗口期内各工业行业污染排放强度指数的年均值；其次，参考童健等（2016）的做法，以该指数年均值的中位数作为工业行业分类的标准，最终确定为 18 个污染密集型行业③。

需要说明的是，GMM 方法要求面板数据的截面长度 N 显著大于时间长度 T，所得到的估计结果才是一致的。因此，本节将剔除污染密集行业子样本数据在研究时间窗口（2002～2014 年）内的单数年数据，保留双数年数据，以保证系统 GMM 对面板数据结构的要求。

1. 基准回归结果分析

表 12-3 中的第（1）列和第（2）列分别报告了环境规制影响污染密集型行业结构升级的线性效应和非线性效应的回归结果。与工业全行业样本的回归结果相同，环境规制与污染密集型行业的结构升级之间未呈现显著的非线性关系。

表 12-3　　　　环境规制与污染密集型行业结构升级的回归结果

变量	基准回归		传导机制检验	
	（1）线性	（2）非线性	（3）绿色生产率	（4）人力资本
$\ln UPGRADE_{i,t-1}$	1.0089 *** （0.0856）	1.0037 *** （0.0800）	1.0747 *** （0.0504）	1.0190 *** （0.0826）

① 工业废气排放量等于工业二氧化硫排放量和工业烟粉尘排放量的加总。

② 限于篇幅，对指标的具体计算步骤不再赘述。

③ 18 个污染密集型行业分别是：石油加工、化学纤维、食品加工、有金冶炼、化学工业、纺织业、黑金冶炼、造纸制品、食品制造、非金制品、非金采选、医药制造、饮料制造、电力热力、黑金采选、有金采选、水的生产、煤炭采选。

续表

变量	基准回归		传导机制检验	
	（1）线性	（2）非线性	（3）绿色生产率	（4）人力资本
$\ln ERS_{i,t}$	−0.0011 （0.0087）	−0.0371 （0.0660）	−0.0210 （0.0155）	−0.0044 （0.0178）
$(\ln ERS_{i,t})^2$		−0.0020 （0.0032）		
$\ln GTFP_{i,t}$	0.0383 ** （0.0182）	0.0388 （0.0257）	0.1567 *** （0.0573）	0.0427 ** （0.0209）
$\ln ERS_{i,t} \times \ln GTFP_{i,t}$			179.8740 * （93.8440）	
$\ln HUMAN_{i,t}$	0.0542 ** （0.0239）	0.0597 ** （0.0264）	0.0494 ** （0.0200）	0.0562 ** （0.0266）
$\ln ERS_{i,t} \times \ln HUMAN_{i,t}$				0.0050 （0.0195）
$\ln KL_{i,t}$	−0.0759 （0.0556）	−0.0770 （0.0580）	−0.0572 （0.0444）	−0.0765 （0.0623）
$\ln FDI_{i,t}$	−0.0704 ** （0.0346）	−0.0767 * （0.0413）	−0.0628 * （0.0324）	−0.0754 * （0.0431）
$\ln SCALE_{i,t}$	−0.0227 （0.0915）	−0.0179 （0.0806）	−0.0705 （0.0533）	−0.0334 （0.0874）
_cons	0.2338 * （0.1250）	0.0986 （0.2365）	0.2196 ** （0.1165）	0.2253 （0.1689）
Wald 检验	4431.11	4506.68	10237.40 ***	4562.40 ***
工具变量数	24	25	25	25
AR（1）−p 值	0.0210 **	0.0130 **	0.0110 **	0.0210 **
AR（2）−p 值	0.9760	0.9430	0.8760	0.9160
Hansen 检验（p 值）	0.4060	0.4160	0.7020	0.3930
样本量	108	108	108	108

由表 12-3 中第（1）列的线性模型的回归结果可知，中国当前的环境规制未能对污染密集型行业的结构升级发挥有效的驱动效应。可能的原因有二：一是污染密集行业自身属性的原因。在当前环境规制日渐严格的政策背景下，具有高能耗、高污染等典型特征的污染密集型工业行业首当其冲，成为被规制的首要对象。然而同时，污染密集型行业的发展具有很强的路径依赖和技术惯性，进行结构升级和路径转型的难度大、阻力强、收益低，因此较之于其他工业行业，实现环境规制对污染密集型行业结构升级的有效驱动，需要更高的投入强度和更长的时间。二是中国环境规制体系建设方面的原因。中国的环境规制体系尚不健全，规制工具亦较为单一。目前，中国针对污染密集型行业所普遍实施的环境规制仍以行政性手段或临时性措施为主，如强制限产、停产等。然而，临时性规制手段后，环境污染又卷土重来，甚至更加严重。因此，这种以行政性手段为主的环境执法虽然在污染减排方面取得了暂时性的立竿见影的效果，但终究不可持续，即无法从源头上解决环境污染问题，在根本性地缓解环境保护与经济增长之间的矛盾方面，其作用也极为有限。

关于其他变量的回归结果，本书将着重与工业行业总样本的回归结果进行对比分析。其中，工业结构升级指数滞后一期、人力资本及行业规模等变量在影响效果及显著性上均相同。而值得关注的是，绿色生产率、资本深化和 FDI 等变量对两组样本的结构升级则产生了截然相反的影响。

首先，绿色生产率未能对工业行业整体的结构升级产生有效的积极影响，但却在污染密集型行业的结构升级中发挥了显著的驱动效应，绿色生产率每提高 1%，将显著驱动污染密集型行业的结构升级水平提高 0.0383%。由于污染密集型行业本身所具有的高能耗、高污染、高排放的属性，该行业由当前的粗放型发展模式向绿色清洁型发展模式的彻底转型将是未来发展的必然趋势。因此，污染密集型行业对绿色生产率的提升具有更迫切的现实需求，有远见的企业家将率先进行绿色技术的研发和创新。率先实现绿色技术进步和绿色生产率的污染密集型部门，将吸引更多生产要素资源的不断流入，使其规模不断扩张，最终促进污染密集型行业的结构升级。

其次，资本劳动比的估计系数未通过显著性检验。结合绿色生产率指数的回归结果可知，与工业全行业不同，污染密集型行业结构升级的动力，已先于其他行业进入了由投资驱动向绿色生产率驱动的转型轨道。

最后，外资进入程度与污染密集型行业的结构升级显著负相关，即外资的流入显著阻碍了污染密集型行业的结构升级，估计系数为 - 0. 0704，且通过了 5% 的显著性水平检验。这表明中国实施的"以市场换技术"的开放政策在污染密集型行业并未实现预期的目标。而事实上，FDI 流入中国更多是为了获取廉价劳动力等成本优势（何兴强和王利霞，2008），对其核心技术却进行了封锁和保护，因此并未对中国工业结构升级产生积极的促进作用，反而在一定程度上固化了污染密集型行业的低端路径锁定。

2. 传导机制检验的回归结果分析

以上研究结果表明，与工业行业整体不同，环境规制对污染密集型行业结构升级的直接效应尚不显著。那么，环境规制能否通过有效的传导机制而间接驱动污染密集型行业的结构升级？本节将对此进行实证检验。

由表 12 - 3 中第（3）列所示的回归结果可知，环境规制与绿色生产率交互项的估计系数通过 10% 水平的显著性检验，验证了绿色生产率是环境规制驱动污染密集型行业结构升级的有效传导机制。同时值得注意的是，对于污染密集型行业而言，二者交互项的边际效应（179.8740）远高于工业行业总样本的回归系数（0.0559），这进一步说明了绿色生产率提升在污染密集型行业转型升级中发挥了更为关键的作用。随着环境规制愈加严厉，污染密集型行业需应对更高的成本上涨压力以及由此引致的更大的冲击。因此，提升绿色生产率是驱动污染密集型行业突破当前"灰色"发展模式路径锁定、向"绿色"发展模式转型升级的根本动力。

表 12 - 3 中第（4）列的回归结果显示，环境规制与人力资本交互项的回归系数未通过显著性检验，表明对于污染密集型行业而言，人力资本尚未成为环境规制驱动效应的有效传导机制。如前文的分析，污染密集型行业（如采矿业、石油加工及炼焦、金属冶炼等）的发展具有很强的路径依赖，转变当前高污染、高排放的发展模式对环保专业人才及卓越工程师等人力资本的需求远远高于工业行业人力资本需求的平均水平。然而，中国当前从事环保技术研发的人力资本十分匮乏。2002 年，从事环保科技活动的人员数占全国科技活动人员的比重为 0. 50%，至 2015 年，该比重降至 0. 12%。这可能是导致人力资本未能有效发挥中介效应的主要原因。这也与王洪庆（2016）、朱金生和李蝶（2019）的研究结论相一致。

第五节 主要结论与政策启示

本章利用 2002 ~ 2014 年中国 35 个工业行业的面板数据，采用稳健标准误的系统 GMM 方法，基于绿色生产率和人力资本的视角，研究了环境规制对中国工业结构升级的倒逼效应及其传导机制，并得到了如下主要结论：

（1）环境规制能够通过改变企业成本结构、引导要素资源的优化再配置而有效驱动工业行业的结构升级，但鉴于污染密集型行业自身属性、环境规制体系尚不健全等可能原因，环境规制对污染密集型行业结构升级的倒逼效应并不显著。

（2）无论是工业行业整体，还是污染密集型行业，绿色生产率的提升都被证明是环境规制驱动的有效传导机制，并且对污染密集型行业结构升级的边际贡献远大于工业行业样本，这有力验证了绿色生产率提升是污染密集型行业突破当前"灰色"发展路径的根本动力。

（3）环境规制能够通过促进人力资本的提升而间接驱动中国工业结构升级，但对于污染密集型行业而言，人力资本的中介效应尚不显著。

根据上述研究结论，本章研究结论的政策含义在于：

首先，中国政府及环保部门应不断致力于健全和完善中国当前的环境规制体系，提高环境规制的有效性，以激励绿色技术创新、引导资源优化配置作为主要的政策目标之一。对于处于世界技术前沿的绿色技术而言，企业在绿色技术研发和应用过程中将面临巨大的不确定性风险。因此，应以激励绿色创新、推动清洁发展机制建立为主要政策目标，引导研发资源由消耗化石燃料的传统技术创新部门向绿色技术创新部门的重新配置，助力绿色驱动战略的实施，在"绿色"领域实现弯道超车。

其次，应停止"一刀切"的环境政策和临时性的环境执法，加快建立促进经济系统与生态系统协调发展的长效机制。环境污染的治理绝不是短期内就可以实现的，因此政府及相关部门在制定和实施环境规制政策时，应以长远的眼光，建立常态化的监管体制。同时，应充分考虑不同工业行业的自身特点及发展规律，尤其是针对污染密集型行业，应设计并实施灵活的政策工具，选择恰当的环境治理时机，以保证给予污染密集型企业足够的选择自由度和充足的时间进行决策制定及战略调整，从而建立高质量、高效率的环境规制倒逼机制。

最后，应瞄准未来绿色发展制高点及重大战略需求，继续加大教育财政支持力度，加快绿色技术研发及清洁生产领域专业人才的培养，构筑人才高地。一方面，应充分发挥高等教育在人才培养方面的资源优势，政府可通过教育财政支持向相关专业和领域的适当倾斜，引导对绿色发展相关的专业技术人才和创新型人才的培养；另一方面，政府应加强鼓励和引导企业、高校、科研机构等多方力量在绿色技术研发领域建立合作联盟，通过不同领域人才间的互动交流，充分发挥知识溢出效应。同时制定有吸引力的人才政策，加大对取得重要技术突破的个人或组织的奖励力度，从而激励人力资本水平的全面提升。

第四篇 绿色创新驱动与中国工业结构"清洁化"升级的实现机理

第十三章

绿色生产率与工业结构"清洁化"升级的理论研究：单部门模型

第一节　索洛增长模型概述

一、索洛增长模型的基本框架

美国经济学家罗伯特·索洛（Robert Solow，1956）认为，哈罗德—多马模型具有明显的局限性，模型中所采取的固定比例（fixed proportions）生产函数并不符合经济现实，即：

$$Y = F(K, L) = \min\left(\frac{K}{a}, \frac{L}{b}\right) \qquad (13 - 1)$$

其中，Y 表示产量，K 和 L 分别表示资本和劳动力投入。索洛（1956）通过放松哈罗德—多马增长模型中资本—劳动固定比例的理论假设，而采用了允许资本和劳动相互替代的新古典生产函数，从而提出了一个更具一般意义的新的经济增长模型，即索洛增长模型。索洛增长模型是经济学家传统上用于分析各国经济增长问题的主要模型，几乎对于所有有关增长的分析而言，索洛增长模型都是起点（罗默，2003）。因此，本书理论模型的构建，亦从索洛增长模型开始，继而根据本书的研究目的，对此模型进行了相应的修改和扩展。

假设一国只生产一种产品 x，其产量记为 $Y(t)$。产品 x 由资本 K 和劳动

力 L 两种投入要素生产。假定劳动力供给为外生决定，且为完全就业，此时劳动力的增长率等于人口增长率，设为 n。资本存量记为 $K(t)$，则净投资为每一时期新增的资本存量，记为 $\dot{K}$，因此有：

$$\dot{K} = sY(t) - \eta K(t) \qquad (13-2)$$

其中，s 表示储蓄率，η 表示折旧率。

生产函数记为：

$$Y(t) = F(K, L) \qquad (13-3)$$

该生产函数满足三个新古典条件：（1）生产要素的边际产量为正，但呈递减趋势，即 $F'(K) > 0$，$F''(K) < 0$；$F'(L) > 0$，$F''(L) < 0$。（2）规模报酬不变，即 $F(\lambda K, \lambda L) = \lambda F(K, L)$。（3）满足稻田条件（Inada conditions），当生产要素 K（或 L）的投入量趋于 0 时，相应的边际产量趋于无穷大；当生产要素 K（或 L）的投入量趋于无穷大时，相应的边际产量趋于 0，即 $\lim\limits_{K \to 0}[F'(K)] = \lim\limits_{L \to 0}[F'(L)] = \infty$，$\lim\limits_{K \to \infty}[F'(K)] = \lim\limits_{L \to \infty}[F'(L)] = 0$。

由于生产函数式（13-3）满足规模报酬不变的假设，因此可将其转化为人均形式，即：

$$y = f(k) \qquad (13-4)$$

其中，y 表示人均产量，k 表示人均资本，即：

$$k = K(t)/L(t) \qquad (13-5)$$

为了分析资本积累的时间轨迹，将式（13-5）转化为 $K(t) = k \cdot L(t)$，对时间 t 求导可得：

$$\dot{K} = \dot{k} \cdot L(t) + k \cdot \dot{L}(t) \qquad (13-6)$$

将式（13-6）代入式（13-2）可得：

$$\dot{k} \cdot L(t) + k \cdot \dot{L}(t) = sF[K(t), L(t)] - \eta K(t) \qquad (13-7)$$

因生产函数满足规模报酬不变，因此可将其转化为 $F[K(t), L(t)] = L(t) \cdot f(k)$，并代入式（13-7），从而得到资本积累时间轨迹的表达式：

$$\dot{k} = sf(k) - (\eta + n)k \qquad (13-8)$$

式（13-8）为基准索洛增长模型的关键方程，它表明人均资本存量的变化取决于如下两项的差值：一是当期新增加的人均实际投资 $sf(k)$，即人均产量与储蓄率的乘积；二是当期人均资本存量的消耗量，包括弥补资本折旧部分和维持劳动力增长所需的人均投资量 $(\eta + n)k$，罗默（2003）称之为"持平投资"，即为使 k 保持在现有水平上所必须进行的投资。人均资本

存量 k 不断增加的过程，被称为资本深化，资本深化能够增加经济体的产出，因此资本存量的不断积累是实现经济增长的关键因素。

二、索洛增长模型的改进

当人均实际投资 $sf(k)$ 等于持平投资 $(\eta+n)k$ 时，$\dot{k}=0$，此时的经济增长进入均衡增长路径，索洛称之为稳定状态（steady state）。在平衡增长路径上，人均资本 k 的增长率为 0；资本存量总量 $K=k\cdot L$，其增长率等于人口增长率 n，由于规模报酬不变，总产出 Y 的增长率亦等于 n。此时，人均产出的增长率为 0，总产出的增长率只由人口增长率 n 决定。然而，经济增长只取决于人口增长的这一结论并未能很好地解释世界上许多国家自 19 世纪 20 年代以来人均收入的持续增长趋势。为了对各国出现的这一经济现象进行解释，索洛对其基准模型进行了修正，指出技术进步是其中的关键因素，人口增长和资本积累只是解释了经济增长中的一小部分，而大部分的经济增长则是由技术的进步所带来的。因此，生产函数变为：

$$Y(t)=F(K,\ B\times L) \tag{13-9}$$

其中，索洛将技术进步设定为劳动增加型而纳入生产函数，技术进步能够提高单位劳动的生产率，从而使得同样数量的劳动力投入获得更多的产出，因此相当于直接增加了劳动投入，BL 表示有效劳动。[①] 同时，索洛将劳动增加型技术进步假定为外生变量，而并未解释技术进步的来源及影响因素，技术进步率给定为常数 g。模型的其他假设不变。

引入劳动增加型技术进步以后，人均资本存量变化的表达式变为：

$$\dot{k}=sf(k)-(n+g+\eta)k \tag{13-10}$$

此时，$k=K/(BL)$，表示有效劳动的人均资本。式（13-10）描述了有效劳动人均资本存量的变化轨迹，是索洛考虑技术进步因素后扩展模型的核心方程。由式（13-10）可知，资本积累取决于人均储蓄、劳动力增长率、技术进步率以及折旧。（1）$\dot{k}$ 与储蓄率 s 正相关。产出在消费和投资之间进行分配，而投资来自于居民储蓄，因此经济体储蓄的增加将直接带来资本存量的增加。索洛假定储蓄率 s 固定不变，即居民按其收入的固定比例

---

① 当技术进步以 $Y(t)=A(t)F(K,\ L)$ 的形式进入生产函数时，则技术进步被称为希克斯中性的，即技术进步能够增加产出，但并不改变资本和劳动边际替代率。而当生产函数选用柯布—道格拉斯函数形式时，劳动增加型技术进步与希克斯技术进步的本质是相同的。

s 进行储蓄，而其收入的（$1-s$）部分用于消费。（2） $\dot{k}$ 与有效劳动力增长率（$n+g$）负相关。由于 $g>0$，因此较之于式（13-8），式（13-10）中的新增项 $n+g>n$，表明保持每一单位有效劳动的人均资本不变需要更多的资本。（3） $\dot{k}$ 与折旧率 η 负相关。资本存量会随时间出现损耗，即为折旧，如厂房的维修、生产机器的磨损、零部件的更新等。为了简化处理，将每一时期的资本损耗设定为固定的速率 η，而每一期的资本损耗都将从新增资本中扣除，从而使资本存量减少。

根据式（13-10）可对索洛增长模型中所描述的平衡增长路径进行动态分析，如图13-1所示。单位有效劳动的资本存量的变化 $\dot{k}$ 将由式（13-10）右边的两项决定，且能够表示为 k 的函数，分别对应于图13-1中的两条曲线。分析曲线 $sf(k)$：由于 $f(0)=0$，即当资本投入为0时，经济体则无法进行生产，因此曲线 $sf(k)$ 从原点出发。又因为生产函数 $f(k)$ 满足稻田条件，k 越趋近于0，$f'(k)$ 的值则越大，因此 $f(k)$ 在越靠近原点的地方斜率越大，曲线则更为陡峭；当 k 越大时，$f'(k)$ 则将逐渐趋近于0，曲线则越平坦。因此，曲线 $sf(k)$ 与（$\eta+n+g)k$ 将必然相交，且只有一个交点，记为 k^*。

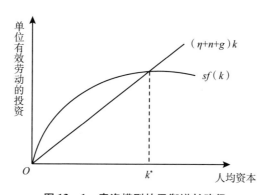

图13-1　索洛模型的平衡增长路径

（1）当 $k=k^*$ 时，$\dot{k}=0$，此时，人均资本 k 的增长率为0，有效劳动的人均产出 $y=f(k)$，其增长率亦为0。因此，在长期内，经济体将进入平衡增长路径，即达到稳定状态。

（2）当 $k<k^*$ 时，$sf(k)>(\eta+n+g)k$，即 $\dot{k}>0$，这表明新投资的增

速大于资本损耗的速度，人均资本积累不断增加，因此人均资本存量 k 将逐渐增长至 k^* 水平，经济增长进入稳定状态。

（3）当 $k > k^*$ 时，$sf(k) < (\eta + n + g)k$，即 $\dot{k} < 0$，这表明新投资的增速小于资本损耗的速度，人均资本积累不断减少，因此人均资本存量 k 将逐渐下降至 k^* 水平，经济增长亦最终进入稳定状态。

由上述分析可知，无论基期的人均资本存量 k 处于什么水平，在长期内最终都将收敛于 k^*，即经济增长最终都会达到稳定状态。而在平衡增长路径上，资本存量总量 $K = k \cdot (BL)$，其增长率为 $(n + g)$；总产出 $Y = y \cdot (BL)$，其与资本存量 K 以相等的速率 $(n + g)$ 增长，因此，总产出的增长率取决于人口增长率 n 和技术进步率 g。实际的人均产出 $y_r = Y/L = y \cdot B$，其增长率为 g，即每单位劳动力的实际人均产出增长率则只由技术进步率 g 决定。

第二节 单部门绿色增长模型的构建：对索洛增长模型的应用和扩展

一、绿色索洛增长模型概述

自 20 世纪 30 年代起，作为新古典经济理论的主要内容之一，生产函数理论的提出和发展为现代经济学提供了基本的研究工具（Humphrey，1997），而生产函数已成为进行经济行为分析的起点和基础。生产函数是研究生产者的最大化行为的重要工具，是用于反映生产要素投入量与产出量之间的技术关系的函数（李子奈，2007），用来说明在一定的经济技术条件下，不同生产要素的组合及数量比例所能得到的最大产量。标准的生产函数的表达式为：$Y = A(t) \cdot F(K, L)$。传统的生产函数理论仅假设在长期的经济发展中，制约人类社会经济活动的稀缺的生产要素有两种，即资本 K 和劳动 L，而假定土地等自然资源是相对丰富，且在长期内能够无限供给的。

从生产者的角度而言，资源经济学理论中的自然资源主要包括能源、土地、水资源等输入经济系统的原材料，以及能够分解、转移、容纳经济系统副产品输出的生态环境资源。早在 18 世纪后期，马尔萨斯在其经典论断中便提出了自然资源的相对稀缺对经济增长的制约作用。而马歇尔则认为资源稀缺将通过较高的产品价格得到反映，但并不会构成对经济增长的约束（蔡宁和郭斌，1996）。巴奈特和摩尔斯（Barnett & Morse，1963）则对其进行了更为具体的阐述，即认为只有作为经济过程原材料和能源供应者功能的环境资源才具有稀缺性。尽管众多经济学家对自然资源的稀缺性进行过论述，资源稀缺性理论亦得到了逐渐发展和完善，但从马歇尔时代开始至20世纪60年代，自然资源的稀缺性和环境恶化问题并未引起学术界及社会的关注和重视。进入21世纪以来，随着全球各国经济，尤其是工业经济的迅猛发展，资源环境问题日渐凸显，资源短缺和环境污染对经济系统的冲击愈加显著，能源危机、臭氧层空洞危机、水资源危机、粮食危机等已成为21世纪最受关注的全球性问题。1972年，以梅多斯为代表的罗马俱乐部首次提出了地球的极限和人类社会发展极限的观点。他们在《增长的极限》（梅多斯等，2006）中指出，环境约束将成为21世纪全球经济增长的严重制约因素。罗马俱乐部的增长极限理论虽然得到了众多经济学家的反对，但其也引起了学术界就环境与经济增长关系的热烈讨论及社会的广泛关注和思考。经济发展的事实证明，罗马俱乐部关于全球生态制约的观点、对经济系统趋于崩溃的担忧并不是荒诞不经的，全球石油产量下降、臭氧层破坏、"温室效应"蔓延、物种消失、森林退化等问题的出现，意味着资源耗竭和环境污染正在逐渐成为世界性问题，资源环境将严重制约全球经济发展的观点，也已成为世界各国的共识。

自然资源是生产活动的基本投入，是经济增长的基础。孟维华（2011）指出，劳动力和资本不可能在虚无中结合并生产出产品，其强调自然资源在生产中的作用，并认为应在生产函数中所体现。由于索洛增长模型并未考虑资源环境问题在经济增长中的作用和影响，布鲁克和泰勒（Brock & Taylor，2004）着重考察了环境污染对经济增长的影响，通过将环境污染因素纳入生产函数等，对索洛增长模型进行了修正和扩展，构建了绿色索洛增长模型。布鲁克和泰勒（Brock & Taylor，2004）区分了生产技术进步和污染减排技术进步，并将污染减排技术进步引入标准的污染排放方程，从而分析了在不增加成本的条件下降低污染排放强度的实现路径。

假设经济活动的每单位产出，将伴随产生 Ω 单位的污染物排放，当总产出水平为 $Y = F(K, BL)$ 时，污染产生总量相应的为 $\Omega \cdot F$；令污染减排

水平为 A，则相应的污染去除量为 $\Omega \cdot A$，因此有：

污染排放量 = 污染产生量 − 污染去除量，即：

$$P = \Omega \cdot F - \Omega \cdot A \qquad (13-11)$$

根据产出弱可处置性公理（Weak Disposability of Outputs Axiom），污染减排活动是具有一定成本的，若要减少污染物的排放量，则需要占用一定数量的生产资料，从而使得"好"产出的产量相应下降。因此，将生产部门用于污染减排的要素投入水平记为 F_A。假设污染减排活动满足规模报酬不变，且污染物去除量与总产出水平 F 和减排投入水平 F_A 成正比，因此有 $A = A(F, F_A)$。基于上述假设，可将式（13-11）重新写为：

$$P = \Omega \cdot F - \Omega \cdot A(F, F_A) = \Omega \cdot F - \Omega \cdot F \cdot A(1, F_A/F)$$
$$= \Omega \cdot F \cdot [1 - A(1, \theta)] \qquad (13-12)$$

其中，$\theta = F_A/F$，表示生产部门用于减少污染所需的投入占总产出的比重，假设减排强度保持不变，因此 θ 为常数。令 $a(\theta) = 1 - A(1, \theta)$，则式（13-12）可最终写为：

$$P = F \cdot \Omega \cdot a(\theta) \qquad (13-13)$$

式（13-13）为污染排放函数，由该函数可知，污染排放量 P 取决于生产规模 F，以及由 $\Omega \cdot a(\theta)$ 表示的技术进步效应。而技术进步效应又进一步受到减排投入强度 θ，以及能够降低单位产出污染排放 Ω 的技术进步的影响。布鲁克和泰勒（Brock & Taylor, 2004）将能够降低单位产出污染排放 Ω 的技术称为污染减排技术，并假定其为外生决定，污染减排技术进步率为常数，记为 g_A。$a(\theta)$ 表示减排强度函数（Intensive Abatement Function），该函数满足：

（1）$a(0) = 1$，表示企业的污染减排投入 $\theta = 0$ 时，意味着企业不进行污染减排活动。

（2）$a'(\theta) < 0$，$a''(\theta) > 0$，即 $a(\theta)$ 为 θ 的减函数，且是严格凹的。

当存在污染减排活动时，生产部门原有的产出水平 $Y = F(K, BL)$ 表示潜在产出，而此时的实际产出为：

$$Y_{real} = (1 - \theta) \cdot F(K, L) \qquad (13-14)$$

引入环境因素以及污染减排成本后的绿色索洛增长模型，依然满足标准索洛增长模型的全部假设，因此按照标准索洛增长模型的建模思路，可得到绿色索洛增长模型的基本框架，并将其写为人均量级的形式：

$$y = (1 - \theta) \cdot f(k) \qquad\qquad (13-15)$$

$$\dot{k} = sf(k)(1 - \theta) - (\eta + n + g)k \qquad\qquad (13-16)$$

$$p = \Omega \cdot a(\theta) \cdot f(k) \qquad\qquad (13-17)$$

其中，p 表示人均污染排放量，其他人均形式的变量的含义与标准索洛增长模型相同。考虑环境污染因素的绿色索洛增长模型中，经济体达到均衡增长路径的条件与标准索洛增长模型相同，因此基期的任意 $k > 0$，总会收敛于唯一的 k^*。由式（13-17）可知，当经济增长达到稳定状态时，人均污染排放量的增长率 $G_p = g + n - g_A$，即可理解为影响人均污染排放量增长率的因素有两项，一是经济增长的规模效应（$g + n$），其与人均污染排放量成正比；二是污染减排技术进步效应（g_A），其有利于人均污染排放量的减少。

那么，对于工业行业的各生产部门而言，产业升级的首要含义便是实现可持续发展。本书认为，对于可持续发展的界定可分为广义和狭义两种，广义的可持续发展是指在保证总产出稳定增长的同时，实现污染排放至少不增长；而更为严格的界定，则是指在保证总产出稳定增长的同时，实现污染排放量的下降。因此，工业行业若要实现可持续发展，必须满足产出增长，即人均产出的增长率 $g > 0$；同时，人均污染排放量增长率满足 $G_p = g + n - g_A \leqslant 0$。综上可知，实现可持续发展的条件为：

$$g > 0，\text{且 } g_A \geqslant g + n \qquad\qquad (13-18)$$

绿色索洛增长模型的结论表明，生产技术进步和污染减排技术进步，共同带来了持续的经济增长和环境质量改善。经济增速将最终放缓，并趋于稳定状态；而减排技术进步亦将使污染排放强度降至一个恒定的增长率，最终实现污染排放强度以及污染排放总量的下降。

二、单部门绿色增长模型：绿色索罗增长模型的扩展

根据上文对自然资源的简要论述，自然资源主要包括能源、土地、水资源等输入经济系统的原材料，以及能够分解、转移、容纳经济系统副产品输出的生态环境资源。而绿色索洛增长模型中只考虑了以环境污染为代表的自然资源中环境资源的内容，而忽略了作为原材料投入的自然资源在经济增长中的作用。涉及能源问题研究的学者们普遍认为能源在经济增长中发挥着至关重要的作用。陈诗一（2009）指出，能源与传统生产投入要素一样，在

生产过程中发挥了价值创造的功能，通过其市场价格反映了在最终产品中的部分价值。由于能源投入是经济生产活动中重要的中间投入，同时也是生产活动中污染物排放的重要来源，因此将能源投入作为重要的生产要素纳入生产函数是对上述绿色索洛增长模型的重要完善和扩展。因此，本书在上文布鲁克和泰勒（Brock & Taylor，2004）建立的绿色索洛增长模型的基础上，借鉴罗默（2003）的分析思路，进一步将能源投入作为生产要素纳入生产函数，从而构建一个能够同时包含投入和产出两个视角的单部门绿色增长模型，以期更全面地考察自然资源在各工业行业可持续发展中所发挥的作用。本书将在下文中采用柯布—道格拉斯生产函数进行具体的理论模型的构建和分析。

假设部门 X 只生产一种产品 x，产量用 Y 表示，生产要素投入包含劳动、资本和能源三种，其生产函数为柯布—道格拉斯形式，则有：

$$Y(t) = A(t) \cdot F(K, L, E) = A(t) \cdot K(t)^{\alpha} \cdot L(t)^{\beta} \cdot E(t)^{\gamma}$$

$$(13-19)$$

其中，$E(t)$ 表示能源投入，α、β、γ 分别表示资本、劳动和能源投入对产出的贡献份额，且 $\alpha > 0$、$\beta > 0$、$\gamma > 0$，$\alpha + \beta + \gamma = 1$，表示规模报酬不变。其他符号的含义与前文保持一致。

依然采用布鲁克和泰勒（Brock & Taylor，2004）对生产部门污染排放的设定，假设每单位产出将伴随产生 Ω 单位的污染物排放，生产部门将 θ 比例的产出用于污染治理，则产量 $Y(t)$ 可视为潜在产出，而实际产出为：

$$Y(t)_{real} = (1-\theta) \cdot Y(t) = (1-\theta) \cdot A(t) \cdot K(t)^{\alpha} \cdot L(t)^{\beta} \cdot E(t)^{\gamma}$$

$$(13-20)$$

将污染排放函数设定为：

$$P = \Omega \cdot Y(t) - \Omega \cdot P_A(Y(t), \theta Y(t)) = \Omega \cdot Y(t) \cdot [1 - P_A(1, \theta)]$$

$$(13-21)$$

令 $a(\theta) = 1 - P_A(1, \theta)$，即为减排强度函数，其与污染减排技术呈负相关，因此可将其设定为 $a(\theta) = A_P^{-1} \cdot (1-\theta)^{\varepsilon}(\varepsilon > 0)$ 的形式，其中，A_P 表示污染减排技术，其技术进步速率为 g_A。因此，污染排放函数可最终写为：

$$P = \Omega \cdot Y(t) \cdot a(\theta) = \Omega \cdot Y(t) \cdot A_P^{-1} \cdot (1-\theta)^{\varepsilon} \qquad (13-22)$$

综上所述，可得到部门 X 绿色增长模型的基本框架：

$$\begin{cases} Y(t)_{real} = (1-\theta) \cdot A(t) \cdot K(t)^{\alpha} \cdot L(t)^{\beta} \cdot E(t)^{\gamma} \\ P = \Omega \cdot A_P^{-1} \cdot (1-\theta)^{\varepsilon} \cdot Y(t) \\ \dot{K} = s \cdot Y_{real} - \delta \cdot K \end{cases} \quad (13-23)$$

将部门 X 的绿色增长模型转换成人均形式，即部门 X 的人均产量及人均污染排放函数可表示为：

$$\begin{cases} y_{real} = (1-\theta) \cdot A(t) \cdot k^{\alpha} \cdot e^{\gamma} \\ p = \Omega \cdot A_P^{-1} \cdot (1-\theta)^{\varepsilon} \cdot y_{real} \\ \dot{k} = s \cdot y_{real} - (\delta+n) \cdot k \end{cases} \quad (13-24)$$

其中，$y_{real} = Y_{real}/L$，表示人均产出；$p = P/L$，表示人均污染排放水平；$k = K/L$，表示人均资本存量；$e = E/L$，表示人均能源消耗量。

其中，依然假设资本 K、劳动力供给 L、生产技术进步 A，以及污染减排技术进步 A_P 的增速均为常数。该部分对绿色索洛增长模型的扩展之一，则主要体现在对能源消耗的假设上。在短期内，假设部门 X 面临的能源供给是无限的，能源消耗速率为 h，即 $\dot{E}_{短期} = h \cdot E$；然而，从长期来看，能源供给总量是一定的，随着能源投入的不断增加以及能源消耗的不断累积，能源供给总量最终必定会下降，部门 X 将最终面临能源短缺的严峻态势，因此在长期内，能源投入的增长率为 $-b$，即 $\dot{E}_{长期} = -b \cdot E$。对上述模型中各变量随时间的增长率总结如下：

$$\begin{cases} \dot{L} = n \cdot L \\ \dot{A} = g \cdot A \\ \dot{A}_P = g_A \cdot A_P \\ \dot{E}_{短期} = h \cdot E \\ \dot{E}_{长期} = -b \cdot E \, (b>0) \end{cases} \quad (13-25)$$

基于上述模型的基本框架，本章将继续讨论在短期和长期内，生产部门 X 可持续发展路径的实现条件。由于在生产函数中纳入了能源投入作为新的投入变量，人均资本 k 不再收敛于某一个特定值，因此，对考虑能源消耗和污染排放的可持续发展路径的分析不能再沿用标准索洛增长模型只关注人均资本 k 的经济增长稳态的分析方法。由人均资本随时间的变化量 $\dot{k}$ 的公式可得人均资本 k 的增长率为：

$$\frac{\dot{k}}{k} = s \cdot \frac{y_{real}}{k} - (\delta + n) \qquad (13-26)$$

与标准索洛增长模型的假设一致，当生产部门实现稳定增长时，人均资本 k 的增长率应保持不变，这就意味着实际产出与人均资本的比值是固定不变的，即实际产出 y_{real} 的增长率与人均资本 k 的增长率必定相等。

对式（13-24）中的人均生产函数和污染排放函数两边取对数后，再分别将等式两边的变量对时间 t 求导数，由此可推导出实际产出以及污染排放增长率的表达式。首先，就短期内的情形进行分析。按照上述分析方法，得到短期内的人均实际产出 y_{real} 以及人均污染排放 p 的增长率：

$$g^{y}_{短期} = \frac{\dot{y}}{y} = \frac{\dot{k}}{k} = \frac{g + \gamma \cdot h}{1 - \alpha} \qquad (13-27)$$

$$g^{p}_{短期} = \frac{\dot{p}}{p} = g^{y}_{短期} - g_A = \frac{g + \gamma \cdot h}{1 - \alpha} - g_A \qquad (13-28)$$

实际产出总量 Y_{real} 和污染排放总量 P 的增长率为：

$$g^{Y}_{短期} = \frac{\dot{Y}_{real}}{Y_{real}} = \frac{\dot{K}}{K} = \frac{g + \beta \cdot n + \gamma \cdot h}{1 - \alpha} \qquad (13-29)$$

$$g^{P}_{短期} = \frac{\dot{P}}{P} = g^{Y}_{短期} - g_A = \frac{g + \beta \cdot n + \gamma \cdot h}{1 - \alpha} - g_A \qquad (13-30)$$

其次，在长期内，人均实际产出 y_{real} 以及人均污染排放 p 增长率的表达式推导如下：

$$g^{y}_{长期} = \frac{\dot{y}}{y} = \frac{\dot{k}}{k} = \frac{g - \gamma \cdot b}{1 - \alpha} \qquad (13-31)$$

$$g^{p}_{长期} = \frac{\dot{p}}{p} = g^{y}_{长期} - g_A = \frac{g - \gamma \cdot b}{1 - \alpha} - g_A \qquad (13-32)$$

长期内，实际产出总量 Y_{real} 和污染排放总量 P 的增长率为：

$$g^{Y}_{长期} = \frac{\dot{Y}_{real}}{Y_{real}} = \frac{\dot{K}}{K} = \frac{g + \beta \cdot n - \gamma \cdot b}{1 - \alpha} \qquad (13-33)$$

$$g^{P}_{长期} = \frac{\dot{P}}{P} = g^{Y}_{长期} - g_A = \frac{g + \beta \cdot n - \gamma \cdot b}{1 - \alpha} - g_A \qquad (13-34)$$

三、模型的结论

1. 对模型结论的讨论

首先，对产出增长的影响因素进行分析。由式（13 – 27）和式（13 – 31）可知，无论是部门 X 的短期人均实际产出增长率还是长期人均实际产出增长率，其影响因素都有两个，即技术进步率和能源消耗速率。短期内，由于技术进步率 $g \geqslant 0$ 且能源消耗速率 $h \geqslant 0$，人均实际产出在技术不断进步和能源投入积累的条件下，总能实现持续增长。而在长期内，能源短缺将对部门 X 的产出增长产生显著制约，从而导致长期内人均产出增长率的最终下降。若技术进步速率大于能源投入边际产出的增长率，即 $g - \gamma \cdot b > 0$，则 $g^Y_{长期} > 0$，技术进步能够在一定程度上抵消能源短缺对产出增长的制约，部门 X 的人均实际产出能够在长期内维持增长，但增长率必然小于短期的人均产出增长率；若 $g - \gamma \cdot b = 0$，则 $g^Y_{长期} = 0$，部门 X 的发展将停滞；若 $g - \gamma \cdot b < 0$，则 $g^Y_{长期} < 0$，部门 X 遭遇持续的负增长，部门规模将逐渐萎缩。

其次，对污染排放量增长率的影响因素进行分析。由式（13 – 28）和式（13 – 32）可知，无论是部门 X 的短期人均污染排放增长率还是长期人均污染排放增长率，其影响因素均可分解为两个部分：一是受到产出增长率的影响，二是受到技术进步速率的影响，前者可称为"部门规模效应"，后者则为"技术效应"。需要指出的是，该技术效应是指环境友好型技术，即能够实现污染排放下降的技术，而非所有的生产技术，因此为了更为准确地表述以及下文的分析需要，将其称为"环保技术效应"。无论是从短期还是从长期来看，部门规模效应均与污染排放的增长率呈正相关，部门产出规模的扩大将导致污染排放的持续增加；而环保技术效应则均与污染排放的增长率呈负相关，因此，就模型的结论来看，环保技术进步是实现污染减排的关键且唯一的手段。那么，当部门规模效应超过环保技术效应时，即 $g_y > g_A$，则 $g_p > 0$，污染排放增长率为正，污染排放量将不断积累，部门 X 生产规模的扩张将导致环境质量的持续恶化；当环保技术效应超过部门规模效应时，即 $g_y \leqslant g_A$ 时，则 $g_p \leqslant 0$，污染排放将实现持续的负增长，环境质量将得以不断改善，部门 X 的生产模式将最终实现向环境友好型的转型升级。

进一步将部门规模效应进行细分，一方面，无论长期还是短期，生产技术进步（g）都将通过促进生产规模的扩张，而导致污染排放的增加。此处涉及一个重要的问题，即环境友好型技术和传统的生产技术之间的区别，本书将在下文进行详细论述。另一方面，在短期内，能源消耗与污染排放呈正相关。能源，尤其是化石能源，是产生污染的主要来源，因此能源投入量的增加将必然导致污染排放量的增加。而在长期内，能源存量的不断下降，将最终导致污染排放的下降，然而这是更为严峻的情形，梅多斯等（2006）在《增长的极限》一书中将这一情形称为"能源危机"。在长期内，由于假设能源供给总量是既定的，因此随着能源的不断消耗，能源将变得越来越难以获取，因此越来越多的社会资本将转而投向探测、开采和提炼更多的能源。对于其他生产部门而言，其获取能源需要支付的成本越来越高，而能够获取的用于维持产出增长的投资则越来越少，这无疑将导致工业产出的下降。而若阻止资本用于能源采掘部门，那么生产材料和燃料的严重稀缺将更加迅速地限制工业部门生产活动的正常进行。因此，能源耗竭将无法避免地导致工业产品产量的下降和部门规模的萎缩，而日渐萎缩的工业生产部门又将进一步迫使农业和服务业部门的萎缩，最终的结果便是经济的整体崩溃。

2. 对污染排放影响因素的进一步探讨

安特韦勒等（Antweiler et al., 2001）开创性地构建了一个研究小型开放经济体环境污染排放的理论模型，即 ACT 模型，将环境污染的影响因素分解为规模效应、结构效应和技术效应。本书借鉴 ACT 模型的分析思路，对式（13 – 22）进行了进一步分解和转换，将部门 X 污染排放的影响因素分解为规模效应、结构效应和技术效应三种效应，并逐一进行了详细的论述。

$$P = \Omega \cdot a(\theta) \cdot Y(t) = \Omega a(\theta) \cdot \frac{Y(t)}{S} \cdot S = e \cdot \varphi \cdot S \quad (13-35)$$

其中，令 $e = \Omega \cdot a(\theta)$，表示能够降低污染排放强度的环保技术进步效应；$\varphi$ 表示部门 X 的产出占国民经济总产出的比重，代表规模效应，即当经济规模和部门污染排放强度保持不变时，部门 X 的产值占经济总产值的比重越大，产生的污染排放越多；S 为国民经济规模，代表经济规模效应，表示当部门产值比重和部门污染排放强度保持不变时，由经济规模扩张所引致的污染增加。式（13－35）表示，污染排放量受到污染减排技术、排污部门在国民经济中的重要性以及国民经济规模的影响。将式（13－35）转化为其微分形式：

$$\hat{P} = \hat{S} + \hat{\varphi} - \hat{e} \tag{13－36}$$

式（13－36）中，各变量的上标均表示各变量的百分比变动。

（1）经济规模效应。经济规模效应对污染物排放的影响较为直接，根据质量守恒定律，在一个独立的物质系统（如地球）中，任何生产活动都需要资源和能源的投入，同时生产出产品并排放污染物。只要不采取其他手段来降低单位产出的污染排放强度，则生产规模越大、产出总量越高，相应的污染排放量越大。

（2）结构效应。结构效应反映的是部门 X 在国民经济中的重要程度对环境污染排放的影响水平。不同的行业属性，对生产要素投入有不同的需求，其具体的生产技术和生产工艺亦存在较大的差异，因此同样也将对环境质量造成不同程度的压力。若部门 X 属于污染密集型产业，其特点是能源消耗量较大且单位产出的污染排放强度显著高于所有产业部门的平均水平，其在国民经济中所占的份额越大，部门 X 对环境质量的破坏越严重；若部门 X 属于清洁型产业，其所生产的产品相对清洁，对能源投入的需求较低，则若一国经济的增长主要来源于该类清洁型产业的贡献，那么部门 X 在国民经济中所占的份额越大，经济发展对环境造成的破坏将越小。然而，无论是污染密集型产业还是清洁型产业，其生产过程中均需消耗一定的自然资源和能源，同时伴随产生不同程度的污染物。那么，在短期和中期内，能够通过降低污染密集型部门的排放强度来实现污染排放量的下降；若要在长期内实现污染排放的持续下降，则必须降低所有产业部门的排放强度，即不仅要降低污染密集型产业的污染排放强度，也必须保证清洁行业污染排放强度的下降。

（3）环保技术效应。结合上文对模型结果的讨论，需要着重强调的是，并非所有的技术都是清洁的和环保的，因此环保技术效应仅仅指的是能够降低单位污染排放强度的环境友好型技术所带来的污染减排效应。那么，就环境友好型技术和传统的生产技术进行准确的区别和深入的探讨，就成为了一个非常重要且十分必要的问题。蔡宁和郭斌（1996）将导致环境资源消耗加速的技术称为"环境有害型"技术，本章将沿用这一概念名词，从而与环境友好型技术相对应。

《增长的极限》一书中，虽未明确提出两种技术的概念，但这一思想已经初现端倪，作者指出许多技术进步加速了对环境的破坏，并以渔业发展过冲为例，指出冷藏技术、雷达和卫星定位技术的进步以及新的捕鱼工具的发明，实现了更经济的大规模捕捞，捕捞量严重超越了可持续的极限，导致了严重的生态破坏。19世纪工业革命首先在英国发生，这一时期是人类技术史的辉煌时期，大量新技术的发明和使用带来了史无前例的生产效率的提高和工业化大生产，使英美等发达国家创造并积累了巨大的财富。然而，这一时期的技术进步，只以生产规模的扩大和生产效率的提升为目标，造成了化石能源和环境资源的消耗急剧上升、环境污染大规模排放和扩散。因此，工业革命时期的大多数技术进步均属于环境有害型技术，这一时期的工业文明被称为"灰色文明"。例如，18世纪末之前，由于原始的采矿技术的限制，英国对煤炭等化石燃料的生产和消费均处于相对较低的水平。随着蒸汽机的发明和改良，使深矿井的开采成为可能，采煤业发生了革命性的变革，煤的生产量激增，在1800年，英国的煤产量大约有1000万吨，而至1913年则达到了2.87亿吨的巅峰水平（克拉普，2011）。而随着燃煤蒸汽机的发明以及在工业领域的大规模使用，不仅工厂的生产效率得到了显著提升、产量规模得到了迅速扩张，英国对煤的消耗量也迅速上升，从1856年的6000万吨增长至1913年的1.89亿吨（克拉普，2011），50多年间增长了2倍多。煤炭的大量投入不仅推动了工业的迅猛发展，使英国成为19世纪世界上最富有的国家之一；同时，煤炭的燃烧释放了大量的烟尘和酸性水汽等污染物，也使英国成为当时世界上污染最严重的国家。正如索尔谢姆（2016）所说，"英国之所以崛起成为世界有史以来最强大的制造、贸易、帝国列强，都是化石燃料烧出来的"。

因此，在向环境友好型经济发展模式转型、实现工业可持续发展的过程中，发挥关键作用的是环保技术效应。因此，政府在制定对未来技术研发和创新活动的鼓励和扶持政策时，应明确区分环境友好型技术和环境有害型技术，限制环境有害型技术的研发和使用，而将环境友好型技术作为未来技术创新和技术发展的方向。

3. 可持续发展的实现条件

对于工业行业而言，产业升级的首要含义便是各工业行业、各微观企业实现可持续发展。自 1980 年由联合国环境规划署、国际自然资源保护同盟和世界野生生物基金会共同发起、由多国政府共同参与并制定的《世界自然保护大纲》中，首次提出可持续发展的思想以来，可持续发展理论至今已经历了 40 余年的发展和完善。根据已有研究对"可持续发展"概念的不同界定，其可分为"弱可持续发展"和"强可持续发展"两类。其中，"弱可持续发展"是指代际间的居民消费或效用保持不下降，支持这一观点的学者包括哈特威克（Hartwick，1978）、索洛（Solow，1991）及佩泽（Pezzey，1997）等。"强可持续发展"指的是自然资本不随时间的推移而下降（Pearce & Markandya，1987；Barbier & Markandya，1990），其又包括自然资本实物量的不下降、自然资本功能的不下降和自然资本价值量的不下降三个方面的含义。然而，由于经济生产活动以及人类的生存活动将必然消耗或多或少的自然资源，因此保证自然资本的实物量不下降几乎是不可能的；而随着自然资本存量的不断下降，自然资本的替代性也随之下降，因此保证自然资本的功能不下降亦非常困难；自然资本的价值衡量则存在尚未解决的技术问题。由此可知，"强可持续发展"对自然资本有较强的要求，在现实经济发展中难以实现。在以往研究的基础上，牛文元（2012）根据可持续发展的本质，总结了可持续发展的三个根本特征：一是基于经济增长数量维度的"发展度"，强调生产力的提高、生产工具的改善升级以及公众效用的普遍改善，最终表现则是经济总量的显著增长；二是基于经济增长质量维度的"协调度"，重点强调经济发展与环境保护之间的协调，确保环境资源配置的代际公平，在长期内实现两者的均衡，即实现资源节约与环境友好型经济发展方式；三是基于时间维度的"持续度"，即在长期内保持经济增长的有效动力，并且强调经济长期增长的健康度和合理性。在已有研究成果的基础上，本章将单部门实现可持续发展的条件界定为如下三个：长期内经济持续增长、环境污染排放至少不增加、能源在长期内的可持续性供给。根据本章所构建的单部门绿色增长模型，实现部门可持续发展的条件可具体表述为，在长期内：

（1）长期内经济持续增长。$g^y_{长期} > 0$，即 $g > \gamma \cdot b$，表明为了维持经济的持续增长，必须保证技术进步率大于能源投入边际产出的增长率。

（2）环境污染排放至少不增加。$g^p_{长期} \leqslant 0$，表明为了保证环境污染排放不增加，必须满足污染技术进步率不小于长期经济增长率 $g_A \geqslant g^y_{长期}$，即

$g_A \geqslant g - \gamma \cdot b$。

（3）能源在长期内的可持续性供给。能源可分为可再生能源和不可再生能源，本章所构建理论模型中的能源主要是指不可再生能源。不可再生能源的可持续性供给的含义主要是指在长期内向全部人口提供基本的能源服务，以及在长期内向经济部门的生产活动提供所需的能源供应（陈丽萍，2005）；不仅要考虑到当代人的能源需求，还要保证后代人能够享有的由能源所带来的利益不小于当代人获得的利益。由于不可再生能源的供给总量有限，若要实现能源在长期内的可持续供给，一方面应节约能源、提高能源利用效率；另一方面应加快新能源的研发和实际应用，提高新能源和可再生能源对不可再生能源的替代性。

第三节　从技术进步到绿色全要素生产率

一、从技术进步到全要素生产率

索洛（Solow，1957）通过在其构建的经济增长模型中引入技术系数，推导出了著名的增长速度方程，将产出增长的来源分解为资本积累、劳动力增加和技术因子的贡献。索洛将该技术因子对产出增长的贡献称为"增长余值"（即"索洛余值"），用以衡量产出增长率中扣除了资本和劳动力的贡献后而未被解释的部分。索洛进一步指出，"增长余值"主要源于技术进步的贡献，而技术进步泛指"技术的变化"（technical change），其不仅包括生产技术的发明和创新，也包括如知识、教育、技术培训等导致劳动力质量改善以及资本质量的改进等方面的所有因素，因此又被称为广义的技术进步。[①] 根据索洛的简单描述可知，一方面，索洛所提出的"增长余值"即全要素生产率，他还将全要素生产率的变化归因于技术进步，而新技术通常体现在资本中，被应用到新的设备中；另一方面，索洛假定技术进步率是一个不变的指数，即"技术的变化"是外生给定的，因此对"技术的变化"的解释非常笼统和模糊，未能对带来技术变化的因素进行清晰的界定和更为详

---

① 与广义技术进步相对应，狭义的技术进步仅指技术的发明和创造。

细的解释。

除索洛之外，众多学者也对全要素生产率进行了大量的研究，为全要素生产率理论的不断发展和完善做了大量的工作，取得了突出的贡献。丁伯根（Tinbergen，1942）首次提出了全要素生产率的概念，但其仅包括了劳动与资本两种实物要素的投入。戴维斯（Davis，1955）则首次明确了全要素生产率的内涵，指出全要素生产率的测算中应考虑资本、劳动、原材料和能源等所有的实物投入要素。乔根森（Jorgenson，1966）认为，已有研究将全要素生产率的变化标识为"余值或我们忽略的度量"，或简单地解释为"技术进步或知识更新"，均未能准确解释全要素生产率的真正内涵。

乔根森（2001）在研究第二次世界大战后美国的经济增长时，构建了单个产业部门全要素生产率的经济计量模型。在这一模型中，作者将能源和原材料投入与资本和劳动投入结合起来，并放松了索洛增长模型中"技术进步是按不变的指数变化率进行的"这一限制性很强的假设，而将各部门的全要素生产率视为内生变量。乔根森（2001）首先将技术进步分为"体现化"的技术进步和"非体现化"的技术进步，并按照两种技术进步对产出的贡献方式，在规模报酬不变和生产者均衡的假设下，相应地将生产函数的变化区分为沿生产函数的移动和生产函数的移动。其中，"体现化"的技术进步通常指的是采用了新技术的资本设备、专业技能更高的劳动力资源、经过土壤改良的土地等有形的生产要素投入量的增加，其对产出的影响表现为沿生产函数的移动；"非体现化"的技术进步，即全要素生产率，指的是"在应用技术管理效率中'无成本'改进的效果"，其对产出的影响表现为生产函数的移动。

毋庸置疑，全要素生产率是当代经济学理论中的重要概念。以往学者的研究表明，较之于技术进步，全要素生产率具有更丰富的内涵。全要素生产率衡量了经济产出中扣除了劳动力、资本、土地等全部物质投入要素后，来自其他所有生产要素的贡献导致的产出增加，是剔除了全部有形的物质要素的贡献后的"余值"。除有形的物质要素之外，生产要素不仅包括技术的创新和工艺的改善，还包括来自制度和政策的"红利"、生产要素配置的优化和效率的提高、管理和服务水平的提高、劳动者积极性的提高等，甚至包括了观念上的差异等能够影响生产活动的各种社会因素。由此可知，"全"的意思是指那些不能分别归因于有形的物质要素的、无法具体化的、对生产活动产生影响的要素。全要素生产率反映了在一定时期内，一个决策单元（decision making unit，DMU）（如企业、产业、一个国家或地区）在生产过程中全部实物投入要素与总产出的总体转换关系，是该决策单元为了创造产出最大化、追求长期发展而表现出来的能力和努力程度的综合反映。因此，全要素生产率体现了一种内涵式的、效率型的增长模式，是反映经济增长质量的重要指标（王小鲁等，2009；陈诗一，2010b）。

二、全要素生产率的 "绿色" 内涵

进入 21 世纪以来，资源消耗和环境污染对各国经济发展的制约已越来越严重，实现经济与环境协调发展的重要性和迫切性已成为世界各国的共识。在这样的现实背景下，环境经济学已经成为了 21 世纪经济学界最热门的领域之一，产生了大量优秀的理论研究和实证研究的学术成果。其中非常重要的一个问题，便是越来越多的学者就全要素生产率的绿色内涵进行了深入的探讨。虽然在全要素生产率的理论研究中，许多学者已指出，全要素生产率的核算中应包含如资本、劳动力、原材料和能源等所有的物质投入要素。然而，一方面，由于核算技术等因素的限制，全要素生产率的核算只包含了资本和劳动力两种生产要素；另一方面，传统全要素生产率并未考虑生产活动所排放的环境污染对经济增长的影响。海露和维曼（Hailu & Veeman，2000）认为，传统的全要素生产率并没有考虑经济增长所造成的环境资源损耗，因此会扭曲对社会福利变化和经济绩效的评价，并可能在政策建议上产生误导。有相关研究指出，传统的全要素生产率忽略了经济活动所需的能源投入及其所产生的环境污染，从而高估了 "真实" 的生产率水平（Zhang et al.，2011）。

回顾前文构建的部门绿色增长模型中所构建的生产函数（见式（13−23）），若将生产函数中的技术因子 $A(t)$ 界定为技术进步率或传统的全要素生产率，则均无法准确反映该技术因子所代表的全部内涵。因此，与纳入能源环境因素的生产函数相对应，技术因子 $A(t)$ 的内涵也应得到进一步扩展，即在传统全要素生产率内涵的基础上纳入 "绿色" 内涵，一方面，要在劳动和资本两种生产要素的基础上，考虑能源等投入约束；另一方面，也应考虑与可持续发展息息相关的环境污染因素，使污染排放导致的效率损失或经济主体为污染减排而付出的努力等得到准确的反映。综上所述，将技术因子

$A(t)$ 界定为绿色生产率。

将式（13-20）所示的生产函数进行变形处理，可得：

$$Y(t) - C_p(t) = A(t)_{green} \cdot K(t)^\alpha \cdot L(t)^\beta \cdot E(t)^\gamma \quad (13-37)$$

其中，$C_p(t) = \theta Y(t)$，表示环境污染治理成本；$A(t)_{green}$ 表示考虑了资源环境因素的绿色生产率。与目前大多数研究绿色 *TFP* 的文献一样，绿色生产率可以分解为环保技术效率变化（$EF(t)$）和环保技术进步（$TE(t)$）两部分，即：

$$A(t)_{green} = EF(t) \cdot TE(t) \quad (13-38)$$

将式（13-38）代入式（13-37），可将生产函数写为：

$$Y(t) - C_p(t) = [EF(t) \cdot TE(t)] \cdot K(t)^\alpha \cdot L(t)^\beta \cdot E(t)^\gamma$$

$$(13-39)$$

其中，$0 \leqslant EF(t) \leqslant 1$，当 $EF(t) = 1$ 时，表示技术有效率；当 $EF(t) = 0$ 时，表示完全无效率，此时产出为 0；$0 < EF(t) < 1$ 表示缺乏效率，这是最与现实相吻合的假设，由于存在交易成本等种种原因，现实生产往往是缺乏效率的。

进一步对式（13-39）进行微分后再取对数处理，可得到新的产出增长速度方程，即：

$$\frac{\Delta(Y-C)}{Y-C} = \frac{\Delta TE}{TE} + \frac{\Delta EF}{EF} + \alpha \frac{\Delta K}{K} + \beta \frac{\Delta L}{L} + \gamma \frac{\Delta E}{E} \quad (13-40)$$

由此可知，基于新古典经济增长理论，剔除污染成本后的实际产出的增加，主要受到环保技术效率、环保技术进步，以及包含能源在内的各生产投入要素的影响；而污染减排，则可以通过促进环保技术效率改善或环保技术进步等途径，来提高绿色生产率，从而在使能耗降低、污染排放下降的同时，维持绿色生产率的增长，实现生产部门的可持续发展。

综上所述，将新古典经济增长模型中的技术进步，扩展为内涵更加丰富的绿色生产率，即本章对绿色索洛增长模型的另一重要的扩展。

第十四章

绿色生产率与工业结构"清洁化"升级的理论研究：多部门模型

第一节　纳入能源环境因素的多部门结构调整模型

一、基本假设

假设一个经济体共包含 m 个产业部门，其中，$i = 1$，$\cdots$，$m-1$ 为消费品部门，其产品只用于最终消费，且生产过程中不产生污染排放；相对于消费品部门，产业 m 可被称为制造业部门①，其所生产的产品一部分用于最终消费，另一部分则用于投资，且其生产过程中产生污染排放。

各产业部门的生产活动所需要的生产要素投入有两种，即劳动力 L 和资本 K，其中，劳动力 L 为外生变量，其增长率记为 n；资本存量 K 为内生变量，其增长速度决定了经济增长的状态。假设劳动力 L 和资本 K 在各产业部门间可自由流动，且流动成本为 0。两种生产要素在部门间的配置满足：

$$\sum_{i=1}^{m} \varphi_i = 1 \ , \ \sum_{i=1}^{m} \varphi_i k_i = k \qquad (14-1)$$

其中，$\varphi_i \geqslant 0$，$k_i \geqslant 0$，$k \geqslant 0$；φ_i 表示产业部门 i 的劳动力份额；k_i 表示产业部门 i 的资本—劳动比；k 为经济体总体的资本—劳动比。

---

① 此处的"制造业部门"仅仅是为了分析方便，并不等同于工业行业分类中的制造业的含义。

对于消费品部门而言，由于其产品全都用于最终消费，因此，其新增人均消费即等于部门人均产出，即有

$$\dot{c}_i = F_i(\varphi_i k_i, \ \varphi_i), \ i = 1, \ \cdots, \ m - 1 \qquad (14-2)$$

其中，c_i 表示对产业部门 i （$i \neq m$）产品的人均消费水平，F_i 表示产业部门 i 的产出水平。

对于产业部门 m 而言，其产出分别用于最终消费和投资，因此，新增资本存量等于部门 m 的产出扣除折旧和最终消费后的余值，即

$$\dot{k} = F_m(\varphi_m k_m, \ \varphi_m) - (\delta + n)k - c_m \qquad (14-3)$$

其中，$\dot{k}$ 表示新增资本存量；F_m 表示产业部门 m 的产出水平；δ 表示折旧率；c_m 表示产业部门 m 的产出中用于最终消费的部分。

二、多部门结构调整模型的基本框架

构建一个包含 m 个产业部门的经济体的产业结构变动模型。

1. 生产者行为

假设生产函数为柯布—道格拉斯（Cobb – Douglas）形式，且所有产业部门均具有相同的生产函数，但存在显著的生产率差异。为了着重考察产业之间的生产率差异在产业结构调整中的作用，进一步假设产业部门间的资本密集度恒定，且资本份额均相同①。同时，为了综合考虑产业部门的污染排放行为，反映产业部门对污染减排的努力，下文所构建理论模型中的生产率即指绿色全要素生产率。对于消费品部门而言，其生产函数为：

$$F_i = A_i \cdot (\varphi_i k_i)^\alpha \cdot \varphi_i^{1-\alpha}, \ i = 1, \ \cdots, \ m - 1 \qquad (14-4)$$

其中，$\alpha \in (0, 1)$；A_i 表示消费品部门的绿色全要素生产率。消费品部门的产品假设记为 p_i，则其利润函数可写为：

$$\pi_i = p_i F_i - (\omega \cdot \varphi_i + r \cdot n_i k_i) \qquad (14-5)$$

其中，ω 表示工资水平，r 表示利率。

对于制造业部门 m 而言，其生产过程中伴随产生了污染物排放，将其污染排放量记为 Z。对制造业部门污染减排行为的设置与前文绿色索洛增长

---

① 这一假设非常关键，若假设资本份额不同，即使在技术水平相同的情况下，模型也不存在平衡增长路径（Acemoglu & Guerrieri, 2008）。

模型中的设置保持一致，即产出遵循弱可处置性公理，制造业部门 m 需投入一定数量的生产资料来降低污染排放量。将污染减排投入占部门产出的比重记为 θ，并假设其为常数。因此，制造业部门 m 的实际产出为：

$$F_m^R = (1-\theta)F_m = (1-\theta) \cdot A_m \cdot (\varphi_m k_m)^\alpha \cdot \varphi_m^{1-\alpha} \qquad (14-6)$$

其中，A_m 表示制造业部门 m 的绿色全要素生产率。假设制造业部门 m 的污染排放量与产出成正比，并且污染减排活动满足规模报酬不变，则部门 m 的污染排放函数为：

$$Z(\theta) = e(\theta) \cdot F_m \qquad (14-7)$$

其中，$e(\theta)$ 为污染排放强度，即每单位产出所伴随产生的污染排放量。$e(\theta)$ 与 θ 成反比，即 $e'(\theta) < 0$。我们假设部门 m 的污染减排活动是值得的，即 $e'(0) = -\infty$，但污染减排存在上限的制约，即 $e(1) > 0$。

进一步地，由于环境污染将产生负外部性，政府将对制造业部门 m 的污染排放征收一定的环境税，促使环境污染的社会成本内部化为部门 m 的私人成本，从而有效控制社会污染排放总量。将政府污染税税率记为 τ，则部门 m 的污染排放成本为：

$$C(Z) = \tau \cdot Z(\theta) = \tau \cdot e(\theta) \cdot F_m \qquad (14-8)$$

部门 m 的利润函数为：

$$\pi_m = p_m^R \cdot F_m - (\omega \cdot \varphi_m + r \cdot n_m k_m) \qquad (14-9)$$

其中，$p_m^R = p_m(1-\theta) - \tau \cdot e(\theta)$，表示制造业部门 m 产品的实际价格，p_m 为部门 m 的名义价格。

对式（14-5）和式（14-9）求解利润最大化的最优化问题，可得生产要素——劳动力 L 和资本 K 在部门间均衡配置的静态效率条件，即

$$\frac{F_i^L}{F_m^L} = \frac{F_i^K}{F_m^K} = \frac{p_m^R}{p_i} \qquad (14-10)$$

其中，F_i^L 和 F_m^L 分别表示消费品部门和制造业部门的劳动边际产品；F_i^K 和 F_m^K 分别表示消费品部门和制造业部门的资本边际产品。

由利润最大化的一阶条件，可进一步推导得出：

$$\frac{p_m^R}{p_i} = \frac{A_i}{A_m} \qquad (14-11)$$

2. 消费者行为

假设每个产业部门生产差异化产品。消费者的效用由消费水平（c_i）和

污染排放水平（Z）共同决定，并进一步假设：

（1）消费品给消费者带来正效用；而污染品是纯粹的"坏"公共物品，仅带来负效用；

（2）消费者对各部门的产品具有相同的偏好；

（3）消费者能够对消费品的效用和环境污染的效用进行严格区分。

消费者的效用函数设置如下：

$$U = \int_0^\infty e^{-\kappa t} v(c_1, \cdots, c_m; Z) dt \qquad (14-12)$$

其中，$v(\cdot)$ 表示消费者的当期效用，根据对消费者效用的假设，其由两部分组成，即消费品产生的效用 $v_1(c_1, \cdots, c_m)$，及环境污染带来的效用 $v_2(Z)$。因此有：

$$v(c_1, \cdots, c_m; Z) = v_1(c_1, \cdots, c_m) - v_2(Z) \qquad (14-13)$$

首先，消费品的效用函数设定为常数替代弹性（constant elasticity of substitution，CES）函数形式，即

$$v_1(c_1, \cdots, c_m) = \Big[\sum_{i=1}^m \eta_i c_i^{\frac{\varepsilon-1}{\varepsilon}} \Big]^{\frac{\varepsilon}{\varepsilon-1}} \qquad (14-14)$$

其中，$\varepsilon > 0$；$\eta_i > 0$，且 $\sum_{i=1}^m \eta_i = 1$。ε 为差异化产品之间的消费替代弹性，在差异化产品种类较多的情况下，即 m 较大时，ε 近似等于产品的需求弹性。当 $\varepsilon = 1$ 时，$\ln v_1(c_i) = \sum_{i=1}^m (\eta_i \cdot \ln c_i)$。

其次，假设环境污染损害 $v_2(Z)$ 取决于污染排放量水平 Z 和人口密度 ρ，消费者对环境污染的效用函数设置如下：

$$v_2(Z) = \frac{\beta(\rho) \cdot Z^\gamma}{\gamma} \qquad (14-15)$$

其中，ρ 为人口密度，当 ρ 很低时，人们只受到自己所排放污染的影响；当 ρ 较高时，人们除了受到自己所排放污染的影响，还存在相互影响，从而导致污染损害增加，因此人口密度 ρ 与污染损害 $v_2(Z)$ 成正比，即 $\frac{d\beta}{d\rho} > 0$，$\frac{\partial v_2}{\partial \rho} > 0$。基于本章的研究目的，假设一国的人口密度 ρ 保持恒定，因此 $\beta(\rho)$ 是恒定不变的，下文不再对 $\beta(\rho)$ 进行专门讨论。$\gamma \geqslant 1$，这一假设保证了减少污染的边际支付意愿是污染排放水平的非减函数。

设定消费者的收入由两部分组成，一是来自要素收入，二是来自污染税返还，因此有：

$$R = \omega \cdot \varphi_i + r \cdot (\varphi_i k_i) + \tau \cdot Z \qquad (14-16)$$

消费者的效用最大化问题可表述为：

$$\max U \qquad (14-17)$$
$$\text{s. t.} \quad \sum_{i=1}^{m} p_i c_i = \omega \cdot \varphi_i + r \cdot (\varphi_i k_i) + \tau \cdot Z$$

通过构建拉格朗日函数，求解该最优化问题，可得：

$$\begin{cases} \dfrac{v_1^i}{v_1^m} = \dfrac{p_i}{p_m^R} \\ \dfrac{v_1^i}{v_2^Z} = -\dfrac{p_i}{\tau} \end{cases} \qquad (14-18)$$

其中，v_1^i、v_1^m、v_2^Z 分别表示产业部门 i（$i \neq m$）的产品、产业部门 m 用于最终消费的产品以及环境污染排放的边际效用。

运用上述效用最大化的一阶条件，可进一步推导得出：

$$\frac{\eta_i}{\eta_m} \cdot \left(\frac{c_m}{c_i}\right)^{\frac{1}{\varepsilon}} = \frac{p_i}{p_m^R} \qquad (14-19)$$

由式（14-19）结合式（14-11），可得

$$\frac{p_i c_i}{p_m^R c_m} = \left(\frac{\eta_i}{\eta_m}\right)^{\varepsilon} \cdot \left(\frac{A_m}{A_i}\right)^{1-\varepsilon} \equiv x_i, \quad \forall i \qquad (14-20)$$

其中，x_i 表示对产品 i（$i \neq m$）的支出与对产品 m 的支出的比重。同时，对消费支出 c 和人均产出 y 的定义如下：

$$c = \sum_{i=1}^{m} p_i c_i \,; \; y = \sum_{i=1}^{m} p_i F_i \qquad (14-21)$$

令 $X = \sum_{i=1}^{m} x_i$，则有

$$c = p_m^R \cdot c_m \cdot X \qquad (14-22)$$

由式（14-21）结合式（14-1）、式（14-4）和式（14-13），可进一步得到：

$$\begin{cases} k_i = k \\ y = p_m^R \cdot A_m \cdot k^{\alpha} \end{cases} \qquad (14-23)$$

三、模型求解

依据恩盖和皮萨里德斯（Ngai & Pissarides，2007）的研究，本章仍然从劳动力流动的视角，认为劳动力在产业部门间的转移，以及由此引起的产业部门劳动力份额的变动标志着产业结构发生了调整，即假设至少存在部分产业 i，满足 $\dot{\varphi}_i \neq 0$。

首先，我们将基于上述理论模型的框架，推导各产业部门劳动力份额的表达式及其变动趋势。对于消费品部门，将式（14-4）代入（14-20），同时结合式（14-2）、式（14-11）和式（14-21），可推导出消费品部门劳动力份额的表达式如下：

$$\varphi_i = \frac{x_i}{X} \cdot \frac{c}{y}, \ i = 1, \cdots, m-1 \qquad (14-24)$$

对于制造业部门 m，结合式（14-1）式（14-24），可推导出部门 m 劳动力份额的表达式，即有

$$\varphi_m = 1 - \sum_{i=1}^{m-1} \varphi_i = 1 - \frac{c}{y} \cdot \frac{X - x_m}{X} \qquad (14-25)$$

进一步对式（14-25）整理可得

$$\varphi_m = \left(\frac{x_m}{X} \cdot \frac{c}{y} \right) + \left(1 - \frac{c}{y} \right) \qquad (14-26)$$

式（14-26）等号右边由两项组成，分别为括号内的内容。其中，第一项与式（14-24）的形式相似，表示制造业部门为了满足最终消费需求而需要投入的劳动力份额；第二项中，c/y 表示消费支出占收入的比重，因此第二项即为储蓄率，用于表示制造业部门为了满足投资需求而需要投入的劳动力份额。

将式（14-26）对时间 t 进行求导，可得制造业部门 m 劳动力份额随时间的变化趋势，其表达式为：

$$\dot{\varphi}_m = \left[\frac{(c\diagup y)}{c/y} + (1-\varepsilon)(\overline{\sigma} - \sigma_m) \right] \cdot \left(\frac{c/y}{X} \right) - (c\diagup y) \qquad (14-27)$$

其次，对各产业部门劳动力份额的增长率进行推导。式（14-20）中，设定 η_i 为常数，其不随时间推移而变化；绿色生产率的增长率设定为 σ_i，即有

$$\frac{\dot{A_i}}{A_i} = \sigma_i, \quad \forall i \tag{14-28}$$

则由式（14-24）和式（14-28）可得消费品部门 i（$i=1, \cdots, m-1$）劳动力份额增长率的表达式：

$$\frac{\dot{\varphi_i}}{\varphi_i} = \frac{(\dot{c/y})}{c/y} + \frac{(\dot{x_i/X})}{x_i/X} = \frac{(\dot{c/y})}{c/y} + (1-\varepsilon)(\bar{\sigma} - \sigma_i), \quad i=1, \cdots, m-1 \tag{14-29}$$

由式（14-26）和式（14-27）可得制造业部门 m 的劳动力份额增长率的表达式：

$$\frac{\dot{\varphi_m}}{\varphi_m} = \left[\frac{(\dot{c/y})}{c/y} + (1-\varepsilon)(\bar{\sigma} - \sigma_m) \right] \left(\frac{(c/y)(x_m/X)}{\varphi_m} \right) - \left[\frac{(1-\dot{c/y})}{1-c/y} \right] \left(\frac{1-c/y}{\varphi_m} \right) \tag{14-30}$$

其中，$\bar{\sigma} = \sum_{i=1}^{m} (x_i/X)\sigma_i$，表示绿色生产率的加权平均值。

式（14-29）给出了消费品部门劳动力份额增长率的表达式，可知其劳动力份额增长率与其绿色生产率的增长率呈线性关系，且各消费品部门均具有相同的斜率和截距项。其中，斜率为常数（$-(1-\varepsilon)$），而截距项则由消费率 c/y 和绿色生产率增长率的加权平均值 $\bar{\sigma}$ 组成，因此将随时间推移而变化，由此表明截距项是时间 t 的函数。对于制造业部门 m 而言，式（14-30）显示其劳动力份额的增长率由两部分构成，第一部分与消费品部门劳动力份额增长率的表达式形式相似，表示制造业部门用于最终消费品生产的劳动力份额的增长率；第二部分则表示生产资本品的劳动力份额的增长率。

进一步由式（14-11）可得，

$$\frac{\dot{p_i}}{p_i} - \frac{\dot{p_m^R}}{p_m^R} = \sigma_m - \sigma_i \tag{14-31}$$

式（14-31）表明，制造业部门的产品与消费品部门的产品之间相对价格的变化率等于消费品部门 i 与制造业部门 m 之间绿色生产率增长率的差异。

1. 消费品部门与制造业部门间的结构调整

对消费品部门与制造业部门间的结构调整进行讨论，并且将其分为两种情形：第一种情形，假设各部门之间的绿色全要素生产率以相等的速度变化，即当 $\sigma_i = \sigma_m (\forall i)$ 时。此时是一种不同部门间环境全要生产率均衡增长的状态，各产业部门生产出多种差异化产品，但其相对价格则保持不变。由于不同消费品之间的相对价格是恒定的，因此可以将所有生产消费品的部门视为同一个部门，从而可将上述多部门模型简化为两部门模型，即只包含一个消费品部门和一个资本品部门（Ngai & Pissarides，2007）。在这种假设情形下，当消费率 c/y 随时间变化而变化时，产业结构将发生变动，这种变动发生在消费品部门和资本品部门之间。若 c/y 随时间变化而呈现上升趋势，则意味着储蓄率和投资率将不断下降，那么劳动力将从制造业部门向消费品部门转移；反之，消费率 c/y 呈下降趋势，那么劳动力将从消费品部门向制造业部门转移。

第二种情形，当 c/y 为常数（即 $\dot{c}/y = 0$）时，消费品部门和制造业部门的结构变动要求 $\varepsilon \neq 1$，且部门之间的绿色生产率的增长速度不相等（即 $\sigma_i \neq \sigma_m，\forall i$）。

如果 $\dot{c}/y = 0$ 且 $\varepsilon = 1$，表明部门间的劳动力份额相对不变，但由式（14-31）可知，消费品部门和制造业部门的相对价格因绿色生产率的增长率差异而发生了变动。若 $\sigma_m > \sigma_i$，则消费品部门价格的上涨速度将超过制造业部门；若 $\sigma_m < \sigma_i$，则制造业部门的相对价格将高于消费品部门。绿色生产率较高的部门无疑将获得更多的产出，但由于相对价格较低，高生产率部门具有更高的产品需求。

但当 $\dot{c}/y = 0$ 且 $\varepsilon \neq 1$ 时，消费品部门和制造业部门间的相对价格和劳动力相对份额均将发生变化，若产品间缺乏替代弹性（$\varepsilon < 1$），高生产率部门增加的产出无法满足消费者对低生产率部门产品的需求，那么劳动力将更多地流向生产率增速较低的部门。若产品间的替代具有弹性（$\varepsilon > 1$），因生产率更快增长而获得的产出增加并不足以满足消费需求，那么劳动力将从生产率增速较低的部门向生产率增速较高的部门转移。

由前文可知，制造业部门的实际价格 $p_m^R = p_m(1-\theta) - \tau \cdot e(\theta)$，其受到环境规制强度的影响，那么当对环境规制的外生性或内生性作出不同假设时，可分别得到许多有趣的结论。但基于本章的研究目的，不再对此问题多作讨论。

2. 绿色生产率与消费品部门间的结构调整

进一步分析绿色全要素生产率对消费品部门间结构变动的影响，由式（14-29）可得到不同的消费品部门之间劳动力份额的相对增长速度的关系式：

$$\frac{\dot{\varphi}_i}{\varphi_i} - \frac{\dot{\varphi}_j}{\varphi_j} = (1-\varepsilon)(\sigma_j - \sigma_i), \quad \forall i, j \neq m \qquad (14-32)$$

由式（14-32）可知，不同消费品部门之间劳动力份额增长率的相对变化，仅取决于消费品部门间绿色生产率的增长速度的差异（$\sigma_j - \sigma_i$），以及产品间的替代弹性（ε）。

由式（14-31）得到消费品部门差异化产品之间价格增长率的关系式：

$$\frac{\dot{p}_i}{p_i} - \frac{\dot{p}_j}{p_j} = \sigma_j - \sigma_i, \quad \forall i, j \neq m \qquad (14-33)$$

因此，可将式（14-32）转化为：

$$\frac{\dot{\varphi}_i}{\varphi_i} - \frac{\dot{\varphi}_j}{\varphi_j} = (1-\varepsilon)\left(\frac{\dot{p}_i}{p_i} - \frac{\dot{p}_j}{p_j}\right), \quad \forall i, j \neq m \qquad (14-34)$$

式（14-33）表明，不同消费品部门的产品 i 和产品 j 之间相对价格的变化率等于消费品部门 j 与消费品部门 i 之间绿色生产率增长率的差异。式（14-34）则表明，对于消费品部门而言，部门之间劳动力份额的相对变化率与其产品相对价格的变化率呈等比例关系，该比例等于（$1-\varepsilon$）。

通过对消费品部门劳动力份额增长率的理论推导结果可知，消费品部门之间的结构变动，可分为两种情况对其进行讨论。第一种情况，是消费品部门之间的绿色全要素生产率均相等，即当 $\sigma_j = \sigma_i$（$\forall i, j \neq m$）时，式（14-31）和式（14-33）表明，消费品部门之间劳动力的相对份额以及其相应产品间的相对价格均保持不变，此时消费品部门之间不存在结构调整。因此，消费品部门间的产业结构调整，要求 $\varepsilon \neq 1$ 且绿色生产率增长率存在差异，即 $\sigma_j \neq \sigma_i$。此即为第二种情形，根据对产品替代弹性 ε 的不同假设，具体讨论消费品部门的结构调整情况。

（1）当 $\varepsilon = 1$ 时，消费品部门之间的相对劳动力份额保持不变，但产品的相对价格仍然会发生变化，其变化率取决于部门间的绿色生产率增长率差异。由式（14-33）可知，绿色全要素生产率增长较慢的部门，其产品价格将会出现相对更快的上涨；对于绿色生产率增长较快的部门，其价格将相对降低，因此该部门更多的产出将被增加的消费需求完全吸收。

（2）当 $\varepsilon\neq1$，且产品间的替代具有弹性，即 $\varepsilon>1$ 时，消费品部门间劳动力份额的相对变化（$\dot{\varphi}_i/\varphi_i - \dot{\varphi}_j/\varphi_j$）与绿色生产率增长率的差异（$\sigma_j - \sigma_i$）呈反比例关系，即劳动力将从生产率较低的产业部门向生产率较高的产业部门转移，因此绿色全要素生产率增长较快的部门能够吸引更多的社会资源，从而获得较快的发展和规模扩张，使产业结构向着更优化的方向调整。

（3）当 $\varepsilon\neq1$，且产品间的替代缺乏弹性，即 $\varepsilon<1$ 时，消费品部门间劳动力份额的相对变化（$\dot{\varphi}_i/\varphi_i - \dot{\varphi}_j/\varphi_j$）与绿色生产率增长率的差异（$\sigma_j - \sigma_i$）呈正比例关系，即劳动力将从生产率较高的产业部门向生产率较低的产业部门转移。在这种情形下，生产率较低的部门反而会吸引更多社会生产资料的流入，而在一定程度上阻碍高生产率产业部门的发展。

3. 绿色生产率与制造业部门间的结构调整

本节所构建的基准模型中，假设经济体只包含一个资本品生产部门。为了进一步分析绿色生产率对制造业部门结构变动的影响，消费品部门的理论部分保持不变，我们对模型中关于制造业部门的部分进行扩展，即假设包含 g 个不同的资本品生产部门，其生产的资本品或用于消费，或为消费品部门的生产活动 F_i 提供必要的生产要素。假设资本品 k_i 不再是由单一部门生产，而是由多个资本品部门共同生产，其生产函数 G 选用 CES 函数形式，因此有

$$G = \Big[\sum_{j=1}^{g} \xi_{m_j} \left(F_{m_j} \right)^{(\mu-1)/\mu} \Big]^{\mu/(\mu-1)} \qquad (14-35)$$

其中，$\mu>0$；$\xi_{m_j}\geq0$，且 $\sum_{j=1}^{g} \xi_{m_j} = 1$；$F_{m_j}$ 表示每个资本品部门 m_j 的产量，即

$$F_{m_j} = (1-\theta) \cdot A_{m_j} \cdot \varphi_{m_j} \cdot k_{m_j}^{\alpha}, \quad j=1, \cdots, g \qquad (14-36)$$

则每个资本品部门 m_j 的污染排放函数为：

$$Z_{m_j}(\theta) = e(\theta) \cdot F_{m_j} \qquad (14-37)$$

资本品部门之间相对劳动力份额的变动满足：

$$\frac{\varphi_{m_j}}{\varphi_{m_i}} = \left(\frac{\xi_{m_j}}{\xi_{m_i}}\right)^{\mu} \cdot \left(\frac{A_{m_i}}{A_{m_j}}\right)^{1-\mu}; \quad \forall i, j = 1, \cdots, g \tag{14-38}$$

$$\frac{\dot{\varphi}_{m_j} / \varphi_{m_i}}{\varphi_{m_j} / \varphi_{m_i}} = (1 - \mu)(\sigma_{m_i} - \sigma_{m_j}); \quad \forall i, j = 1, \cdots, g \tag{14-39}$$

式（14-39）的形式与式（14-32）相似，由此可知，与消费品部门之间的结构变动类似，制造业部门之间劳动力份额的相对变化，取决于部门之间环境全要素增长速度的差异 $\sigma_{m_i} - \sigma_{m_j}$ 和替代弹性 μ。

第二节 绿色全要素生产率驱动路径的微观机理

一、绿色生产率驱动路径的选择依据

产业升级是各国加快经济增长速度、提高经济增长质量的重要因素（McMillan & Rodrik，2011），因此国内外学者们对产业升级的影响因素或驱动因素进行了大量的研究和探讨，并取得了丰富的成果。对产业升级驱动因素的现有文献，主要是从两个不同的视角展开的，即需求视角和供给视角（Acemoglu，2009；张月友等，2016）。基于需求视角的研究，以龙功沙木等（Kongsamut et al.，2001）的研究为代表，假设各产业部门的技术增长率均相同，则经济结构的变动主要由消费者的收入及其偏好所驱动：对不同产品需求量的不平衡进一步引致产品供应结构的变化，最终引起产业结构的调整。基于供给视角的研究，则分析了资本、劳动力和技术结构等投入要素的变动对产业升级的影响机制。由于技术变化在产业升级中的作用远远超过资本深化的影响（陈体标，2012），且与本书的研究目的直接相关，因此本章将着重关注技术视角的研究。基于技术视角的研究，以鲍莫尔（Baumol，1967）、恩盖和皮萨里德斯（Ngai & Pissarides，2007）、陈体标（2008）等的研究成果为代表，认为产业结构的变动和升级主要是由各产业部门之间的生产技术进步速率（或生产率增长率）的差异所引致的，即各产业部门之间的技术进步以不同的速度发生，导致了不同产业部门生产成本下降幅度的差异，产业部门之间以不同的速度实现增长和规模扩张，最终引致了一国产业结构的变动。

通过对产业升级驱动因素相关研究文献的回顾可知，一方面，基于技术角度的研究文献，大都未能严格区分技术进步速率与全要素生产率增长率的区别。由技术创新带来的技术进步，是全要素生产率增长的主要源泉，但并不是全部内容，若只强调部门间技术进步率的差异对产业升级的作用，则是有失偏颇的。正如刘志彪（2015）所提出的，面对当前生产要素成本的不断上升以及中国传统比较优势逐渐削弱的现实，提升全要素生产率才是推动产业升级的最佳策略和根本驱动力。另一方面，已有文献主要基于产业升级的传统的经济内涵开展了研究，但仍未能将其环境内涵纳入研究框架。2015年，国务院颁布的《中国制造2025》中提出，要求2025年时，规模以上工业企业的能耗强度要比2015年下降34%，二氧化碳排放强度则要下降40%。在趋紧的环境约束下，本书已在前文中论证了中国未来产业"绿色化"升级的重要性和必要性。基于本书对产业升级内涵的重新界定，传统驱动因素已不适用且无法满足中国当前产业"清洁化"升级的新要求，因此需要寻找能够推动"清洁化"升级的新引擎。

在这样的现实背景下，在实现高效、清洁、低碳的绿色发展的现实要求下，本章提出了实现产业绿色升级的绿色生产率驱动路径，即不断提升绿色生产率，并使其成为工业增长的主要贡献源泉，是中国实现产业绿色升级、实现工业文明和生态文明"双赢"的根本路径，正如艾哈迈德等（Ahmed et al.，2012）的研究所验证的，绿色全要素生产率的提升是保障一国国民经济绿色转型的主导要素。

二、绿色生产率驱动工业结构"清洁化"升级的内在逻辑

前文中已将由生产率驱动的产业升级界定为"新古典式产业升级"，并论证了绿色生产率是当前中国实现产业绿色升级的必然选择。那么，本节将进一步对绿色生产率如何驱动工业产业升级进行简要的理论解析。

由于产业是一系列在生产技术特征、要素投入结构或产出结构等方面具有相同或相似属性的企业的集合，那么，从本质上而言，产业结构的高度化升级则是由企业个体行为选择叠加的结果，企业是产业升级的行为主体。而企业的升级，则主要是指其所生产产品的技术含量提高、附加值增加，继而实现由全球价值链的低端环节向高端环节的攀升，而这一过程，则主要是由企业的生产率提升所驱动的。为了更加直观地刻画企业升级的动态过程，本

节将借助图 14 - 1 来描述企业生产率提升的行为选择以及由此引发的产业升级路径。

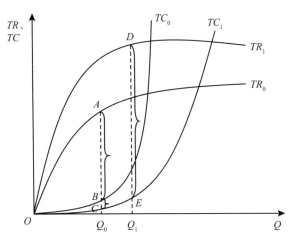

图 14 - 1　企业生产率提升及其动态升级路径

　　为了简化分析，假设企业只生产一种产品 q，并且在长期内，假设企业面临的所有生产要素均可在不同部门间自由流动和自由配置。如图 14 - 1 所示，横轴表示产品 q 的产量 Q，纵轴表示企业的总收益或总成本。TR 表示企业的总收益曲线，假设产品价格外生决定，那么企业的总收益曲线 TR 本质上就反映了企业的生产能力，即生产可能性边界；TC 表示企业的总成本曲线，总收益曲线 TR 与总成本曲线 TC 之间的距离，则表示企业所获得的利润。初始状态，企业的生产可能性边界由曲线 TR_0 表示，其对应的总成本曲线为 TC_0，理性的企业将选择在 A 点进行生产，以实现利润最大化，此时对应的产量为 Q_0，利润则由 AB 表示。

　　在激烈的市场竞争的激励作用和政府的政策鼓励下，企业具有不断提高生产能力、降低生产成本的动力。一方面，企业可通过不断提高管理效率、创新商业模式等，降低其管理成本和交易成本；可通过原有技术改造、二次创新或工艺改善，不断提高资源的利用效率；可通过培训、"干中学"等途径，提高劳动者的素质和劳动生产率。通过上述途径，企业在原有生产技术水平下，通过不断优化资源配置而实现了效率的改善，最终使其生产成本曲线由 TC_0 下降至 TC_1，此时的总利润则由原来的利润水平 AB 增至 AC，利润

增加的部分可由 BC 表示。另一方面，企业可加强研发投入、开展技术创新活动。企业通过原始创新实现关键技术的突破，而新技术的发明和应用能够使企业所面临的生产可能性边界得以扩张，表现在图 14 – 1 中，即为企业的总收益曲线由 TR_0 向 TR_1 的移动。在新的生产可能性边界上，企业选择在 D 点进行生产以实现利润最大化，此时的产量由原来的 Q_0 增长至 Q_1，对应的最大化利润则可由 DE 表示。由此可知，该企业通过生产效率的改善和技术进步获得的综合效果，即为全要素生产率的显著提升，从而率先实现了企业的升级；而全要素生产率的提升则有助于该企业获得先动优势从而进一步获得超额利润和市场势力。然而，进行效率改善和技术创新并不是产业内所有企业的一致行为选择（常晓鸣，2010）。与先动企业之间的技术差距和全要素生产率差异，将激励其他在位企业改善效率水平、开展模仿创新或再创新活动，以试图瓜分先动企业所获得的超额利润和市场份额。这一先动企业与追随企业的博弈机制，将最终推动整个产业全要素生产率水平的不断提升，继而带动整个产业的动态升级。

第十五章

绿色生产率驱动工业结构"清洁化"升级的实证研究

第一节 计量模型的构建

在上文理论模型的构建及理论分析的基础上，本章将继续就绿色生产率对工业结构"清洁化"升级的驱动效应进行实证检验。实证检验的主要内容可分为两部分，一是绿色生产率对工业结构高度化升级的影响；二是绿色生产率对工业结构清洁化升级的影响。由于任何经济变量本身都具有一定的惯性（李锴和齐绍洲，2011；林伯强和邹楚沅，2014），而产业升级是一个动态的过程，其前一期的升级状态往往对下一期的产业升级有一定的影响，因此，本章将建立动态计量模型，以便更好地控制产业升级中可能存在的滞后效应。

首先，就绿色生产率对工业结构高度化升级的驱动效应，构建动态计量模型如下：

$$\ln HIGH_{i,t} = \alpha_0 + \alpha_1 \ln HIGH_{i,t-1} + \alpha_2 \ln GTFP_{i,t} + \alpha_3 \ln HUMAN_{i,t} + \alpha_4 \ln KL_{i,t}$$
$$+ \alpha_5 \ln OWNER_{i,t} + \alpha_6 \ln FDI_{i,t} + \alpha_7 \ln SCALE_{i,t} + \varepsilon_{i,t} \qquad (15-1)$$

其中，i 表示工业行业（$i = 1, 2, \cdots, 35$），t 表示时间。$HIGH_{i,t}$ 为工业结构高度化升级指标，并将其滞后一期作为解释变量引入计量模型；$GTFP_{i,t}$ 为绿色生产率的累积指数；$HUMAN_{i,t}$ 表示人力资本；$KL_{i,t}$ 为资本劳动比，即从业人员的人均资本存量；$OWNER_{i,t}$ 表示所有制结构；$FDI_{i,t}$ 表示外资进入程度；$SCALE_{i,t}$表示行业 i 的规模变量；$\varepsilon_{i,t}$ 为误差项。为了消除异方差，对所有指标进行取对数处理。

其次，就绿色生产率对工业结构清洁化升级的驱动效应，构建动态计量模型如下：

$$
\begin{aligned}
\ln CLEAN_{i,t} = & \beta_0 + \beta_1 \ln CLEAN_{i,t-1} + \beta_2 \ln GTFP_{i,t} + \beta_3 \ln HUMAN_{i,t} \\
& + \beta_4 \ln REG_{i,t-1} + \beta_5 \ln ENERGYSTR_{i,t} + \beta_6 \ln OWNER_{i,t} \\
& + \beta_7 \ln FDI_{i,t} + \beta_8 \ln SCALE_{i,t} + \varepsilon_{i,t}
\end{aligned} \tag{15 - 2}
$$

其中，i 表示工业行业（$i=1$，2，…，35），t 表示时间。$CLEAN_{i,t}$ 为工业结构清洁化升级指标，并将其滞后一期作为解释变量引入计量模型；$REG_{i,t-1}$ 为环境规制强度指标，由于环境规制对经济系统的影响存在滞后性，因此将环境规制强度指标滞后一期纳入方程将更为合理（Xie et al.，2017）；$ENERGYSTR_{i,t}$ 表示行业 i 的能源消耗强度。其他变量的含义与前文一致。为了消除异方差，对所有指标进行取对处理。

在动态模型中，由于存在解释变量与随机扰动项相关、可能遗漏变量等内生性问题，传统组内面板回归方法（如固定效应模型）所得到的检验结果将是有偏的。为了消除内生性问题对实证结果所带来的偏差，采用广义矩估计（GMM）的方法，并采用内生变量的所有可能的滞后项作为工具变量，对上述动态面板模型进行回归估计。在解决内生性问题时，差分 GMM 方法对解决存在非时变的遗漏变量问题具有优势（Arellano & Bond，1991），而系统 GMM 方法则能够更好地解决解释变量与扰动项相关，以及由于测量误差而产生的内生性问题（Bond et al.，2001）。由此可知，差分 GMM 方法和系统 GMM 方法各有优点，因此，本章将分别用两种方法进行回归拟合，并报告拟合效果更好的实证结果。

第二节　指标说明及数据处理

为了与前文保持一致，本节选取 2002～2014 年中国 35 个工业行业的面板数据，原始数据分别来自于历年的《中国统计年鉴》《中国工业经济统计年鉴》《中国环境年鉴》《中国环境统计年鉴》《中国能源统计年鉴》《中国科技统计年鉴》和国研网数据库。为了提高估计的准确性和可信度，对于可能存在的价格波动的影响，利用相应的价格指数对所有货币量指标进行了价格平减，调整为以 2001 年为基期的可比价格。对相关变量的具体说明如下：

1. 产业结构高度化指标（HIGH）

为了与前文对产业结构高度化升级的内涵界定保持一致，本节基于附加值的角度构建了产业结构高度化指标。参照刘伟等（2008）和黄亮雄等（2013）的研究，本节认为产业结构高度化升级指标的构建，在本质上应综合反映出数量和质量两个方面的内涵：一是产业间比例关系的变化；二是产业间产品附加值的差异。因此，指标构建方法如下所示：

$$HIGH_i = S_i \times VALUE_i \tag{15-3}$$

其中，i 指工业行业，$HIGH_i$ 表示工业行业 i 的高度化升级指标；S_i 表示工业行业 i 的产值占工业总产值的比重；$VALUE_i$ 表示工业行业 i 的产品附加值率。

2. 产业结构清洁化指标（CLEAN）

由于目前尚未有文献就产业结构的清洁化调整进行定量的分析，因此尚未提供可供参考的产业结构清洁化升级指标的构建方法。本节参照产业结构高度化升级指标的构建思路，认为产业结构清洁化升级同样包含数量和质量两个方面的内涵：一是产业间比例关系的变化；二是产业间清洁化水平的差异。因此，指标构建方法如下所示：

$$CLEAN_i = S_i \times (1/PI_i) \tag{15-4}$$

其中，$CLEAN_i$ 表示工业行业 i 的清洁化升级水平；PI_i 表示工业行业 i 的污染排放强度综合指数，用其倒数表示工业行业间清洁化发展的相对水平，PI_i 的倒数越大，表明行业 i 的清洁化程度越高。其他变量的含义与式（15-3）保持一致。

3. 绿色生产率累积增长指数（ETFP）

本节将采用前文中基于松弛变量的 SBM 方法所测算出的考虑能源投入和非期望产出的 Luenberger 生产率指数数据。由于这一方法得到的测算结果是 $t+1$ 期的绿色全要素生产率相对于 t 期的环比增长率。为了考虑绿色 TFP

在各年间的动态变化，我们将绿色 TFP 指数转换为以 2002 年为基期的累积生产率指数。由于部分数值为负，无法进行简单的对数变换，因此参考马纳吉和耶拿（Managi & Jena，2008）的做法，将所有值加 1 后再进行逐年累乘，将进行对数变换后所得的值作为实证检验中的核心解释变量。

4. 环境规制强度（REG）

目前，中国尚未形成系统性的环境管制模式（如开征环境税），且尚未公布工业分行业的排污费征收数据。基于数据的可得性和完整性，选取工业各行业废水和废气治理设施本年运行费用占该行业成本费用总额的比重，作为环境规制强度的度量（沈能，2012）。其中，工业行业的成本费用总额由该行业的财务费用、销售费用、管理费用和主营业务成本加总而得。

5. 控制变量

（1）人力资本（HUMAN）：用工业各行业 R&D 人员数占该行业从业人员总数的比重来衡量。

（2）资本劳动比（KL）：用以反映要素禀赋结构，以检验资本深化对产业升级的影响，用工业各行业固定资产净值与该行业年均从业人数之比表示。

（3）所有制结构（OWNER）：由于在研发能力、融资渠道、政府调控力度等方面存在较大的差异，国有企业和民营企业即便在面临相同的形势时也可能作出不同的转型升级决策，因此所有制结构是产业升级的重要影响因素之一。本节采用国有控股工业企业的从业人员数占全部规模以上工业企业从业人员数的比重作为所有制结构的度量。

（4）外资进入程度（FDI）：由于目前在统计年鉴等统计资料中尚未公布中国工业分行业外商直接投资的相关指标数据，因此选取工业各行业中外商投资企业和港澳台投资企业的固定资产合计占全部规模以上工业企业固定资产合计的比重来衡量。

（5）规模变量（SCALE）：采用工业分行业的固定资产合计占工业固定资产合计总额的比重，来反映该行业的规模。

（6）能源消费结构（ENERGYSTR）：选用工业各行业煤炭消费量占该行业能源消费总量的比重来反映工业行业的能源消费结构。由于煤炭消费量的单位与能源消费总量的单位不一致，因此利用《中国能源统计年鉴（2015）》

中所公布的煤炭折标准煤系数，将煤炭消费量的指标数据换算成统一的热量单位，即标准煤。

上述主要变量的描述性统计特征如表15－1所示：

表15－1　　　　　　　　　主要变量的描述性统计特征

变量符号	观测值	均值	标准差	最小值	最大值
HIGH	455	0.0078	0.0062	0.0005	0.0309
CLEAN	455	10.8814	101.3771	0	2070.5490
ETFP	455	1.1509	0.2623	0.1315	2.3272
REG	455	0.0024	0.0030	$6.66 * 10^{-8}$	0.0183
HUMAN	455	0.0246	0.0192	0.0011	0.0881
KL	455	19.7529	23.5461	1.8736	173.9028
OWNER	455	0.3083	0.2905	0.0025	1.1077
FDI	455	0.2610	0.1744	0	0.8095
SCALE	455	0.0285	0.0398	0.0021	0.2721
ENERGYSTR	455	0.5468	0.6084	0.0332	3.6162

第三节　实证结果与分析

采用GMM两步迭代估计的方法，对前文所构建的动态计量模型（15－1）和计量模型（15－2）分别就中国35个工业行业的总样本以及本组样本进行回归拟合。需要说明的是，系统GMM和差分GMM的估计方法要求面板数据的截面长度n显著大于时间长度T，所得到的估计结果才是一致的。由于估计方法对样本的限制，第九章第一节中将工业行业分为四组的分组方式无法满足GMM估计方法对样本的要求，因此，在分组实证检验中，仍然按照前文中所提供的分组依据，将35个工业行业分别分为高附加值组（18个）和低附加值组（17个）两组，以及污染密集型产业组（18个）和清洁型产业组（17个）两组，从而进行相应的产业结构高度化升级和产业结构清洁化升级的分组检验。

一、产业结构高度化升级的实证结果分析

首先，就绿色生产率对产业结构高度化升级的驱动效应进行实证检验，中国工业行业整体的回归结果以及分组的回归结果均列于表 15 - 2 中。一方面，GMM 估计方法要求误差项 $\varepsilon_{i,t}$ 不存在自相关，即需要对误差项分别进行一阶 AR（1）和二阶 AR（2）自相关检验，若存在一阶自相关但拒绝二阶自相关，则表明误差项 $\varepsilon_{i,t}$ 不存在自相关。表 15 - 2 给出了对误差项进行自相关检验的结果，工业行业总体回归结果和分组回归结果均表明，误差项不存在序列相关性。另一方面，由于 GMM 估计中使用了较多的工具变量，因此需要对工具变量的有效性进行检验，即过度识别检验。表 15 - 2 中，萨甘（Sargan）检验和汉森（Hansen）检验的结果表明，三组样本均无法拒绝"所有工具变量均有效"的原假设，即每组实证回归中工具变量的选择都是有效的。

就工业行业总体的回归结果进行分析，由表 15 - 2 中第（1）列的回归结果可知，产业结构高度化指标的滞后一期与当期指标是高度正向相关的，且在 1% 的水平上显著，这表明产业结构高度化升级中存在明显的"传递效应"和"加强效应"，即前期取得的高度化升级的良好效果能够对未来的高度化升级形成示范作用，并有效强化未来高度化升级的效果，从而形成良性循环。绿色生产率对产业结构高度化升级呈现了显著的正向促进作用，绿色TFP 每提高 1%，将驱动产业结构高度化水平显著提升 0.0053%。这意味着，绿色生产率的提升能够有效驱动产业结构的高度化升级，实证证明了绿色生产率驱动战略的有效性。绿色生产率的增长速度及其对产出增长的贡献被看作是一国经济发展方式的绿色转型和经济质量提升的主要依据，具有丰富的内涵和综合性的特点，既包含了绿色技术创新、清洁工艺改进、先进设备和人力资本等直接技术因素，也包含了所有制改革、经济政策制定实施和制度变迁等非技术因素。近年来，随着供给侧结构性改革的推行和深化，中国工业经济在上述方面取得了卓有成效的进展，并在产业结构高度化升级中发挥了重要的驱动作用。与此形成鲜明对照的是资本劳动比与产业结构高度化升级呈现出的显著的负相关关系，资本劳动比每提高 1%，产业结构高度化升级水平则相应下降 0.0413%。20 世纪 90 年代以来，伴随着中国工业化进程的加速，以政府为主导的大规模投资一直处于高速增长的状态，工业资

本得以快速积累。传统经济学理论认为资本的积累和深化是经济增长的主要拉动力,然而其所产生的负面效应亦同时被越来越多的学者所关注。有学者指出,资本深化以及由此形成的投资驱动型的发展模式,被认为是导致产业结构固化和产能过剩的主要因素(于泽和徐沛东,2014;景维民和张璐,2014);也有学者的研究结论表明过度投资和资本深化损害了生产率的提升,也进一步阻碍了经济结构的动态调整和转型(Kim & Lau,1994;Young,1994)。资本深化与绿色 TFP 对产业结构高度化升级的作用机制截然相反,意味着中国产业结构高度化升级的动力正由要素驱动向绿色生产率驱动转换。

表 15 – 2　　　　绿色生产率与工业结构高度化升级的回归结果

解释变量	(1) 全部工业行业	(2) 高附加值产业	(3) 低附加值产业
	系统 GMM	差分 GMM	差分 GMM
$HIGH_{i,t-1}$	0.9551 *** (0.0129)	0.4393 *** (0.0892)	0.5609 *** (0.0416)
$ETFP_{i,t}$	0.0053 ** (0.0021)	0.0404 * (0.0220)	0.0685 (0.0698)
$HUMAN_{i,t}$	0.0130 *** (0.0022)	0.0093 *** (0.0031)	0.01628 *** (0.0039)
$KL_{i,t}$	– 0.0413 *** (0.0072)	– 0.1380 *** (0.0320)	– 0.0757 ** (0.0357)
$OWNER_{i,t}$	0.0070 ** (0.0031)	– 0.0129 (0.0171)	0.0027 (0.0164)
$FDI_{i,t}$	– 0.0105 *** (0.0020)	0.0469 *** (0.0085)	0.0700 *** (0.0234)
$SCALE_{i,t}$	0.0344 *** (0.0117)	0.2494 *** (0.0445)	0.0829 *** (0.0265)
观测量	417	195	187
Sargan 检验	Chi2(65)=120.67 p=0.0000 ***	Chi2(51)=68.00 p=0.0560 *	Chi2(41)=88.86 p=0.0000 ***

续表

解释变量	(1) 全部工业行业	(2) 高附加值产业	(3) 低附加值产业
	系统 GMM	差分 GMM	差分 GMM
Hansen 检验	Chi2 (65) = 33.78 p = 1.0000	Chi2 (51) = 15.66 p = 1.0000	Chi2 (41) = 16.28 p = 1.0000
AR (1) – p 值	0.0040 **	0.0810 *	0.0080 ***
AR (2) – p 值	0.6070	0.2150	0.5370

注：(1) 括号里的数字代表标准差；(2) ***、** 和 * 分别表示在 1%、5% 和 10% 的水平上变量显著；(3) 所有结果均由 Stata 14.0 计算而得，运用 Roodman (2009) 所提出的"xtabond2"命令实现回归拟合。

其他控制变量的回归结果显示，外资进入程度与产业结构高度化升级呈负相关，即对工业行业整体的高度化升级产生了一定程度的阻碍作用，估计系数为 – 0.0105，且在 1% 的水平上显著。这表明中国实施的"以市场换技术"的开放政策并未实现预期的目标，FDI 流入中国更多是为了获取廉价劳动力等要素的成本优势，而对其核心的、先进的技术进行了严格的封锁，从而在一定程度上固化了中国不合理的产业结构。人力资本、所有制结构和行业规模变量均对产业结构的高度化升级起了不同程度的促进作用。首先，人力资本投入每增加 1%，将促进高度化升级指标提升 0.0130%。人力资本被认为是技术进步的重要载体，不仅能够促进知识的获得和传播、加快对引进的先进技术的吸收，且能够通过"干中学"和知识溢出效应加强技术创新（Romer，1990），显著推动产业结构的高度化升级。其次，所有制结构指标每提高 1%，能够显著促进高度化升级指标提高 0.0070%。对微观企业而言，所有制结构不同的企业之间在资源配置、生产规模和经济管理效率等方面均存在较大的差异。随着国有企业改革进程的不断深入，以及市场化程度的不断提升，传统增长动力的逐渐减弱不断驱使国有企业进行转型升级，从而释放了更多的活力（陈超凡，2016）。最后，产业规模每提高 1%，将促进高度化升级指标提升 0.0344%。就微观企业层面而言，企业规模越大，往往意味着其具有更为雄厚的资金实力和较强的资源配置能力，因此相较于中小企业而言，大型企业具有更多的升级机会和升级选择，从而抵消了因规模庞大而可能产生的灵活性欠缺的问题。

表 15-2 中的第（2）列和第（3）列分别给出了高附加值产业和低附加值产业的分组回归结果。对高附加值产业组和低附加值产业组，产业结构高度化指标的滞后一期与当期指标均是显著正相关的，这证明了产业结构高度化升级的过程中存在持续不断的良性驱动效应，前期良好的高度化升级效果能够在未来得以加强。绿色 TFP 对高附加值产业的高度化升级呈现出了有效的正向驱动效应，绿色 TFP 每提高 1%，高附加值产业的高度化水平将相应提高 0.0404%，并在 10% 的水平上显著；而对于低附加值产业而言，绿色生产率的估计系数虽然为正，但并未通过显著性检验，这表明绿色生产率尚未对低附加值产业的高度化升级发挥有效的驱动效应，可能的原因是，低附加值产业相对于其他产业而言，在价值链更为低端的环节从事生产活动，普遍具有对低成本初级要素过度依赖、技术水平落后、生产效率低下、环保能力欠缺、竞争力脆弱等特点，该类产业的转型升级压力和环保压力均较大，可能无力承担较高的研发成本、环保成本等费用，因此绿色生产率普遍较低，且未能发挥有效的作用。就控制变量而言，人力资本、外资进入程度和规模变量均为两组产业高度化升级的重要驱动因素，产生了显著的正向影响；资本劳动比则均对两组产业的高度化升级呈现出了显著的阻碍作用；所有制结构则均未通过显著性检验。

二、工业结构清洁化的实证结果分析

实证检验绿色生产率对工业结构清洁化升级的驱动效应，中国工业行业整体的回归结果以及分组的回归结果均列于表 15-3 中。误差项自相关检验的结果显示，三组样本的误差项存在一阶自相关，但在 5% 的显著性水平下不存在二阶自相关，因此能够接受误差项不存在自相关的原假设。运用萨甘（Sargan）统计量和汉森（Hansen）统计量进行过度识别检验的结果表明，三组样本均接受"所有工具变量均有效"的原假设，表明工具变量的选择都是有效的。

首先就工业行业总体的回归结果进行分析。由表 15-3 中第（1）列的回归结果可知，产业结构清洁化滞后一期指标与当期指标是高度正相关的，其估计系数为 0.9210，且在 1% 的水平上高度显著。这表明产业结构的清洁化升级具有显著的自激励效应，当产业结构向"绿色化"或"清洁化"的方向开始转型和升级时，前期较好的升级效果能够在未来的产业结构变动中

表 15 - 3 绿色生产率与产业结构清洁化升级的回归结果

解释变量	(1) 全部工业行业	(2) 污染密集型产业	(3) 清洁型产业
	系统 GMM	差分 GMM	差分 GMM
$CLEAN_{i,t-1}$	0.9210 *** (0.0054)	- 0.0065 (0.0875)	- 0.2073 *** (0.0670)
$ETFP_{i,t}$	1.0206 *** (0.0614)	1.4071 *** (0.2264)	- 0.7792 * (0.4525)
$REG_{i,t}$	- 0.0754 *** (0.0120)	- 0.0210 (0.0219)	- 0.0324 (0.0268)
$REG_{i,t-1}$	0.0651 *** (0.0079)	0.0242 ** (0.0097)	- 0.0076 (0.0326)
$HUMAN_{i,t}$	- 0.0280 *** (0.0066)	0.0103 (0.0287)	- 0.1555 *** (0.0483)
$ENERGYSTR_{i,t}$	- 0.0199 (0.0323)	- 0.1367 ** (0.0575)	- 0.1966 * (0.1053)
$OWNER_{i,t}$	0.0426 *** (0.0082)	0.1114 (0.1155)	0.0059 (0.1635)
$FDI_{i,t}$	0.0324 *** (0.0093)	- 0.0153 (0.0568)	0.5856 *** (0.1139)
$SCALE_{i,t}$	0.0492 *** (0.0091)	1.1542 *** (0.1272)	2.0741 *** (0.2876)
观测量	414	195	184
Sargan 检验	Chi2 (65) =177.46 p = 0.0000 ***	Chi2 (61) =109.11 p = 0.0590 *	Chi2 (20) =32.02 p = 0.0430 **
AR (1) - p 值	0.0200 **	0.0810 *	0.0960 *
AR (2) - p 值	0.0720 *	0.3050	0.1900

注：（1）括号里的数字代表标准差；（2） *** 、** 和 * 分别表示在 1%、5% 和 10% 的水平上变量显著；（3）所有结果均由 Stata 14.0 计算而得。

得以巩固和加强，从而形成"绿色"发展的良性循环机制。绿色生产率对产业结构清洁化升级呈现出了显著的正向影响，绿色 TFP 每提高 1%，将驱动产业结构清洁化水平相应提高 1.0206%，且在 1% 的水平上高度显著，这表明，绿色生产率是有效驱动产业结构清洁化升级的主导因素之一。从微观企业层面而言，绿色生产率的提升，往往意味着企业具有良好的环境绩效和污染治理效果，同时取得了一定成效的绿色技术进步和绿色技术效率改进，在一定程度上实现了"创新补偿"效应，即由绿色生产率提升所带来的经济绩效高于因污染减排成本上升所产生的经济损失。根据汇丰银行的研究报告，自 2008 年全球金融危机以后，中国对绿色项目的投资高达 2210 亿美元，位居世界第一位，远远超过位于世界第二的美国（Robins et al.，2009）。联合国环境署（UNEP）的研究报告也指出，2009 年以来中国在可再生能源领域的投资亦攀升至世界第一，投资总额超过 200 亿美元（陈诗一，2010b）。由此可知，中国政府为环境绩效改善注入了巨大的资金支持和激励，由此可以预见，绿色生产率驱动战略的优势和必要性将在未来愈发凸显。

控制变量的回归结果显示，环境规制的当期值对产业结构清洁化升级产生了显著的阻碍作用，作用系数为 −0.0754；而环境规制的滞后一期指标则对清洁化升级呈现出了显著的正向驱动效应，滞后一期的环境规制强度每提高 1%，将促进产业结构清洁化升级水平相应提升 0.0651%。这意味着，环境规制正向驱动效应的发挥存在时间滞后。环境规制实施的当期将直接引致企业成本的上涨，企业污染治理投资的增加则必然对原本用于生产活动的投资产生"挤出效应"（Boyd & McClelland，1999），从而削弱企业的创新能力和竞争力（Shadbegian & Gray，2005）。为了达到环境规制的要求，同时将经济损失降到最低，企业在短期内会更倾向于采取末端治理的方式实现环境目标，而非进行绿色技术研发，因此环境规制实施初期在一定程度上阻碍了企业环境绩效的改善以及产业结构的清洁化变动。但在长期内，日趋严厉的环境管制将"倒逼"被规制企业选择绿色技术创新、生产工艺的清洁化改进等方式，在实现污染减排的同时产生"创新补偿"效应，成为产业结构的清洁化升级的有效驱动因素。因此，中国政府及环保部门不应把环境规制在短期内对经济增长和产业升级所产生的负向冲击作为放松规制的理由，反而应改变只注重当前经济效益的短视行为，加快环境规制的创新和完善，充分释放环境规制对产业清洁化升级的激励效应。

人力资本变量显著抑制了工业结构的清洁化升级，作用系数为 −0.0280。

这似乎与常识相悖。然而，通过观察中国从事环保研发活动人员的数据可知，2002年中国从事环保科技活动的人员数占全国科技活动人员的比重为0.50%，至2010年该比重甚至降至0.29%。因此可知，中国绝大部分的人力资本投入均用于从事传统技术的研发活动，而从事环保技术研发的人力资本则十分匮乏，这成为了阻碍绿色技术创新和产业清洁化升级的因素之一。所有制结构、外资进入程度以及规模变量均对产业结构的清洁化升级产生了正向促进的影响，且相应的估计系数均在1%的水平上高度显著。其中，国有企业比重每提高1%，将促进工业结构清洁化水平相应提高0.0426%，这是因为，相较于民营企业，一方面，国有企业在更大程度上受到环境部门的直接监管，甚至是政治性指令，因此国有企业往往具有更为良好的污染减排绩效；另一方面，一个行业中的国有企业往往是大中型企业，具有雄厚的资本实力，因此更有能力承担环境改善和环境研发成本，具有较好的绿色技术研发基础，从而会对工业结构的清洁化升级发挥积极的影响。外资进入程度每提高1%，则带动工业结构清洁化水平相应提高0.0324%，这表明中国工业行业经济的发展已不再盲目追求利用外资的数量，而是更加重视FDI的质量，如FDI的技术水平、环境污染水平、能耗水平等（孙浦阳等，2012）。FDI产生了显著的绿色技术溢出效应，并超过了"污染避难所"效应，对中国工业的清洁化升级发挥了积极影响。规模变量每增加1%，能够促进产业结构清洁化水平相应提高0.0492%，这表明一个行业的规模增大，不仅能够在经济效益上取得规模效应，还能够在污染治理上取得规模效应。同一行业的工业企业往往会产生同质的污染物排放，行业规模越大，越有可能建设公共污染设施、实现污染治理的较高的专业化水平，从而助力该产业的清洁化升级。能源结构与产业结构清洁化升级水平呈负相关，但并未通过显著性检验。

表15-3中的第（2）列和第（3）列分别给出了污染密集型产业和清洁型产业的分组回归结果。对污染密集型产业而言，其产业结构清洁化升级滞后一期变量的估计系数为负，但并未通过显著性检验，表明中国的污染密集型产业尚未形成有效的清洁化升级的自驱动机制；而清洁型产业的产业结构清洁化升级滞后一期变量的估计系数为 - 0.2073，且在1%的水平上显著，可能的原因是，清洁型产业已经在污染减排和清洁生产等方面显著优于其他行业，具有较高的绿色发展水平，因此在未来进一步的清洁化升级中受

到的阻力将大于原有的升级动力。绿色 TFP 的估计结果显示，绿色生产率的提升是污染密集型产业清洁化升级的重要驱动力，绿色 TFP 增长率每增加 1%，将显著促进产业结构清洁化升级水平提高 1.4071%；然而对于清洁型产业而言，环境 TFP 的提升阻碍了产业结构的清洁化升级，估计系数为 −0.7792，且在 10% 的水平上显著。可能的解释是，清洁型产业绿色 TFP 的增长率远远高于污染密集型产业，说明清洁型产业支付了更高的污染治理成本且取得了较好的污染治理效果。绿色 TFP 的进一步提升需要更大规模的资金投入和环保技术专业的人力资本投入，然而中国的环境创新活动才刚刚起步，尚未取得显著的绿色技术研发成果。根据《中国环境年鉴》中公布的数据，1999~2010 年间，虽然环保研发投入总额呈现逐年上涨的趋势，由 1999 年的 12094.6 万元增加至 2010 年的 44719.8 万元，但其增长速度远远小于工业行业 R&D 投入的增长速度。2010 年环保研发投入占工业行业 R&D 投入的比重仅为 0.1114%，远低于 1999 年的 0.2132%。由此可知，清洁型产业绿色生产率的进一步提升具有较大的难度，且需要较长的时间，而在当期其所需要的成本则远远高于可能取得的经济效益和环境效益。

控制变量的回归结果显示，环境规制当期指标的估计系数均不显著，但其滞后一期指标显著促进了污染密集型产业的清洁化升级，估计系数为 0.0242，且在 5% 的水平上显著；但其滞后一期指标仍未能在清洁型产业的产业升级中发挥有效的作用。外资进入程度对污染密集型产业的估计系数为 −0.0153，但未通过显著性检验；其对清洁型产业的结构升级则起到了积极的促进作用，FDI 每增加 1%，能够显著驱动清洁型产业的升级指标相应提高 0.5856%。这表明，清洁型产业流入的 FDI 具有更高的环境门槛，且带来了先进绿色技术的溢出，因此更加清洁。人力资本变量对污染密集型产业的清洁化升级不仅未产生显著的影响，还成为了清洁型产业升级的阻碍因素之一。能源消费结构对两组行业的清洁化升级均产生了显著的抑制作用，这是因为中国当前的能源消费仍然以煤炭为绝对主导，占能源消费总量的 65% 以上。由能源结构不合理而带来的高能耗、高排放等问题日益凸显，阻碍了污染密集型和清洁型产业的清洁化升级。规模变量则对两组产业的清洁化升级均产生了显著的促进作用，所有制规模变量的估计系数均通过了显著性检验。

需要进一步说明的是，对比分析工业结构高度化升级的实证结果与工业结构清洁化升级的实证结果可知，首先，工业结构清洁化升级 GMM 方法拟合效果不及工业结构高度化的拟合效果，可能的原因在于，本节对工业结构清洁化指标的构建仍然不够完善，希望在未来的研究中能够找到更好的指标构建方案。其次，由控制变量的回归系数可知，同一变量可能对工业结构的高度化升级和清洁化升级产生截然相反的效应，如人力资本。因此，在制定产业政策、科技政策等经济政策时，应根据产业升级过程中不同时期的首要任务和目标，选择正确且合理的政策抓手，以免适得其反。

第四节　主要结论与政策启示

一、主要结论

本章主要对于应该如何实现工业结构"清洁化"升级的问题，提出了绿色生产率驱动的思路，即绿色生产率的提升是中国实现工业结构清洁化升级的根本路径，并就此进行了实证研究。动态面板模型的回归结果，验证了绿色生产率驱动路径的有效性，具体结论包括：

1. 绿色生产率与工业结构高度化升级

工业行业总体样本的结果显示，绿色生产率对产业结构高度化升级呈现出了显著的正向促进作用，而与此形成鲜明对照的是，资本劳动比与产业结构高度化升级呈现出了显著的负相关关系，意味着中国产业结构高度化的升级动力正由要素驱动向绿色生产率驱动转换；工业行业分组的结果显示，绿色 TFP 对高附加值产业高度化升级产生了正向的积极影响，但未能对低附加值产业发挥有效的驱动作用。可能的原因是，低附加值产业普遍具有技术水平落后、生产效率低下、环保能力欠缺、竞争力脆弱等特点，其生存环境更加恶劣和严酷，因此绿色生产率普遍偏低，尚不足以对低附加值行业的高度化升级施加影响。

2. 绿色生产率与工业结构清洁化

工业行业总体样本的结果显示，绿色生产率是显著驱动产业结构清洁化升级的关键因子，绿色生产率的提升意味着企业取得了一定成效的绿色技术进步和绿色技术效率改进，实现了良好的污染治理效果，在一定程度上实现了"创新补偿"效应；工业行业分组的结果显示，绿色生产率的提升是污染密集型行业清洁化升级的重要驱动力，却在一定程度上阻碍了清洁型行业的绿色化升级，可能的原因是，清洁型行业的环境绩效已经普遍优于其他行业，绿色 TFP 的进一步提高所需要的成本可能将远远高于所获得的经济效益和环境效益。

二、政策启示

本章的研究结论蕴含着较强的政策启示，笔者将试图从环境政策、科技政策和产业政策三个方面提出促进产业绿色升级的相关政策建议。

1. 不断完善环境政策体系，借助环境政策的"创新补偿"效应提升工业绿色生产率，使其成为中国工业绿色升级的"助推器"

（1）应进一步提高中国环境标准和环境政策强度。按照庇古税的设计原理，有效的排污费标准应高于企业的边际治污成本，才能激励企业选择治污减排。然而，中国现行的排污费收费标准制定于 1979 年，虽然在 2003 年进行了调整，但排污费征收标准依然普遍偏低，仅为污染治理设施运转成本的 50% 左右，某些项目的排污费甚至不到污染治理成本的 10%（侯瑜和陈海宇，2013）。相关研究表明，经过改革开放 30 多年的长足发展，中国制造业已经有能力接受更高的环境标准，甚至把提高环境质量作为了提升竞争力的一种重要方式（金碚，2009）。因此，适当提高排污费标准是环境保护和推动产业绿色转型升级的必然要求，这样才能够充分利用环境政策的约束力，激发企业环保的主观能动性，倒逼企业增加环保投资和研发投入，以加强污染的深度治理，使企业不仅能成为创新主体，亦能成为环保主体。

（2）加强环境政策创新，完善环境政策体系，实现多种规制工具的配套、组合使用。一方面，不仅应尽快消除现有不利于激发企业环保行为的环境补贴等优惠政策，还需加强环境政策创新，如注重并加强法律文件等书面的行政政策，发挥政府在环境保护中的强制和引导作用，建立健全市场激励型环境政策体系，充分发挥市场机制的作用。另一方面，应加强不同政策工具的组合使用。由发达国家的环境治理经验可知，环境规制工具多种多样，在环境保护中各有其"用武之地"。爱奥尔多等（Iraldo et al., 2011）认为，没有最好的环境政策工具，只有最优的政策工具组合。中国目前的环境规制工具较为单一，因此应借鉴发达国家的宝贵经验，综合考虑排污费、排污权交易、环境税等多种规制工具及其配套措施的设计及完善，以实现多种规制工具的配套、组合使用。

2. 制定并完善科技政策，引导和激励绿色技术的研发和创新

工业结构"清洁化"升级和绿色生产率的提升，均与绿色技术密切相关，虽然市场能够为企业提供从事绿色技术研发、创新和新技术采纳的部分激励，但绿色技术具有显著的正外部性，正外部性会导致市场失灵的发生，因此需要政府制定相关的科技政策，对绿色技术的创新活动进行引导和干预。政府可以通过以下三种途径，对绿色技术研发活动进行干预。

（1）政府可直接从事绿色技术的基础研发活动，或由政府直接出资、建立以政府为主导的推动绿色技术创新的产学研联盟。根据本章的实证研究结果可知，中国目前的环保研发投入和环保型人力资本严重不足，因此，政府可直接投资绿色技术的研发和创新活动，建立专门的绿色技术研发基金，完善绿色技术创新的人才培养机制，并委托指定的研究机构开展研发活动，这对于纠正绿色技术的市场失灵尤为重要。

（2）制定相应的扶持政策和鼓励政策，激励企业成为绿色技术研发的主体。一方面，政府可对从事绿色技术研发或清洁技术改造的企业，进行定向的直接补贴或给予一定的税收减免，通过降低研发成本，为企业开展研发活动提供经济激励；另一方面，政府可制定相应的采购政策，将先进的绿色技术和绿色节能产品纳入政府采购的范畴，在一定程度上降低企业环境研发风险。

（3）制定绿色技术研发成果相关的信息政策，建立示范工程、信息平台等项目，充分利用媒体、行业协会、产学研联盟等各类组织的信息传递作用，加强和鼓励最新研发成果的宣传，尽可能减少绿色技术扩散环节的信息不对称和市场失灵等问题的出现。

3. 制定差异化的产业政策，加强产业政策的有效性和动态性

当前中国的产业政策主要采取以政府选择代替市场机制的行政性干预手

段和产业全周期式的政策干预形式（江飞涛和李晓萍，2010），难以形成有效的政策合力（黄先海和诸竹君，2015），从而大大降低产业政策的有效性，造成严重的资源错配和效率损失。因此，中国政府应加快产业政策体系的调整，将适度干预和鼓励竞争相结合，根据行业的异质性特征，制定差异化的产业政策，并根据行业特征的变动对产业政策进行动态调整。

（1）对于低附加值和污染密集型产业，应坚定地通过政策干预和直接管制等方式，限制该类产业的发展，完善企业的退出机制，如通过勒令停业整改、强制低产能企业兼并重组等，顺利淘汰低产能、高消耗、高排放的落后企业，从根本上遏制资源损耗型的生产模式和传统路径依赖，从而形成可持续的、清洁的产业结构。然而，必须注意的是，产业升级是一个长期过程，不能期望一蹴而就。在一定时期内，一个经济体中被淘汰企业的数量过多，会对经济发展造成伤害性的冲击，使产业结构升级陷入停滞，甚至"产业逆淘汰"的僵局（原毅军和谢荣辉，2014）。

（2）对于高附加值和清洁型产业，则应加大扶持力度，鼓励和支持该类产业迅速成长为战略性产业和优质产业。但需要注意的是，应避免浪潮式的过度的、盲目的产业政策，避免该类产业发展过度而重蹈传统产业产能过剩的覆辙；应削弱产业政策的直接干预力度，实施激励性和竞争性的产业政策（黄先海等，2015），增强企业的自主性，激发企业的活力，充分运用市场机制，保证市场竞争的有效性，由市场竞争的结果实现"优胜劣汰"。

参 考 文 献

[1] 阿尔弗雷德·马歇尔,玛丽·马歇尔.产业经济学 [M].肖卫东,译.北京:商务印书馆,2015.

[2] 白重恩,张琼.中国生产率估计及其波动分解 [J].世界经济,2015(12):3 - 28.

[3] 彼得·索尔谢姆.发明污染:工业革命以来的煤、烟与文化 [M].启蒙编译所,译.上海:上海社会科学院出版社,2016.

[4] 薄文广.外部性与产业增长:来自中国省级面板数据的研究 [J].中国工业经济,2007 (1):37 - 44.

[5] 布雷恩·W.克拉普.工业革命以来的英国环境史 [M].王黎,译.北京:中国环境科学出版社,2011.

[6] 蔡昉,都阳,王美艳.经济发展方式转变与节能减排内在动力 [J].经济研究,2008 (6):4 - 11.

[7] 蔡昉.中国经济增长如何转向全要素生产率驱动型 [J].中国社会科学,2013 (1):56 - 71.

[8] 蔡宁,郭斌.从环境资源稀缺性到可持续发展:西方环境经济理论的发展变迁 [J].经济科学,1996 (6):59 - 66.

[9] 蔡圣华,牟敦国,方梦祥.二氧化碳强度减排目标下我国产业结构优化的驱动力研究 [J].中国管理科学,2011 (4):167 - 173.

[10] 常晓鸣.生产绩效、技术创新与我国工业的产业升级 [D].成都:西南财经大学,2010.

[11] 陈超凡.中国工业绿色全要素生产率及其影响因素:基于 ML 生产率指数及动态面板模型的实证研究 [J].统计研究,2016 (3):53 - 62.

[12] 陈刚. FDI竞争、环境规制与污染避难所：对中国式分权的反思 [J]. 世界经济研究，2009（6）：3－7.

[13] 陈丽萍. 能源可持续发展研究现状评述 [J]. 国土资源情报，2005（11）：1－6.

[14] 陈诗一，陈登科. 雾霾污染、政府治理与经济高质量发展 [J]. 经济研究，2018（2）：22－36.

[15] 陈诗一. 节能减排与中国工业的双赢发展：2009—2049 [J]. 经济研究，2010a（3）：129－143.

[16] 陈诗一. 能源消耗、二氧化碳排放和中国工业的可持续发展 [J]. 经济研究，2009（4）：41－55.

[17] 陈诗一. 新常态下的环境问题与中国经济转型发展 [J]. 中共中央党校学报，2016，20（2）：94－99.

[18] 陈诗一. 中国的绿色工业革命：基于环境全要素生产率视角的解释（1980～2008）[J]. 经济研究，2010b（11）：21－34.

[19] 陈素梅，何凌云. 环境，健康与经济增长：最优能源税收入分配研究 [J]. 经济研究，2017（4）：120－134.

[20] 陈体标. 技术进步、结构变化和经济增长 [M]. 上海：格致出版社，2012.

[21] 陈体标. 技术增长率的部门差异和经济增长率的"驼峰形"变化 [J]. 经济研究，2008（11）：102－111.

[22] 成艾华. 技术进步，结构调整与中国工业减排：基于环境效应分解模型的分析 [J]. 中国人口、资源与环境，2011（3）：41－47.

[23] 戴维·罗默. 高级宏观经济学 [M]. 王根蓓，译. 上海：上海财经大学出版社，2003.

[24] 戴翔，张雨. 开放条件下我国本土企业升级能力的影响因素研究：基于昆山制造业企业问卷的分析 [J]. 经济学（季刊），2013（4）：1387－1412.

[25] 德内拉·梅多斯，乔根·兰德斯，丹尼斯·梅多斯. 增长的极限 [M]. 李涛，王志勇，译. 北京：机械工业出版社，2006.

[26] 丁宝山，任建平. 产业经济词典 [M]. 北京：中国财政经济出版社，1991.

［27］丁继红，年艳．经济增长与环境污染关系剖析：以江苏省为例［J］．南开经济研究，2010（2）：64－79．

［28］丁云龙．产业技术是什么［J］．科学技术与辩证法，2002，19（4）：35－39．

［29］丁志国，赵宣凯，苏治．中国经济增长的核心动力：基于资源配置效率的产业升级方向与路径选择［J］．中国工业经济，2012（9）：18－30．

［30］董敏杰，李钢，梁泳梅．中国工业环境全要素生产率的来源分解：基于要素投入与污染治理的分析［J］．数量经济技术经济研究，2012（2）：3－20．

［31］董直庆，蔡啸，王林辉．技术进步方向、城市用地规模和环境质量［J］．经济研究，2014（10）：111－124．

［32］杜婷婷，毛锋，罗锐．中国经济增长与 CO_2 排放演化探析［J］．中国人口·资源与环境，2007，17（2）：94－99．

［33］方行明，刘天伦．中国经济增长与环境污染关系新探［J］．经济学家，2012（2）：76－82．

［34］冯梅．全球产业转移与提升我国产业结构水平［J］．管理世界，2009（5）：172－173．

［35］付凌晖．我国产业结构高级化与经济增长关系的实证研究［J］．统计研究，2010（8）：79－81．

［36］傅京燕．产业特征、环境规制与大气污染排放的实证研究：以广东省制造业为例［J］．中国人口、资源与环境，2009，19（2）：73－77．

［37］傅京燕，李丽莎．环境规制、要素禀赋与产业国际竞争力的实证研究：基于中国制造业的面板数据［J］．管理世界，2010（10）：87－98．

［38］傅京燕，赵春梅．环境规制会影响污染密集型行业出口贸易吗？：基于中国面板数据和贸易引力模型的分析［J］．经济学家，2014（2）：47－58．

［39］傅十和，洪俊杰．企业规模、城市规模与集聚经济［J］．经济研究，2008（11）：112－125．

［40］傅元海，叶祥松，王展祥．制造业结构变迁与经济增长效率提高［J］．经济研究，2016（8）：86－100．

［41］高宏霞，杨林，付海东．中国各省经济增长与环境污染关系的研究与预测：基于环境库兹涅茨曲线的实证分析［J］．经济学动态，2012（1）：52－57．

［42］高辉．环境污染与经济增长方式转变——来自中国省际面板数据的证据［J］．财经科学，2009（4）：102－109．

［43］高静，黄繁华．贸易视角下经济增长和环境质量的内在机理研究：基于中国30个省市环境库兹涅茨曲线的面板数据分析［J］．上海财经大学学报：哲学社会科学版，2011，13（5）：66－74．

［44］高煜．国内价值链构建中的产业升级机理研究［M］．北京：中国经济出版社，2011．

［45］龚健健，沈可挺．中国高耗能产业及其环境污染的区域分布：基于省际动态面板数据的分析［J］．数量经济技术经济研究，2011，28（2）：20－36．

［46］韩庆潇，杨晨，陈潇潇．中国制造业集聚与产业升级的关系：基于创新的中介效应分析［J］．研究与发展管理，2015（6）：68－76．

［47］韩旭．中国环境污染与经济增长的实证研究［J］．中国人口·资源与环境，2010，20（4）：85－89．

［48］何枫，祝丽云，马栋栋，等．中国钢铁企业绿色技术效率研究［J］．中国工业经济，2015（7）：84－98．

［49］何立华，金江．自然资源、技术进步与环境库兹涅茨曲线［J］．中国人口·资源与环境，2010（2）：56－61．

［50］何荣天．产业技术进步论［M］．北京：经济科学出版社，2000．

［51］何兴强，王利霞．中国FDI区位分布的空间效应研究［J］．经济研究，2008（11）：137－50．

［52］贺丹，田立新．基于低碳经济转型的产业结构优化水平实证研究［J］．北京理工大学学报（社会科学版），2015（3）：31－39．

［53］洪银兴．从比较优势到竞争优势：兼论国际贸易的比较利益理论的缺陷［J］．经济研究，1997（6）：20－26．

［54］侯瑜，陈海宇．基于完全信息静态博弈模型的最优排污费确定［J］．南开经济研究，2013（1）：121－128．

［55］胡鞍钢，周绍杰．绿色发展：功能界定、机制分析与发展战略

[J]. 中国人口. 资源与环境，2014（1）：14-20.

[56] 胡建辉，李博，冯春阳. 城镇化、公共支出与中国环境全要素生产率：基于省际面板数据的实证检验 [J]. 经济科学，2016（1）：29-40.

[57] 黄菁，陈霜华. 环境污染治理与经济增长：模型与中国的经验研究 [J]. 南开经济研究，2011（1）：142-152.

[58] 黄菁. 环境污染与工业结构：基于 Divisia 指数分解法的研究 [J]. 统计研究，2009（12）：68-73.

[59] 黄亮雄，安苑，刘淑琳. 中国的产业结构调整：基于三个维度的测算 [J]. 中国工业经济，2013（10）：70-82.

[60] 黄群慧."新常态"、工业化后期与工业增长新动力 [J]. 中国工业经济，2014（10）：5-19.

[61] 黄先海，宋学印，诸竹君. 中国产业政策的最优实施空间界定：补贴效应、竞争兼容与过剩破解 [J]. 中国工业经济，2015（4）：57-69.

[62] 黄先海，杨高举. 中国高技术产业的国际分工地位研究：基于非竞争型投入占用产出模型的跨国分析 [J]. 世界经济，2010（5）：82-100.

[63] 黄先海，杨君，肖明月. 资本深化、技术进步与资本回报率：基于美国的经验分析 [J]. 世界经济，2012（9）：3-20.

[64] 黄先海，诸竹君. 新产业革命背景下中国产业升级的路径选择 [J]. 国际经济评论，2015（1）：112-120.

[65] 纪玉俊，李超. 创新驱动与产业升级：基于我国省际面板数据的空间计量检验 [J]. 科学学研究，2015（11）：1651-1659.

[66] 简新华，杨艳琳. 产业经济学（第2版）[M]. 武汉：武汉大学出版社，2009.

[67] 江飞涛，李晓萍. 直接干预市场与限制竞争：中国产业政策的取向与根本缺陷 [J]. 中国工业经济，2010（9）：26-36.

[68] 姜劲，孙延明. 代工企业外部社会资本、研发参与和企业升级 [J]. 科研管理，2012（5）：47-55.

[69] 蒋伟，刘牧鑫. 外商直接投资与环境库兹涅茨曲线：基于中国城市数据的空间计量分析 [J]. 数理统计与管理，2011，30（4）：752-760.

[70] 金碚. 国际金融危机下的中国工业 [J]. 中国工业经济，2010（7）：5-13.

[71] 金碚. 牢牢把握发展实体经济这一坚实基础 [J]. 求是, 2012 (7): 24-26.

[72] 金碚, 吕铁, 邓洲. 中国工业结构转型升级: 进展、问题与趋势 [J]. 中国工业经济, 2011 (2): 5-15.

[73] 金碚, 吕铁, 李晓华. 关于产业结构调整几个问题的探讨 [J]. 经济学动态, 2010 (8): 14-20.

[74] 金碚. 资源环境管制与工业竞争力关系的理论研究 [J]. 中国工业经济, 2009 (3): 5-17.

[75] 金京, 戴翔, 张二震. 全球要素分工背景下的中国产业转型升级 [J]. 中国工业经济, 2013 (11): 57-69.

[76] 金培振, 张亚斌, 彭星. 技术进步在二氧化碳减排中的双刃效应: 基于中国工业 35 个行业的经验证据 [J]. 科学学研究, 2014, 32 (5): 706-716.

[77] 景维民, 张璐. 环境管制、对外开放与中国工业的绿色技术进步 [J]. 经济研究, 2014 (9): 34-47.

[78] 孔宪丽, 米美玲, 高铁梅. 技术进步适宜性与创新驱动工业结构调整: 基于技术进步偏向性视角的实证研究 [J]. 中国工业经济, 2015 (11): 62-77.

[79] 匡远凤, 彭代彦. 中国环境生产效率与环境全要素生产率分析 [J]. 经济研究, 2012 (7): 62-74.

[80] 匡远配, 唐文婷. 中国产业结构优化度的时序演变和区域差异分析 [J]. 经济学家, 2015 (9): 40-47.

[81] 雷明, 虞晓雯. 地方财政支出、环境规制与我国低碳经济转型 [J]. 经济科学, 2013 (5): 47-61.

[82] 雷善玉, 王焕冉, 张淑慧. 环保企业绿色技术创新的动力机制: 基于扎根理论的探索研究 [J]. 管理案例研究与评论, 2014 (4): 283-296.

[83] 李斌, 赵新华. 经济结构, 技术进步与环境污染: 基于中国工业行业数据的分析 [J]. 财经研究, 2011 (4): 112-122.

[84] 李大元, 孙妍, 杨广. 企业环境效益、能源效率与经济绩效关系研究 [J]. 管理评论, 2015, 27 (5): 29-37.

[85] 李丹, 杨建君. 国内绿色技术创新文献特色及前沿探究 [J]. 科

研管理，2015，36（6）：109－118.

［86］李钢，廖建辉，向奕霓. 中国产业升级的方向与路径：中国第二产业占 GDP 的比例过高了吗［J］. 中国工业经济，2011（10）：16－26.

［87］李海舰，魏恒. 新型产业组织分析范式构建研究：从 SCP 到 DIM［J］. 中国工业经济，2007（7）：29－39.

［88］李金滟，宋德勇. 专业化、多样化与城市集聚经济：基于中国地级单位面板数据的实证研究［J］. 管理世界，2008（2）：25－34.

［89］李锴，齐绍洲. 贸易开放、经济增长与中国二氧化碳排放［J］. 经济研究，2011（11）：60－72.

［90］李玲，陶锋. 中国制造业最优环境规制强度的选择：基于绿色全要素生产率的视角［J］. 中国工业经济，2012（5）：70－82.

［91］李玲. 中国工业绿色全要素生产率及影响因素研究［D］. 广州：暨南大学，2012.

［92］李娜，王飞. 中国主导产业演变及其原因研究：基于 DPG 方法［J］. 数量经济技术经济研究，2012（1）：19－33.

［93］李平. 论绿色技术创新主体系统［J］. 科学学研究，2005（3）：414－418.

［94］李树，陈刚. 环境管制与生产率增长：以 APPCL2000 的修订为例［J］. 经济研究，2013（1）：17－31.

［95］李邃，江可申. 高技术产业科技能力与产业结构优化升级［J］. 科研管理，2011（2）：44－51.

［96］李婉红，毕克新，孙冰. 环境规制强度对污染密集行业绿色技术创新的影响研究：基于 2003~2010 年面板数据的实证检验［J］. 研究与发展管理，2013，25（6）：72－81.

［97］李婉红. 排污费制度驱动绿色技术创新的空间计量检验：以 29 个省域制造业为例［J］. 科研管理，2015，36（6）：1－9.

［98］李巍，郗永勤. 创新驱动低碳发展了吗？：基础异质和环境规制双重视角下的实证研究［J］. 科学学与科学技术管理，2017，38（5）：14－26.

［99］李小平，卢现祥. 国际贸易、污染产业转移和中国工业行业的 CO_2 排放［J］. 经济研究，2010（1）：15－26.

[100] 李小平, 卢现祥, 陶小琴. 环境规制强度是否影响了中国工业行业的贸易比较优势 [J]. 世界经济, 2012 (4): 62 – 78.

[101] 李小胜, 安庆贤. 环境管制成本与环境全要素生产率研究 [J]. 世界经济, 2012 (12): 23 – 40.

[102] 李筱乐. 市场化、工业集聚和环境污染的实证分析 [J]. 统计研究, 2014 (8): 39 – 45.

[103] 李悦. 产业经济学 [M]. 北京: 中国人民大学出版社, 2004.

[104] 李子奈. 计量经济学模型方法论的若干问题 [J]. 经济学动态, 2007 (10): 22 – 30.

[105] 梁俊, 龙少波. 环境约束下中国地区工业全要素生产率增长: 2000 ~ 2012 年 [J]. 财经科学, 2015 (6): 84 – 96.

[106] 梁琦. 空间经济学: 过去、现在与未来 [J]. 经济学 (季刊), 2005 (4): 1067 – 1086.

[107] 林伯强, 邹楚沅. 发展阶段变迁与中国环境政策选择 [J]. 中国社会科学, 2014 (5): 81 – 95.

[108] 林毅夫, 蔡昉, 李周. 比较优势与发展战略: 对 “东亚奇迹” 的再解释 [J]. 中国社会科学, 1999 (5): 4 – 20.

[109] 林毅夫, 李永军. 比较优势、竞争优势与发展中国家的经济发展 [J]. 管理世界, 2003 (7): 21 – 28.

[110] 林毅夫. 新结构经济学 [M]. 苏剑, 译. 北京: 北京大学出版社, 2012.

[111] 刘冰, 周绍东. 基于技术和市场内生互动的中国产业升级路径研究 [J]. 管理世界, 2014 (2): 180 – 181.

[112] 刘和旺, 刘博涛, 郑世林. 环境规制与产业转型升级: 基于 “十一五” 减排政策的 DID 检验 [J]. 中国软科学, 2019 (5): 45 – 57.

[113] 刘红光, 刘卫东, 唐志鹏, 范晓梅. 中国区域产业结构调整的 CO_2 减排效果分析 [J]. 地域研究与开发, 2010 (3): 129 – 135.

[114] 刘华军, 杨骞. 资源环境约束下中国 TFP 增长的空间差异和影响因素 [J]. 管理科学, 2014, 27 (5): 133 – 144.

[115] 刘金全, 郑挺国, 宋涛. 中国环境污染与经济增长之间的相关性研究: 基于线性和非线性计量模型的实证分析 [J]. 中国软科学, 2009

（2）：98 - 106.

[116] 刘明宇，芮明杰. 价值网络重构、分工演进与产业结构优化 [J]. 中国工业经济，2012（5）：148 - 160.

[117] 刘瑞翔，安同良. 中国经济增长的动力来源与转换展望 [J]. 经济研究，2011（7）：30 - 41.

[118] 刘瑞翔，安同良. 资源环境约束下中国经济增长绩效变化趋势与因素分析：基于一种新型生产率指数构建与分解方法的研究 [J]. 经济研究，2012（11）：34 - 47.

[119] 刘世锦. 中国经济增长十年展望：在改革中形成增长新常态（2014～2023）[M]. 北京：中信出版社，2014.

[120] 刘仕国，吴海英，马涛，等. 利用全球价值链促进产业升级 [J]. 国际经济评论，2015（1）：64 - 84.

[121] 刘伟，张辉，黄泽华. 中国产业结构高度与工业化进程和地区差异的考察 [J]. 经济学动态，2008（11）：4 - 8.

[122] 刘志彪，安同良. 现代产业经济分析 [M]. 南京：南京大学出版社，2009.

[123] 刘志彪. 产业升级的发展效应及其动因分析 [J]. 南京师大学报（社会科学版），2000（2）：3 - 10.

[124] 刘志彪. 提升生产率：新常态下经济转型升级的目标与关键措施 [J]. 审计与经济研究，2015（4）：77 - 84.

[125] 刘志彪，张杰. 全球代工体系下发展中国家俘获型网络的形成、突破与对策：基于 GVC 与 NVC 的比较视角 [J]. 中国工业经济，2007（5）：39 - 47.

[126] 刘志彪，郑江淮. 价值链上的中国：长三角选择性开放新战略 [M]. 北京：中国人民大学出版社，2012.

[127] 卢忠宝. 环境约束下中国经济可持续增长研究 [D]. 武汉：华中科技大学，2010.

[128] 陆菁. 国际环境规制与倒逼型产业技术升级 [J]. 国际贸易问题，2007（7）：71 - 76.

[129] 陆菁，刘毅群. 要素替代弹性、资本扩张与中国工业行业要素报酬份额变动 [J]. 世界经济，2016（3）：118 - 143.

[130] 陆旸. 从开放宏观的视角看环境污染问题：一个综述 [J]. 经济研究, 2012 (2): 146-158.

[131] 陆旸. 环境规制影响了污染密集型商品的贸易比较优势吗？[J]. 经济研究, 2009 (4): 28-40.

[132] 逯元堂, 吴舜泽, 马欣. 中国产业结构调整的环境成效实证分析 [J]. 中国人口、资源与环境, 2011 (21): 69-72.

[133] 罗斯托. 经济成长的阶段 [M]. 北京：商务印书馆, 1962.

[134] 马树才, 李国柱. 中国经济增长与环境污染关系的 Kuznets 曲线 [J]. 统计研究, 2006 (8): 37-40.

[135] 马小明, 张立勋, 戴大军. 产业结构调整规划的环境影响评价方法及案例 [J]. 北京大学学报（自然科学版）, 2003, 39 (4): 565-571.

[136] 马歇尔. 经济学原理（二）[M]. 刘生龙, 译. 北京：中国社会科学出版社, 2008.

[137] 马艳艳, 张晓蕾, 孙玉涛. 环境规制激发企业努力研发？：来自火电企业数据的实证 [J]. 科研管理, 2018, 39 (2): 66-74.

[138] 迈克尔·波特. 国家竞争优势 [M]. 李明轩, 邱如美, 译. 北京：华夏出版社, 2002.

[139] 迈克尔·波特. 竞争战略 [M]. 陈小悦, 译. 北京：华夏出版社, 2005.

[140] 毛其淋, 盛斌. 对外经济开放、区域市场整合与全要素生产率 [J]. 经济学（季刊）, 2011 (10): 181-210.

[141] 孟维华. 生产率的绿色内涵：基于生态足迹的资源生产率和全要素生产率计算 [M]. 上海：同济大学出版社, 2011.

[142] 牛海鹏, 杜雯翠, 朱艳春. 排污费征收、技术创新与污染排放 [J]. 经济与管理评论, 2012 (4): 51-56.

[143] 牛文元. 可持续发展理论的内涵认知：纪念联合国里约环发大会 20 周年 [J]. 中国人口、资源与环境, 2012 (5): 9-14.

[144] 潘冬青, 尹忠明. 对开放条件下产业升级内涵的再认识 [J]. 管理世界, 2013 (5): 178-179.

[145] 庞瑞芝, 李鹏. 中国新型工业化增长绩效的区域差异及动态演

进 [J]. 经济研究，2011（11）：36-47.

[146] 彭可茂，席利卿，彭开丽. 中国环境规制与污染避难所区域效应：以大宗农产品为例 [J]. 南开经济研究，2012（4）：68-96.

[147] 彭水军，包群. 环境污染、内生增长与经济可持续发展 [J]. 数量经济技术经济研究，2006，23（9）：114-126.

[148] 彭星. 中国工业绿色转型进程中的激励机制与治理模式研究 [D]. 长沙：湖南大学，2015.

[149] D. W. 乔根森. 生产率（第1卷）：战后美国经济增长 [M]. 李京文，等译. 北京：中国发展出版社，2001.

[150] 任保平. 新常态要素禀赋结构变化背景下中国经济增长潜力开发的动力转换 [J]. 经济学家，2015（5）：13-19.

[151] 尚杰，姜睿. 要素禀赋对区域环保产业竞争力的影响研究：基于 Kim-Marion 模型和 Moreno 模型的实证分析 [J]. 中国软科学，2012（2）：166-173.

[152] 申萌，李凯杰，曲如晓. 技术进步、经济增长与二氧化碳排放：理论和经验研究 [J]. 世界经济，2012（7）：83-100.

[153] 沈可挺，龚健健. 环境污染、技术进步与中国高耗能产业：基于环境全要素生产率的实证分析 [J]. 中国工业经济，2011（12）：25-34.

[154] 沈能. 环境效率、行业异质性与最优规制强度：中国工业行业面板数据的非线性检验 [J]. 中国工业经济，2012（3）：56-68.

[155] 盛朝迅. 比较优势动态化与我国产业结构调整：兼论中国产业升级的方向与路径 [J]. 当代经济研究，2012（9）：63-67.

[156] 师博，沈坤荣. 政府干预、经济集聚与能源效率 [J]. 管理世界，2013（10）：6-18.

[157] 石磊，钱易. 清洁生产的回顾与展望：世界及中国推行清洁生产的进程 [J]. 中国人口、资源与环境，2002（2）：123-126.

[158] 石奇，孔群喜. 实施基于比较优势要素和比较优势环节的新式产业政策 [J]. 中国工业经济，2012（12）：70-82.

[159] 石庆玲，郭峰，陈诗一. 雾霾治理中的"政治性蓝天"：来自中国地方"两会"的证据 [J]. 中国工业经济，2016（5）：40-56.

[160] 史丹，张成. 中国制造业产业结构的系统性优化：从产出结构优

化和要素结构配套视角的分析 [J]. 经济研究, 2017 (10): 160-174.

[161] 苏桂芳, 廖迎, 李颖. 是什么导致了"污染天堂": 贸易还是FDI?: 来自中国省级面板数据的证据 [J]. 经济评论, 2011 (3): 97-104.

[162] 孙传旺, 刘希颖, 林静. 碳强度约束下中国全要素生产率测算与收敛性研究 [J]. 金融研究, 2010 (6): 17-33.

[163] 孙瑾, 刘文革, 周钰迪. 中国对外开放、产业结构与绿色经济增长: 基于省际面板数据的实证检验 [J]. 管理世界, 2014 (6): 172-173.

[164] 孙军, 高彦彦. 产业结构演变的逻辑及其比较优势: 基于传统产业升级与战略性新兴产业互动的视角 [J]. 经济学动态, 2012 (7): 70-76.

[165] 孙军, 高彦彦. 技术进步、环境污染及其困境摆脱研究 [J]. 经济学家, 2014 (8): 52-58.

[166] 孙浦阳, 韩帅, 靳舒晶. 产业集聚对外商直接投资的影响分析: 基于服务业与制造业的比较研究 [J]. 数量经济技术经济研究, 2012 (9): 40-57.

[167] 孙浦阳, 韩帅, 许启钦. 产业集聚对劳动生产率的动态影响 [J]. 世界经济, 2013 (3): 33-53.

[168] 孙祥栋, 郑艳婷, 张亮亮. 基于集聚经济规律的城市规模问题研究 [J]. 中国人口、资源与环境, 2015 (3): 74-81.

[169] 孙晓华, 刘小玲, 翟钰. 地区产业结构优度的测算及应用 [J]. 统计研究, 2017, 34 (12): 48-62.

[170] 孙晓华, 周玲玲. 多样化、专业化、城市规模与经济增长: 基于中国地级市面板数据的实证检验 [J]. 管理工程学报, 2013 (2): 71-78.

[171] 谭娟, 陈晓春. 基于产业结构视角的政府环境规制对低碳经济影响分析 [J]. 经济学家, 2011 (10): 91-97.

[172] 唐东波. 贸易开放、垂直专业化分工与产业升级 [J]. 世界经济, 2013 (4): 47-68.

[173] 唐鹏程, 杨树旺. 环境保护与企业发展真的不可兼得吗? [J]. 管理评论, 2018, 30 (8): 225-235.

[174] 童健, 刘伟, 薛景. 环境规制、要素投入结构与工业行业转型

升级 [J]. 经济研究, 2016 (7): 43 – 57.

[175] 涂正革, 肖耿. 环境约束下的中国工业增长模式研究 [J]. 世界经济, 2009 (11): 41 – 54.

[176] 王兵, 刘光天. 节能减排与中国绿色经济增长: 基于全要素生产率的视角 [J]. 中国工业经济, 2015 (5): 57 – 69.

[177] 王兵, 吴延瑞, 颜鹏飞. 环境管制与全要素生产率增长: APEC 的实证研究 [J]. 经济研究, 2008 (5): 19 – 32.

[178] 王兵, 吴延瑞, 颜鹏飞. 中国区域环境效率与环境全要素生产率增长 [J]. 经济研究, 2010 (5): 95 – 109.

[179] 王春晖, 赵伟. 集聚外部性与地区产业升级: 一个区域开放视角的理论模型 [J]. 国际贸易问题, 2014 (4): 67 – 77.

[180] 王锋正, 陈方圆. 董事会治理、环境规制与绿色技术创新: 基于我国重污染行业上市公司的实证检验 [J]. 科学学研究, 2018 (2): 361 – 369.

[181] 王锋正, 姜涛, 郭晓川. 政府质量、环境规制与企业绿色技术创新 [J]. 科研管理, 2018, 39 (1): 26 – 33.

[182] 王国印, 王动. 波特假说、环境规制与企业技术创新: 对中东部地区的比较分析 [J]. 中国软科学, 2011 (1): 100 – 112.

[183] 王宏起, 王雪原. 基于高新技术产业集群生命周期的科技计划支持策略 [J]. 科研管理, 2008 (3): 53 – 59.

[184] 王洪庆. 人力资本视角下环境规制对经济增长的门槛效应研究 [J]. 中国软科学, 2016 (6): 52 – 61.

[185] 王杰, 刘斌. 环境规制与企业全要素生产率: 基于中国工业企业数据的经验分析 [J]. 中国工业经济, 2014 (3): 44 – 56.

[186] 王军. 理解污染避难所假说 [J]. 世界经济研究, 2008 (1): 59 – 66.

[187] 王岚, 李宏艳. 中国制造业融入全球价值链路径研究: 嵌入位置和增值能力的视角 [J]. 中国工业经济, 2015 (2): 76 – 88.

[188] 王林梅, 邓玲. 我国产业结构优化升级的实证研究: 以长江经济带为例 [J]. 经济问题, 2015 (5): 39 – 43.

[189] 王明喜, 鲍勤, 汤铃, 等. 碳排放约束下的企业最优减排投资

行为 [J]. 管理科学学报, 2015 (6): 41 - 57.

[190] 王文治, 陆建明. 要素禀赋、污染转移与中国制造业的贸易竞争力: 对污染天堂与要素禀赋假说的检验 [J]. 中国人口、资源与环境, 2012, 22 (12): 73 - 78.

[191] 王小鲁, 樊纲, 刘鹏. 中国经济增长方式转换和增长可持续性 [J]. 经济研究, 2009 (1): 4 - 16.

[192] 王勇, 李雅楠, 俞海. 环境规制影响加总生产率的机制和效应分析 [J]. 世界经济, 2019 (2): 97 - 121.

[193] 王章名, 王成璋. 研发投入对环境污染影响的实证研究 [J]. 管理学报, 2016, 13 (11): 1710 - 1717.

[194] 巫强, 刘志彪. 进口国质量管制条件下的出口国企业创新与产业升级 [J]. 管理世界, 2007 (2): 53 - 60.

[195] 吴延瑞. 生产率对中国经济增长的贡献: 新的估计 [J]. 经济学 (季刊), 2008 (2): 827 - 842.

[196] 伍格致, 游达明. 环境规制对技术创新与绿色全要素生产率的影响机制: 基于财政分权的调节作用 [J]. 管理工程学报, 2019 (1): 37 - 50.

[197] 伍晓鹰. 测算和解读中国工业的全要素生产率 [J]. 比较, 2013 (6).

[198] 伍业君, 张其仔, 徐娟. 产品空间与比较优势演化述评 [J]. 经济评论, 2012 (4): 145 - 152.

[199] 伍业君, 张其仔. "中等收入陷阱" 的理论解释 [J]. 产业经济评论 (山东大学), 2011 (4): 69 - 80.

[200] 肖攀, 李连友, 唐李伟, 等. 中国城市环境全要素生产率及其影响因素分析 [J]. 管理学报, 2013 (11): 1681 - 1689.

[201] 肖兴志, 李少林. 环境规制对产业升级路径的动态影响研究 [J]. 经济理论与经济管理, 2013 (6): 102 - 112.

[202] 谢荣辉. 环境规制、引致创新与中国工业绿色生产率提升 [J]. 产业经济研究, 2017 (2): 38 - 48.

[203] 徐建中, 贯君, 林艳. 制度压力、高管环保意识与企业绿色创新实践: 基于新制度主义理论和高阶理论视角 [J]. 管理评论, 2017 (9): 72 - 83.

[204] 徐康宁，冯伟．基于本土市场规模的内生化产业升级：技术创新的第三条道路 [J]．中国工业经济，2010（11）：58-67．

[205] 徐康宁，王剑．自然资源丰裕程度与经济发展水平关系的研究 [J]．经济研究，2006（1）：78-89．

[206] 徐赟，李善同．中国主导产业的变化与技术升级：基于列昂惕夫天际图分析的拓展 [J]．数量经济技术经济研究，2015（7）：21-38．

[207] 许和连，邓玉萍．外商直接投资导致了中国的环境污染吗？：基于中国省际面板数据的空间计量研究 [J]．管理世界，2012（2）：30-43．

[208] 许士春，何正霞，龙如银．环境规制对企业绿色技术创新的影响 [J]．科研管理，2012，33（6）：67-74．

[209] 许士春．环境管制与企业竞争力：基于"波特假说"的质疑 [J]．国际贸易问题，2007（5）：78-83．

[210] 许统生，薛智韵．制造业出口碳排放：总量，结构，要素分解 [J]．财贸研究，2011（2）：15-23．

[211] 闫逢柱，苏李，乔娟．产业集聚发展与环境污染关系的考察：来自中国制造业的证据 [J]．科学学研究，2011（1）：79-83．

[212] 闫海洲．长三角地区产业结构高级化及影响因素 [J]．财经科学，2010（12）：50-57．

[213] 杨高举，黄先海．内部动力与后发国分工地位升级：来自中国高技术产业的证据 [J]．中国社会科学，2013（2）：25-45．

[214] 杨桂菊，刘善海．从 OEM 到 OBM：战略创业视角的代工企业转型升级：基于比亚迪的探索性案例研究 [J]．科学学研究，2013（2）：240-249．

[215] 杨俊，邵汉华．环境约束下的中国工业增长状况研究：基于 Malmquist-Luenberger 指数的实证分析 [J]．数量经济技术经济研究，2009（9）：64-78．

[216] 杨丽君，邵军．中国区域产业结构优化的再估算 [J]．数量经济技术经济研究，2018（10）：59-77．

[217] 杨林，高宏霞．经济增长是否能自动解决环境问题：倒 U 型环境库兹涅茨曲线是内生机制结果还是外部控制结果 [J]．中国人口·资源与环境，2012（8）：160-165．

[218] 杨汝岱. 中国制造业企业全要素生产率研究 [J]. 经济研究, 2015 (2): 61 –74.

[219] 杨万平, 袁晓玲. 对外贸易、FDI 对环境污染的影响分析: 基于中国时间序列的脉冲响应函数分析: 1982 ~2006 [J]. 世界经济研究, 2008 (12): 62 –68.

[220] 于峰, 齐建国, 田晓林. 经济发展对环境质量影响的实证分析: 基于 1999 ~2004 年间各省市的面板数据 [J]. 中国工业经济, 2006 (8): 36 –44.

[221] 于泽, 徐沛东. 资本深化与我国产业结构转型: 基于中国 1987 ~2009 年 29 省数据的研究 [J]. 经济学家, 2014 (3): 37 –45.

[222] 余东华, 孙婷. 环境规制、技能溢价与制造业国际竞争力 [J]. 中国工业经济, 2017 (5): 37 –55.

[223] 袁志刚, 范剑勇. 1978 年以来中国的工业化进程及其地区差异 [J]. 管理世界, 2003 (7): 59 –66.

[224] 原毅军, 谢荣辉. 环境规制的产业结构调整效应研究: 基于中国省际面板数据的实证检验 [J]. 中国工业经济, 2014 (8): 57 –69.

[225] 原毅军, 谢荣辉. 环境规制与工业绿色生产率增长: 对 "强波特假说" 的再检验 [J]. 中国软科学, 2016 (7): 144 –154.

[226] 远德玉. 产业技术界说 [J]. 东北大学学报 (社会科学版), 2000, 2 (1): 22 –25.

[227] 远德玉, 丁云龙, 马强. 产业技术论 [M]. 沈阳: 东北大学出版社, 2005.

[228] 詹新宇. 市场化, 人力资本与经济增长效应: 来自中国省际面板数据的证据 [J]. 中国软科学, 2012 (8): 166 –77.

[229] 张成, 陆旸, 郭路, 于同申. 环境规制强度和生产技术进步 [J]. 经济研究, 2011 (2): 113 –124.

[230] 张成, 于同申, 郭路. 环境规制影响了中国工业的生产率吗: 基于 DEA 与协整分析的实证检验 [J]. 经济理论与经济管理, 2010 (3): 11 –17.

[231] 张公嵬, 梁琦. 人口、集聚与全要素生产率增长: 基于制造业行业面板数据的实证研究 [J]. 国际贸易问题, 2010 (12): 12 –19.

[232] 张国兴，李佳雪，胡毅，等．节能减排科技政策的演变及协同有效性：基于 211 条节能减排科技政策的研究 [J]．管理评论，2017（12）：72－83．

[233] 张红凤，周峰，杨慧，等．环境保护与经济发展双赢的规制绩效实证分析 [J]．经济研究，2009（3）：14－26．

[234] 张晖明，丁娟．论技术进步、技术跨越对产业结构调整的影响 [J]．复旦学报（社会科学版），2004（3）：81－85．

[235] 张辉，任抒杨．从北京看我国地方产业结构高度化进程的主导产业驱动机制 [J]．经济科学，2010（6）：115－128．

[236] 张辉．我国产业结构高度化下的产业驱动机制 [J]．经济学动态，2015（12）：12－21．

[237] 张杰，刘志彪．全球化背景下国家价值链的构建与中国企业升级 [J]．经济管理，2009（2）：21－25．

[238] 张军，吴桂英，张吉鹏．中国省际物质资本存量估算：1952～2000 [J]．经济研究，2004（10）：35－44．

[239] 张军．资本形成、工业化与经济增长：中国的转轨特征 [J]．经济研究，2002（6）：3－13．

[240] 张其仔，李颢．中国产业升级机会的甄别 [J]．中国工业经济，2013（5）：44－56．

[241] 张三峰，卜茂亮．环境规制、环保投入与中国企业生产率：基于中国企业问卷数据的实证研究 [J]．南开经济研究，2011（2）：219－219．

[242] 张少华，蒋伟杰．中国全要素生产率的再测度与分解 [J]．统计研究，2014（3）：54－60．

[243] 张思雪，林汉川，邢小强．绿色管理行动：概念、方式和评估方法 [J]．科学学与科学技术管理，2015（5）：3－12．

[244] 张文彬，张理芃，张可云．中国环境规制强度省际竞争形态及其演变 [J]．管理世界，2010（12）：34－44．

[245] 张旭，李伦．绿色增长内涵及实现路径研究述评 [J]．科研管理，2016，37（8）：85－93．

[246] 张友国．经济发展方式变化对中国碳排放强度的影响 [J]．经济研究，2010（4）：120－133．

[247] 张月友，凌永辉，徐从才. 苏南模式演进、所有制结构变迁与产业结构高度化 [J]. 经济学动态，2016 (6)：13 – 25.

[248] 赵昌文，许召元. 国际金融危机以来中国企业转型升级的调查研究 [J]. 管理世界，2013 (4)：8 – 15.

[249] 赵放，曾国屏. 全球价值链与国内价值链并行条件下产业升级的联动效应：以深圳产业升级为案例 [J]. 中国软科学，2014 (11)：50 – 58.

[250] 赵玉民，朱方明，贺立龙. 环境规制的界定、分类与演进研究 [J]. 中国人口、资源与环境，2009，19 (6)：85 – 90.

[251] 郑丽琳，朱启贵. 纳入能源环境因素的中国全要素生产率再估算 [J]. 统计研究，2013 (7)：9 – 17.

[252] 中国社会科学院工业经济研究所课题组. "十二五" 时期工业结构调整和优化升级研究 [J]. 中国工业经济，2010 (1)：5 – 23.

[253] 中国投入产出学会课题组. 1997 ~ 2002 年中国经济结构变化趋势分析：2002 年投入产出表系列分析报告之三 [J]. 统计研究，2007 (1)：86 – 92.

[254] 周晶森，赵宇哲，肖贵蓉，等. 污染控制下导向性技术创新对绿色增长的影响机理研究 [J]. 科研管理，2017，38 (3)：38 – 51.

[255] 周密. 后发转型大国价值链的空间重组与提升路径研究 [J]. 中国工业经济，2013 (8)：70 – 82.

[256] 周茜. 中国区域经济增长对环境质量的影响：基于东、中、西部地区环境库兹涅茨曲线的实证研究 [J]. 统计与信息论坛，2011，26 (10)：45 – 51.

[257] 周文. 产业空间集聚机制理论的发展 [J]. 经济科学，1999 (6)：96 – 101.

[258] 周振华. 产业结构优化论 [M]. 上海：上海人民出版社，2014.

[259] 朱金生，李蝶. 技术创新是实现环境保护与就业增长 "双重红利" 的有效途径吗?：基于中国 34 个工业细分行业中介效应模型的实证检验 [J]. 中国软科学，2019 (8)：1 – 13.

[260] 朱平辉，袁加军，曾五一. 中国工业环境库兹涅茨曲线分析—基于空间面板模型的经验研究 [J]. 中国工业经济，2010 (6)：65 – 74.

［261］朱卫平，陈林. 产业升级的内涵与模式研究：以广东产业升级为例［J］. 经济学家，2011（2）：60－66.

［262］朱钟棣，李小平. 中国工业行业资本形成、全要素生产率变动及其趋异化：基于分行业面板数据的研究［J］. 世界经济，2005（9）：51－62.

［263］诸大建. 绿色经济新理念及中国开展绿色经济研究的思考［J］. 中国人口、资源与环境，2012（5）：40－47.

［264］Acemoglu D, Aghion P, Bursztyn L, et al. The environment and directed technical change［R］. NBER Working Paper, 2009.

［265］Acemoglu D, Aghion P, Bursztyn L, Hemous D. The environment and directed technical change［J］. American Economic Review, 2012, 201（1）：131－166.

［266］Acemoglu D, Akcigit U, Hanley D, et al. Transition to clean technology［J］. Journal of Political Economy, 2016, 124（1）：52－104.

［267］Acemoglu D. Introduction to modern economic growth［M］. Princeton：Princeton University Press, 2009.

［268］Adom P. K, Bekoe W, Botchway E. Carbon Dioxide Emission, Economic Growth, Industrial Structure, and Technical Efficiency：Empirical Evidence from Ghana, Senegal, and Morocco on the Causal Dynamics, Energy, 2012, 47（1）：314－325.

［269］Aghion P, Dechezleprtre A, Hemous D, et al. Carbon taxes, path dependency, and directed technical change：Evidence from the auto industry［J］. Journal of Political Economy, 2016, 124（1）：1－51.

［270］Ahmed E. M. Green TFP intensity impact on sustainable East Asian productivity growth［J］. Economic Analysis & Policy, 2012, 42（1）：67－78.

［271］Akbostanc E, Türüt－Aşik S, Tunç G. I. The relationship between income and environment in Turkey：Is there an environmental Kuznets curve?［J］. Energy Policy, 2009, 37（3）：861－867.

［272］Akbostanci E, Tunç G. I, Türüt－Aşik S. Pollution Haven Hypothesis and the role of dirty industries in Turkey's exports［J］. Environment and Development Economics, 2007（12）：297－322.

[273] Alpay E, Buccola S, Kerkvliet J. Productivity growth and environmental regulation in Mexican and U. S. food manufacturing [J]. American Journal of Agricultural Economics, 2022, 84 (4): 887 –901.

[274] Ambec S, Barla P. Can environmental regulations be good for business? An assessment of the Porter Hypothesis [J]. Energy Studies Review, 2006, 14 (2): 42 –62.

[275] Amore M. D, Bennedsen M. Corporate governance and green innovation [J]. Journal of Environmental Economics and Management, 2016 (75): 54 –72.

[276] Ananda J, Hampf B. Measuring environmentally sensitive productivity growth: An application to the urban water sector [J]. Ecological Economics, 2015(116): 211 –219.

[277] Antweiler W, Copeland B. R, Taylor M. S. Is free trade good for the environment? [J]. American Economic Review, 2001, 91 (4): 877 –908.

[278] Arellano M, Bond S. Some tests of specification for panel data: Monte Carlo evidence and an application to employment equations [J]. The Review of Economic Studies, 1991, 58 (2): 277 –297.

[279] Arfi W. B, Hikkerova L, Sahut J. M. External knowledge sources, green innovation and performance [J]. Technological Forecasting & Social Change, 2018 (129): 210 –220.

[280] Au, C, and J. V. Henderson. "Are Chinese Cities Too Small?" [J]. Review of Economic Studies, 2006, 73 (2): 549 –576.

[281] Auci S, Becchetti L. The instability of the adjusted and unadjusted environmental Kuznets curves [J]. Ecological Economics, 2006, 60 (1): 282 – 298.

[282] Bain J. S. Industrial organization [M]. New York: John Wiley & Sons, 1959.

[283] Balli H. O, Sørensen B. E. Interaction effects in econometrics [J]. Empirical Economics, 2013, 45 (1): 583 –603.

[284] Barbera A. J, V. D. McConnell. The impact of environmental regulations on industry productivity: direct and indirect effects [J]. Journal of Environ-

mental Economics and Management, 1990, 18 (1): 50 – 65.

[285] Barbier E. B, Markandya A. The condition for achieving environmentally sustainable development [J]. European Economic Review, 1990 (34): 659 – 669.

[286] Barbieri N. Investigating the impacts of technological position and European environmental regulation on green automotive patent activity [J]. Ecological Economics, 2015 (117): 140 – 152.

[287] Barnett J. H, Morse C. Scarcity and economic growth: The economics of natural resource availability [M]. Baltimore: Johns Hopkins University, 1963.

[288] Baumol W. J. Macroeconomics of unbalanced growth: The anatomy of urban crisis [J]. American Economic Review, 1967, 57 (3): 415 – 426.

[289] Becker R. A, Pasurka C, Shadbegian R. J. Do environmental regulations disproportionately affect small businesses? Evidence from the Pollution Abatement Costs and Expenditures survey [J]. Journal of Environmental Economics & Management, 2013, 66 (3): 523 – 538.

[290] Beltrán-Esteve M, Picazo-Tadeo J. A. Assessing environmental performance trends in the transport industry: eco-innovation or catching-up? [J]. Energy Economics, 2015 (51): 570 – 580.

[291] Böhringer C, Moslener U, Oberndorfer U, and Ziegler A. Clean and productive? Empirical evidence from the German manufacturing industry [J]. Research Policy, 2012, 41 (2): 442 – 451.

[292] Bi K. X, Huang P, Wang X. Innovation performance and influencing factors of low-carbon technological innovation under the global value chain: A case of Chinese manufacturing industry [J]. Technological Forecasting & Social Change, 2016, 111: 275 – 284.

[293] Bleischwitz R, O'Brien M, Steger S, Fischer S, Miedzinski M, Campregher C. Europe in transition: paving the way to a green economy through eco-innovation [R]. Eco-Innovation Observatory (EIO) Annual Report, 2012.

[294] Bommer R. Economic integration and the environment: A political-economic perspective [M]. Cheltenham: Edward Elgar, 1998.

[295] Bond S. R, Hoeffler A, Temple J. GMM estimation of empirical growth models [R]. CEPR Discussion Paper 3048, 2001.

[296] Borghesi S, Cainelli G, Mazzanti M. Linking emission trading to environmental innovation: Evidence from the Italian manufacturing industry [J]. Research Policy, 2015, 44 (3): 669 – 683.

[297] Boyd G. A, McClelland J. D. The impact of environmental constraints on productivity improvement in integrated paper plants [J]. Journal of Environmental Economics and Management, 1999, 38 (2): 121 – 142.

[298] Braun E, Wield D. Regulation as a means for the social-control of technology [J]. Technology Analysis & Strategic Management, 1994, 6 (3): 259 – 272.

[299] Brännlund R, Lundgren T. Environmental policy without costs? A review of the Porter hypothesis [J]. International Review of Environmental and Resource Economics, 2009, 3 (2): 75 – 117.

[300] Brock W. A, Taylor M. S. The green Solow model [R]. NBER Working Paper, 10557, 2004.

[301] Brunnermeier S, Cohen M. Determinants of Environmental Innovation in US Manufacturing Industries [J]. Journal of Environmental Economics and Management, 2003 (45): 278 – 293.

[302] Bruvoll, A, and H. Medin. 2003. "Factors Behind The Environmental Kuznets Curve: A Decomposition of The Changes in Air Pollution." [J]. Environmental and Resource Economics, 24 (1): 27 – 48.

[303] Busse M. Trade, environmental regulations and the world trade organization: New empirical evidence [R]. World Bank Policy Research Working Paper, 3361, 2004.

[304] Cai W. G, Li G. P. The drivers of eco-innovation and its impact on performance: Evidence from China [J]. Journal of Cleaner Production, 2018 (176): 110 – 118.

[305] Cai W. G, Zhou X. L. On the drivers of eco-innovation: empirical evidence from China [J]. Journal of Cleaner Production, 2014 (79): 239 – 248.

[306] Cave L. A, Blomquist G. C. Environmental Policy in the European Union: Fostering the Development of Pollution Havens? [J]. Ecological Economics, 2008 (65): 253 – 261.

[307] Chambers R G, Färe R, Grosskopf S. Productivity growth in APEC countries [J]. Pacific Economic Review, 1996, 1 (3): 181 – 190.

[308] Chang T, Zivin J. G, Gross T, et al. Particulate pollution and the productivity of pear packers [J]. American Economic Journal: Economic Policy, 2016, 8 (3): 141 – 169.

[309] Cheng C. C. J, Yang C, Sheu C. The link between eco-innovation and business performance: A Taiwanese industry context [J]. Journal of Cleaner Production, 2014 (64): 81 – 90.

[310] Cheng Z. H, Li L. S, Liu J. The emissions reduction effect and technical progress effect of environmental regulation policy tools [J]. Journal of Cleaner Production, 2017 (149): 191 – 205.

[311] Chen J, Cheng J. H, Dai S. Regional eco-innovation in China: An analysis of eco-innovation levels and influencing factors [J]. Journal of Cleaner Production, 2017 (153): 1 – 14.

[312] Chen M. S, Gu Y. L. The Mechanism and Measures of Adjustment of Industrial Organization Structure: The Perspective of Energy Saving and Emission Reduction [J]. Energy Procedia, 2011 (5): 2562 – 2567.

[313] Chen S. Environmental pollution emissions, regional productivity growth and ecological economic development in China [J]. China Economic Review, 2014 (35): 171 – 182.

[314] Chen S, Golley J. 'Green' productivity growth in China's industrial economy [J]. Energy Economics, 2014 (44): 89 – 98.

[315] Chen Y. S. Green organizational identity: Sources and consequence [J]. Management Decision. 2011, 49 (3): 384 – 404.

[316] Chung Y. H, Färe R, Grosskopf S. Productivity and undesirable outputs: A directional distance function approach [J]. Journal of Environmental Management, 1997, 51 (3): 229 – 240.

[317] Ciccone A. Agglomeration Effects in Europe [J]. European Economic

Review, 2002, 46 (2): 213 – 227.

[318] Cole A, Robert J, Shimamoto K. Why the grass is not always green-er: The competing effects of environmental regulations and factor intensities on U. S. specialization [J]. Ecological Economics, 2005, 54 (5): 95 – 109.

[319] Cole M. A, Elliott R. J. Do Environmental regulations influence trade patterns? Testing old and new trade theories [J]. World Economy, 2003, 26 (8): 1163 – 1186.

[320] Consoli D, Marin G, Marzucchi A, et al. Do green jobs differ from non-green jobs in terms of skills and human capital? [J]. Research Policy, 2016, 45 (5): 1046 – 1060.

[321] Copeland B. R, Taylor M. S. North – South trade and the global envi-ronment [J]. Quarterly Journal of Economics, 1994 (109): 755 – 787.

[322] Cramer C. Can Africa industrialize by processing primary commodi-ties? The case of Mozambican Cashew nuts [J]. World Development, 1999, 7 (27): 1247 – 1266.

[323] Cuerva M. C, Triguero-Cano A, Córcoles D. Drivers of green and non-green innovation: Empirical evidence in low-tech SMEs [J]. Journal of Cleaner Production, 2014 (68): 104 – 113.

[324] Daly H. Institutions for a steady economy in steady state economics [M]. Washington DC: Island Press, 1991.

[325] Davis H. S. Productivity accounting [M]. Philadelphia: University of Pennsylvania Press, 1955.

[326] Deardorff A. V. Growth or decline of comparative advantage [J]. Journal of Macroeconomics, 2013 (38): 12 – 18.

[327] De Jesus A, Mendonca S. Lost in transition? Drivers and barriers in the eco-innovation road to the circular economy [J]. Ecological Economics, 2018 (145): 75 – 89.

[328] Del Brío J. Á, Fernández E, Junquera B, et al. Environmental man-agers and departments as driving forces of TQEM in Spanish industrial companies [J]. International Journal of Quality & Reliability Management, 2001, 18 (5): 495 – 511.

［329］Dinda S. Environmental Kuznets Curve Hypothesis：A Survey ［J］. Ecological Economics，2004（49）：431 – 455.

［330］Dixon – Fowler H. R，Slater D. J，Johnson J. L，et al. Beyond "Does It Pay to Be Green?" A Meta – Analysis of Moderators of the CEP – CFP Relationship ［J］. Journal of Business Ethics，2013，112（2）：353 – 366.

［331］Domazlicky，B. R，Weber，W. L. Does Environmental Protection Lead to Slower Productivity Growth in the Chemical Industry? ［J］. Environmental and Resource Economics，2004（28）：301 – 324.

［332］Duranton，G，and D. Puga. "Diversity and Specialization in Cities：Where and When Does It Matter?" ［J］. Urban Studies，2000，37（3）：533 – 555.

［333］Ekins P. Eco-innovation for environmental sustainability：concepts，progress and policies. ［J］. International Economics and Economic Policy，2010，7（2）：267 – 290.

［334］Enrenfeld，J. "Putting the Spotlight on Metaphors and Analogies in Industrial Ecology." ［J］. Journal of Industrial Ecology，2003，7（1）：1 – 4.

［335］Ernst D，Kim L. Global production networks，knowledge diffusion，and local capability formation ［J］. Research Policy，2002，31（8）：1417 – 1429.

［336］Eva，J，D. Pavelkova，B. D. Magdalena，and L. Homolka. "The Age of Clusters and Its Influence on Their Activity Preferences." ［J］. Technological and Economic Development of Economy，2013，19（4）：621 – 637.

［337］Feldman，M. P，and D. B. Audretsch. "Innovation in Cities：Science-based Diversity，Specialization and Localized Competition." ［J］. European Economic Review，1999，43（2）：409 – 429.

［338］Feng，G. H，A. Serletis. "Unvesirable Outputs and A Primal Divisia Productivity Index Based on the Directional Output Distance Function" ［J］. Journal of Econometrics，2014（183）：135 – 146.

［339］Feng G，Serletis A. Undesirable outputs and a primal Divisia productivity index based on the directional output distance function ［J］. Journal of Econometrics，2014，183（1）：135 – 146.

[340] Fernando Y, Wah W. X. The impact of eco-innovation drivers on environmental performance: Empirical results from the green technology sector in Malaysia [J]. Sustainable Production and Consumption, 2017 (12): 27 - 43.

[341] Fodha, M, Zaghdoud, O. Economic growth and pollutant emissions in Tunisia: An empirical analysis of the environmental Kuznets curve [J]. Energy Policy, 2010, 38 (2): 1150 - 1156.

[342] Fosten J, Morley B, Taylor T. Dynamic misspecification in the environmental Kuznets curve: Evidence from CO_2 and SO_2 emissions in the United Kingdom [J]. Ecological Economics, 2012, 76: 25 - 33.

[343] Franco C, and G. Marin. The Effect of Within - Sector, Upstream and Downstream Energy Taxed on Innovation and Productivity [R]. FEEM Working Paper, No. 103, 2013.

[344] Färe R, Grosskopf S. Directional distance functions and slacks-based measures of efficiency [J]. European Journal of Operational Research, 2010, 200 (1): 320 - 322.

[345] Färe R, Grosskopf S, Pasurka C. A. Accounting for air pollution emissions in measuring state manufacturing productivity growth [J]. Journal of Regional Science, 2001 (41): 381 - 409.

[346] Färe R, Grosskopf S, Pasurka C. Environmental production functions and environmental directional distance functions [J]. Energy, 2007, 32 (7): 1055 - 1066.

[347] Fukuyama H, Weber W. L. A directional Slack-based measure of technical inefficiency [J]. Socio - Economic Planning Science, 2009, 43 (4): 274 - 287.

[348] García-Granero E. M, Piedra-Muñoz L, Galdeano-Gómez E. Eco-innovation measurement: A review of firm performance indicators [J]. Journal of Cleaner Production, 2018 (191): 304 - 317.

[349] Gereffi G. Industrial upgrading in the apparel commodity chain: What can Mexico learn from East Asia? [C]. International Conference on Business Transformations and Social Change in East Asia, Taiwan, 1999, June 10 - 11.

[350] Gereffi G, Tam T. Industrial upgrading through organizational chains:

Dynamics of rent, learning, and mobility in the global economy [C]. The 93rd Annual Meeting of the American Sociological Association, San Francisco, CA, 1998.

[351] Ghisetti C, Pontoni F. Investigating policy and R&D effects on environmental innovation: A meta-analysis [J]. Ecological Economics, 2015 (118): 57 –66.

[352] Ghisetti C, Rennings K. Environmental innovations and profitability: How does it pay to be green? An empirical analysis on the German Innovation Survey [J]. Journal of Cleaner Production, 2014 (75): 106 –117.

[353] Goldar, B, Banerjee, N. Impact of Informal Regulation of Pollution on Water Quality in Rivers in India [J]. Journal of Environmental Management, 2004 (73): 117 –130.

[354] Gray W. B, Shadbegian R. J. Plant vintage, technology, and environmental regulation [J]. Journal of Environmental Economics and Management, 2003, 46 (3): 384 –402.

[355] Gray, W. B. The Cost of Regulation: OSHA, EPA and the Productivity Slowdown [J]. American Economic Review, 1987, 77 (5): 998 –1006.

[356] Greenstone M, J. A. List, and C. Syverson. The effects of environmental regulation on the competitiveness of US manufacturing [R]. NBER Working Paper No. 18392, September, 2012.

[357] Grossman G. M, Helpman E. Comparative advantage and Long – Run growth [J]. The American Economic Review, 1990, 80 (4): 796 –815.

[358] Grossman, M, and A. B. Krueger. 1991. "Environmental Impacts of A North American Free Trade Agreement." [N]. NBER Working Paper No. 3914.

[359] Haakonsson S. J. 'Learning by importing' in global value chains: Upgrading and South – South strategies in the Ugandan pharmaceutical industry [J]. Development Southern Africa, 2009, 26 (3): 499 –516.

[360] Hailu A, Veeman T. S. Environmentally sensitive productivity analysis of the Canadian pulp and paper industry, 1959 – 1994: An input distance function approach [J]. Journal of Environmental Economics and Management,

2000 (40): 251 – 274.

[361] Hailu A, Veeman T. S. Non-parametric productivity analysis with un-desirable outputs: An application to the Canadian pulp and paper industry [J]. American Journal of Agricultural Economics, 2001 (83): 605 – 616.

[362] Hamamoto M. Environmental regulation and the productivity of Japanese manufacturing industries [J]. Resource and Energy Economics, 2006, 28 (4): 299 – 312.

[363] Hansen, B. E. Threshold Effects in Non-dynamic Panels: Estimation, Testing, and Inference [J]. Journal of Econometrics, 1999 (93): 345 – 368.

[364] Hartwick J. M. Substitution among exhaustible resources and intergenerational equity [J]. Review of Economics Studies, 1978 (45): 347 – 358.

[365] Hassler J, Krusell P, Olovsson C. Energy-saving technical change [R]. NBER Working Paper No. 18456, 2012.

[366] Hauknes J, Knell M. Embodied knowledge and sectoral linkages: An Input-Output approach to the interaction of High-and Low-tech industries [J]. Research Policy, 2009, 38 (3): 459 – 469.

[367] Hausmann R, Klinger B. The structure of the product space and the evolution of comparative advantage [R]. CID Working Paper No. 146, 2007.

[368] Hawken P, Lovins A, Lovins L. H. Natural capitalism [M]. Boston: Back Bay Books, 2000.

[369] Henderson, V, A. Kuncoro, and M. Turner. "Industrial Development in Cities." Journal of Political Economy, 1995, 103 (5): 1067 – 1090.

[370] Hojnik J, Ruzzier M, Manolova T. S. Internationalization and economic performance: The mediating role of eco-innovation [J]. Journal of Cleaner Production, 2018 (171): 1312 – 1323.

[371] Hojnik J, Ruzzier M. The driving forces of process eco-innovation and its impact on performance: Insights from Slovenia [J]. Journal of Cleaner Production, 2016 (133): 812 – 825.

[372] Hojnik J, Ruzzier M. What drives eco-innovation? A review of an emerging literature [J]. Environmental Innovation & Societal Transitions, 2015 (19): 31 – 41.

［373］Horbach, J. Empirical determinants of eco-innovation in European countries using community innovation survey ［J］. Environ. Innov. Soc. Transit., 2016（19）：1 –14.

［374］Horbach J, Oltra V, Belin J. Determinants and specificities of eco-innovations compared to other innovations：An econometric analysis for the French and German industry based on the community innovation survey ［J］. Industry and Innovation, 2013, 20（6）：523 –543.

［375］Horbach J, Rammer, C, Rennings K. Determinants of eco-innovations by type of environmental impact—the role of regulatory push/pull, technology push and market pull ［J］. Ecological Economics, 2012（78）：112 –122.

［376］Hulten, C, E. Bennathan, S. Srinivasan. "Infrastructure, Externalities, and Economic Development：A Study of the India Manufacturing Industry ［J］. World Band Economic Review, 2006, 20（2）, 291 –308.

［377］Humphrey J, Schmitz H. Chain governance and upgrading：taking stock ［A］. In H. Schmitz（ed.）Local Enterprises in the Global Economy：Issues of Governance and Upgrading ［C］. Cheltenham：Edward Elgar, 2004, 349 –381.

［378］Humphrey J, Schmitz H. How does insertion in global value chains affect upgrading in industrial clusters ［J］. Regional Studies, 2002, 9（36）：1017 –1027.

［379］Humphrey T. M. Algebraic production functions and their uses before Cobb – Douglas ［J］. Economic Quarterly, 1997（83）：51 –83.

［380］Iraldo F, Testa F, Melis M, et al. A literature review on the links between environmental regulation and competitiveness ［J］. Environmental Policy and Governance, 2011, 21（3）：210 –222.

［381］Jacobs, J. "The Economy of Cities."［J］. New York：Vintage Books USA, 1969.

［382］Jaegul L, Francisco M. V, and David A. H. Linking Induced Technological Change, and Environmental regulation：Evidence from Patenting in the U. S. Auto Industry ［J］. Research Policy, 2011, 40（9）：1240 –1252.

［383］Jaffe A. B, Newell R. G, Stavins R. N. Environmental policy and technological change [J]. Environmental and Resource Economics, 2002, 22 (1): 41 – 70.

[384] Jaffe A. B, Palmer K. Environmental regulation and innovation: A panel data study [J]. The Review of Economics and Statistics, 1997 (4): 610 – 619.

[385] Jalil A, Feridun M. The Impact of Growth, Energy and Financial Development on The Environment in China: A Cointegration Analysis. " Energy Economics, 2011, 33 (2): 284 – 291.

[386] Jevan C. Economic Growth, Industrialization, and the Environment. Resource and Energy Economics, 2012, 34 (4): 442 – 467.

[387] Johnstone N, Hascic I, and Popp D. Renewable Energy Policies and Technological Innovation: Evidence Based on Patent Counts [J]. Environmental and resource Economics, 2010, 45 (1): 133 – 155.

[388] Johnstone N, Hascic I, Poirier J, et al. Environmental policy stringency and technological innovation: evidence from survey data and patent counts [J]. Applied Economics, 2012 (44): 2157 – 2170.

[389] Jorge M. L, J. H. Madueno, D. Martínez-Martínez, and M. Sancho. Competitiveness and environmental performance in Spanish small and medium enterprises: Is there a direct link? [J]. Journal of Cleaner Production, 2015 (101): 26 – 37.

[390] Jorgenson D. W. The embodiment hypothesis [J]. Journal of Political Economy, 1966, 74 (1): 1 – 17.

[391] Karydas C, Zhang L. Green tax reform, endogenous innovation and the growth dividend [J]. Journal of Environmental Economics and Management, 2017 (97): 158 – 181.

[392] Kathuria, V. Informal Regulation of Pollution in a Developing Country: Evidence from India [J]. Ecological Economics, 2007 (63): 403 – 417.

[393] Kathuria, V, Sterner, T. Monitoring and Enforcement: Is Two – Tier Regulation Rubust? A Study of Ankleshwar, India [J]. Ecological Economics, 2006 (57): 477 – 493.

[394] Khazzoom, J. D. Economic Implications of Mandated Efficiency

Standards for Household Appliances [J]. Energy Journal, 1980, 1 (4): 21 – 39.

[395] Kim J, Lau L. J. The sources of growth of the East Asian newly industrialized countries [J]. Journal of the Japanese and International Economies, 1994, 8 (3): 235 – 271.

[396] Kneller R, and E. Manderson. Environmental regulations and innovation activity in UK manufacturing industries [J]. Resource and Energy Economics, 2012, 34 (2): 211 – 235.

[397] Kocourek A. Structural changes in comparative advantages of the BRICS [J]. Procedia – Social and Behavioral Sciences, 2015 (172): 10 – 17.

[398] Kohpaiboon A, Poapongsakorn N. Industrial upgrading and global recession: Evidence of hard disk drive and automotive industries in thailand [R]. ADBI Working Paper Series, No. 283, 2011.

[399] Konar, S, Cohen, M. A. Information as Regulation: The Effect of Community Right to Known Laws on Toxic Emissions [J]. Journal of Environmental Economics and Management, 1997 (32): 109 – 124.

[400] Kongsamut P, Rebelo S, Xie D. Beyond balanced growth [J]. Review of Economic Studies, 2001, 68 (4): 869 – 882.

[401] Kriecher B, Ziesemer T. The environmental porter hypothesis: Theory, evidence and a model of timing of adoption [J]. Economics of Innovation and New Technology, 2009, 18 (3): 267 – 294.

[402] Krugman P. Increasing returns and economic geography [J]. Journal of Political Economy, 1991 (99): 483 – 499.

[403] Krugman P. The myth of Asia's miracle [J]. Foreign Affairs, 1994, 73 (6): 62 – 78.

[404] Krugman P. The narrow moving band, the Dutch disease, and the competitive consequences of Mrs. Thatcher: Notes on trade in the presence of dynamic scale economics [J]. Journal of Development Economics, 1987, 27 (1): 41 – 55.

[405] Kuai P, Li W, Cheng R. H, et al. An application of system dynamics for evaluating planning alternatives to guide a green industrial transformation in a resource-based city [J]. Journal of Cleaner Production, 2015 (104): 403 –

412.

[406] Kugler, M. Spillovers from Foreign Direct Investment: Within or Between Industries [J]. Journal of Development Economics, 2006, 80 (2): 444 – 477.

[407] Kumar S. Environmentally sensitive productivity growth: A global analysis using Malmquist – Luenberger index [J]. Ecological Economics, 2006, 56 (2): 280 – 293.

[408] Lahorgue M. A, Cunha N. Introduction of innovations in the industrial structure of a developing region: The case of the Porto Alegre Technopole "Home Brokers" project [J]. International Journal of Technology Management & Sustainable Development, 2004, 2 (3): 191 – 204.

[409] Lall S. The technological structure and performance of developing country manufactured exports: 1985 – 1998 [J]. Oxford Development Studies, 2000 (3): 337 – 353.

[410] Lanjouw J. O, Mody A. Innovation and the international diffusion of environmentally responsive technology [J]. Research Policy, 1996, 25 (4): 549 – 571.

[411] Lanoie, P, Laplante, B, Roy, M. Can Capital Markets Create Incentives for Pollution Control? [J]. Ecological Economics, 1998 (26): 31 – 41.

[412] Lanoie P, Laurent-Lucchetti J, Johnstone N, et al. Environmental policy, innovation and performance: New insights on the Porter Hypothesis [J]. Journal of Economics & Management Strategy, 2011, 20 (3): 803 – 842.

[413] Lanoie P, Patry M. and Lajeunesse R. Environmental regulation and productivity: Testing the Porter Hypothesis [J]. Journal of Productivity Analysis, 2008 (30): 121 – 128.

[414] Lan Q. X, Han J. Research on the green transformation strategy of Chines industry [J]. Reform of Economic System, 2012 (1): 24 – 28.

[415] Levidow L, Lindgaard-Jørgensen P, Nilsson Å, et al. Process eco-innovation: Assessing meso-level eco-efficiency in industrial water-service systems [J]. Journal of Cleaner Production, 2016 (110): 54 – 65.

[416] Levinson A. Technology, international trade, and pollution from US

manufacturing [J]. American Economic Review, 2009, 99 (5): 2177 - 2192.

[417] Li K, Lin B. Impact of energy conservation policies on the green productivity in China's manufacturing sector: Evidence from a three-stage DEA model [J]. Applied Energy, 2016 (168): 351 - 363.

[418] Li K, Lin B. Measuring green productivity growth of Chinese industrial sectors during 1998 - 2011 [J]. China Economic Review, 2015 (36): 279 - 295.

[419] Lindman A, Söderholm P. Wind energy and green economy in Europe: Measuring policy-induced innovation using patent data [J]. Applied Energy, 2015 (179): 1351 - 1359.

[420] Lin J. Y, Li F. Development strategy, viability, and economic distortions in developing countries [R]. Policy Research Working Paper Series, No. 4906, World Bank, 2009.

[421] List, J, A. C. Y. Co. The Effects of Environmental Regulations on Foreign Direct Investment [J]. Journal of Environmental Economics and Management, 2000 (40): 1 - 20.

[422] Liu C. M, Duan M. S, Zhang X. L, et al. Research on Causality Relationship of Low - Carbon Development and Industrial Structure. Procedia Environmental Sciences, 2011 (11): 953 - 959.

[423] Liu Z, Adams M, Cote R. P, et al. Comparative study on the pathways of industrial parks towards sustainable development between China and Canada [J]. Resources, Conservation and Recycling, 2016 (128): 417 - 425.

[424] Long R. Y, Chen H, Li H. J, et al. Selecting alternative industries for Chinese resource cities based on intra-and inter-regional comparative advantages [J]. Energy Policy, 2013 (57): 82 - 88.

[425] Luan C. J, Tien C, Chen W. L. Which "green" is better? An empirical study of the impact of green activities on firm performance [J]. Asia Pacific Management Review, 2016 (21): 102 - 110.

[426] Lv Y. L, Geng J, He G. Z. Industrial transformation and green production to reduce environmental emissions: Taking cement industry as a case [J]. Advances in Climate Change Research, 2015 (6): 202 - 209.

[427] Mads, B. I, and D. Torben. "Cluster Facilitation from a Cluster Life Cycle Perspective" [J]. European Planning Studies, 2013, 21 (4): 556 – 574.

[428] Managi S, Jena P. R. Environmental productivity and Kuznets Curve in India [J]. Ecological Economics, 2008 (65): 432 – 440.

[429] Managi S, Kaneko S. Economic growth and the environment in China: An empirical analysis of productivity [J]. International Graduate School of Social Sciences, 2009, 6 (1): 89 – 133.

[430] Marchi V. D. Environmental innovation and R&D cooperation: empirical evidence from Spanish manufacturing firms. Resource Policy, 2012, 41 (3), 614 – 623.

[431] Marra A, Antonelli P, Pozzi C. Emerging green-tech specializations and clusters—A network analysis on technological innovation at the metropolitan level [J]. Renewable & Sustainable Energy Reviews, 2017 (67): 1037 – 1046.

[432] Marshall, A. Principles of Economics [M]. London: Macmillan and Co, Ltd, 1920.

[433] Martin, R, and P. Sunley. "Path Dependence and Regional Economic Evolution" [J]. Journal of Economic Geography, 2006, 6 (4): 395 – 437.

[434] Ma S, Dai J, Wen H. The influence of trade openness on the level of human capital in China: On the basis of environmental regulation [J]. Journal of Cleaner Production, 2019 (225): 340 – 349.

[435] Matthew A C, Robert J R, Okubo T. Trade, environmental regulations and industrial mobility: an industry-level study of Japan [J]. Ecological Economics, 2010 (69): 1995 – 2002.

[436] McMillan M, Rodrik D. Globalization, structural change and productivity growth [R]. NBER Working Paper, No. w17143, 2011.

[437] Menzel, M. P, and D. Fornahl. "Cluster Life Cycles—Dimensions and Rationales of Cluster Evolution." Industrial and Corporate Change, 2009, 19 (1): 205 – 238.

[438] Miao C. L, Fang D. B, Sun L. Y, et al. Natural resources utilization

efficiency under the influence of green technological innovation [J]. Resources, Conservation & Recycling, 2017 (126): 153 – 161.

[439] Mickwitz P, Hyvättinen H, Kivimaa P. The role of policy instruments in the innovation and diffusion of environmentally friendlier technologies: Popular claims versus case study experiences [J]. Journal of Cleaner Production, 2008, 16 (1): S162 – S170.

[440] Millimet D. L, Roy J. Empirical tests of the pollution haven hypothesis when environmental regulation is endogenous [J]. Journal of Applied Econometrics, 2016, 31 (4): 652 – 677.

[441] Morrison A. Gatekeepers of knowledge within industrial districts: Who they are, how they interact [J]. Regional Studies, 2008, 42 (6): 817 – 835.

[442] Nanere M, Iain F, Ali Q, et al. Environmentally adjusted productivity measurement: An Australian case study [J]. Journal of Environmental Management, 2007, 85 (2): 350 – 362.

[443] Ngai L. R, Pissarides C. A. Structural change in a multisector model of growth [J]. The American Economic Review, 2007, 97 (1): 429 – 443.

[444] Noailly J, Ryfisch D. Multinational firms and the internationalization of green R&D: A review of the evidence and policy implications [J]. Energy Policy, 2015 (83): 218 – 228.

[445] OECD. Sustainable manufacturing and eco-innovation: Towards a green economy [R]. Policy Brief Working Paper, 2009.

[446] OECD. Towards green growth: Monitoring Progress [R]. OECD Indicators, 2011.

[447] Oh, D, A. Heshmati. A Sequential Malmquist – Luenberger Productivity Index: Environmental Sensitive Productivity Growth Considering the Progressive Nature of Technology [J]. Energy Economic, 2010, 32, 1345 – 1355.

[448] Oh D. H. A global Malmquist – Luenberger productivity index [J]. Journal of Productivity Analysis, 2010 (3): 183 – 197.

[449] Orubu C. O, Omotor D. G. Environmental quality and economic growth: Searching for environmental Kuznets curves for air and water pollutants in

Africa [J]. Energy Policy, 2011, 39 (7): 4178 – 4188.

[450] Pan X. F, Ai B. W, Li C. Y, et al. Dynamic relationship among environmental regulation, technological innovation and energy efficiency based on large scale provincial panel data in China [J]. Technological Forecasting & Social Change, 2019 (144): 428 – 435.

[451] Pargal, S, Wheeler, D. Informal Regulation of Industrial Pollution in Developing Countries: Evidence from Indonesia [R]. The World Bank Working Paper, 1996, No. 1416.

[452] Pasche M. Technical progress, structural change, and the environmental Kuznets curve [J]. Ecological Economics, 2002, 42 (3): 381 – 389.

[453] Pearce D. W, Markandya A. Marginal opportunity cost as a planning concept in natural resource management [J]. The Annals of Regional Science, 1987, 21 (3): 18 – 32.

[454] Peuckert J. What shapes the impact of environmental regulation on competitiveness? Evidence from Executive Opinion Surveys [J]. Environmental Innovation and Societal Transitions, 2014 (10): 77 – 94.

[455] Pezzey J. Sustainability constraints versus "Optimality" versus intertemporal concern, and axioms versus data [J]. Land Economics, 1997, 73 (4): 448 – 466.

[456] Phelps N, Ozawa T. Contrasts in Agglomeration: Proto-industrial and Post-industrial forms Compared [J]. Progress in Human Geography, 2003, 27 (5): 583 – 604.

[457] Poon T. S. Beyond the global production networks: A case of further upgrading of Taiwan's information technology industry [J]. International Journal of Technology and Globalization, 2004, 1 (1): 130 – 145.

[458] Popp D, Newell R. Where does Energy R&D Come from? Examining Crowding out from Energy R&D [J]. Energy Economics, 2012, 34 (4): 980 – 991.

[459] Porter, M. E. America's green strategy. Sci. Am, 1991, 264 (4): 1 – 5.

[460] Porter M. E, Linde C. V. D. Toward a new conception of the environ-

ment-competitiveness relationship [J]. Journal of Economic Perspectives, 1995, 9 (4): 97 – 118.

[461] Qiu L. D, Zhou M, Wei X. Regulation, innovation, and firm selection: The Porter hypothesis under monopolistic competition [J]. Journal of Environmental Economics and Management, 2018 (92): 638 – 658.

[462] Ramanathan R. An analysis of energy consumption and carbon dioxide emissions in countries of the Middle East and North Africa [J]. Energy, 2005, 30 (15): 2831 – 2842.

[463] Ramanathan R, He Q, Black A, et al. Environmental regulations, innovation and firm performance: A revisit of the Porter hypothesis [J]. Journal of Cleaner Production, 2017 (155): 79 – 92.

[464] Rassier D. G, Earnhart D. Effects of environmental regulation on actual and expected profitability [J]. Ecological Economics, 2015 (112): 129 – 140.

[465] Rennings K, Rammer C. Increasing energy and resource efficiency through innovation—An explorative analysis using innovation survey data [R]. ZEW Discussion Paper No. 09 – 056, 2009.

[466] Rennings K, Rammer C. The impact of regulation-driven environmental innovation on innovation success and firm performance [J]. Industry and Innovation, 2011, 18 (03): 255 – 283.

[467] Rennings K. Redefining innovation—Eco-innovation research and the contribution from ecological economics [J]. Ecological Economics, 2000, 32 (2): 319 – 332.

[468] Rennings K, Zwick T. Employment impact of cleaner production on the firm level: Empirical evidence from a survey in five European countries. International Journal of Innovation Management, 2002, 6 (3), 319 – 342.

[469] Rexhäuser S, and C. Rammer. Environmental Innovations and Firm Profitability: Unmasking the Porter Hypothesis [J]. Environmental and Resource Economics, 2014, 57 (1): 145 – 167.

[470] Rezza A. A. FDI and pollution havens: Evidence from the Norwegian manufacturing sector [J]. Ecological Economics, 2013 (90), 140 – 149.

[471] Robaina-Alves M, Moutinho V, Macedo P. A new frontier approach

to model the eco-efficiency in European countries [J]. Journal of Cleaner Production, 2015 (103): 562 –573.

[472] Robins N, Clover R, Singh C. A climate for recovery: The color of stimulus goes green [R]. HSBC Global Research, 25 February, 2009.

[473] Romero-Avila D. Questioning the empirical basis of the environmental Kuznets curve for CO_2: New evidence from a panel stationarity test robust to multiple breaks and cross-dependence [J]. Ecological Economics, 2008, 64 (3): 559 –574.

[474] Romer P. Endogenous technological change [J]. Journal of Political Economy, 1990, 98 (5): 71 –102.

[475] Roper S, Tapinos E. Taking risks in the face of uncertainty: An exploratory analysis of green innovation [J]. Technological Forecasting & Social Change, 2016 (112): 357 –363.

[476] Rothman, D. S. Environmental Kuznets Curve—Real Progress or Passing the Buck?: A Case for Consumption – Base Approaches [J]. Ecological Economics, 1998 (25): 177 –194.

[477] Rubashkina Y, Galeotti M, Verdolini E. Environmental regulation and competitiveness: Empirical evidence on the Porter hypothesis from European manufacturing sectors [J]. Energy Policy, 2015, 83 (35): 288 –300.

[478] Ryszko A. Interorganizational cooperation, knowledge sharing, and technological eco-innovation: The role of proactive environmental strategy-empirical evidence from Poland [J]. Polish Journal of Environmental Studies, 2016, 25 (2): 753 –764.

[479] Sanni M. Drivers of eco-innovation in the manufacturing sector of Nigeria [J]. Technological Forecasting & Social Change, 2018 (131): 303 –314.

[480] Sarkar A. N. Promoting eco-innovations to leverage sustainable development of eco-industry and green growth [J]. European Journal of Sustainable Development, 2013, 2 (1): 171 –224.

[481] Schilling M. A. Strategic Management of Technological Innovation, McGraw Hill, New York, 2005.

［482］Schmitz H. Learning and earning in global garment and footwear chains ［J］. The European Journal of Development Research, 2006, 18 （4）: 546 – 571.

［483］Shadbegian R. J, Gray W. B. Pollution abatement expenditures and plant-level productivity: A production function approach ［J］. Ecological Economics, 2005 （54）: 196 – 208.

［484］Shandra J. M, Shor E, London B. Debt, Structural Adjustment, and Organic Water Pollution: A Cross-national Analysis ［J］. Organization & Environment, 2008, 21 （1）: 38 – 55.

［485］Shen J, Wang S, Liu W, et al. Does migration of pollution-intensive industries impact environmental efficiency? Evidence supporting "Pollution Haven Hypothesis" ［J］. Journal of Environmental Management, 2019 （242）: 142 – 152.

［486］Silva E. C. D, Xie Z. Global trading of carbon dioxide permits with non-compliant polluters ［J］. International Tax and Public Finance, 2008, 15 （4）: 430 –459.

［487］Simonen, J, S. Rauli, and A. Juutinen. Specialization and Diversity as Drivers of Economic Growth: Evidence from High – Tech Industries ［J］. Papers in Regional Science, 2015, 94 （2）: 229 – 247.

［488］Smulders S, Maria C. D. The Cost of Environmental Policy under Induced Technical Change ［R］. Environmental Economics and Climate Change Workshop Working Paper, 2011.

［489］Solow R. M. A contribution to the theory of economic growth ［J］. Quarterly Journal of Economics, 1956, 70 （1）: 65 –94.

［490］Solow R. M. Sustainability: An economist's perspective ［J］. Economics of the Environment Selected Readings, 1991 （3）: 179 – 187.

［491］Solow R. M. Technical change and the aggregate production function ［J］. Review of Economics & Statistics, 1957, 39 （3）: 554 –562.

［492］Staber U. The structure of networks in industrial districts ［J］. International Journal of Urban and Regional Research, 2001 （3）: 3 –18.

［493］Sueyoshi T, Wang D. Radial and non-radial approaches for environmental assessment by Data Envelopment Analysis: Corporate sustainability and effective investment for technology innovation [J]. Energy Economics, 2014 (45): 537 – 551.

[494] Sukhdev P, Stone S, Nuttall N. Green economy: Developing countries success stories [R]. UNEP, 2010.

[495] Suri V, Chapman D. Economic Growth, Trade and Energy: Implications for The Environmental Kuznets Curve [J]. Ecological Economics, 1998, 25 (2): 195 – 208.

[496] Tamazian A, Rao B. Do Economic, Financial and Institutional Developments Matter for Environmental Degradation? Evidence from Transitional Economies [R]. EERI Research Paper Series, 2009.

[497] Tao Z, Hewings G, Donaghy K. An Economic Analysis of Midwestern US Criteria Pollutant Emissions Trends from 1970 to 2000 [J]. Ecological Economics, 2010, 69 (8): 1666 – 1674.

[498] Tariq A, Badir Y. F, Tariq W, et al. Drivers and consequences of green product and process innovation: A systematic review, conceptual framework, and future outlook [J]. Technology in Society, 2017 (51): 8 – 23.

[499] Telle K, Larsson J. Do environmental regulations hamper productivity growth? How accounting for improvements of plants' environmental performance can change the conclusion [J]. Ecological Economics, 2007, 61 (2): 438 – 445.

[500] Tinbergen J. Selected Papers by Jan Tinbergen [M] // On the theory of trend movements, eds. Klaassen L. H, Koyck L. M, Witteveen H. J, (English translation, 1959), Amsterdam: North – Holland, 1942: 182 – 221.

[501] Tone K. A slacks-based measure of efficiency in data envelopment analysis [J]. European Journal of Operational Research, 2001, 130 (3): 498 – 509.

[502] Tone K. Dealing with undesirable outputs in DEA: A Slacks-based Measure (SBM) approach [R]. GRIPS Research Report Series, 2003.

[503] UNEP. Decoupling natural resource use and environmental impacts from economic growth [R]. UNEP International Resource Panel, 2011b.

［504］UNEP. Towards a green economy: Pathways to sustainable development and poverty eradication ［R］. UNEP（http://www.unep.org/greeneconomy）, 2011a.

［505］Van Leeuwen G, and P. Mohnen. Revisiting the Porter hypothesis: An empirical analysis of green innovation for the Netherlands ［R］. UNU – MERIT Working Paper, No. 2013 –002, 2013.

［506］Wagner, U. J, and C. D. Timmins. Agglomeration Effects in Foreign Direct Investment and the Pollution Haven Hypothesis ［J］. Environment and Resource Economics, 2009, 43 （2）: 231 –256.

［507］Wang Q, Yuan B. L. Air pollution control intensity and ecological total-factor energy efficiency: The moderating effect of ownership structure ［J］. Journal of Cleaner Production, 2018 （186）: 373 –387.

［508］Watanabe M, Tanaka K. Efficiency analysis of Chinese industry: A directional distance function approach ［J］. Energy Policy, 2007, 35 （12）: 6323 –6331.

［509］Xie R. H, Yuan Y. J, Huang J. J. Different types of environmental regulations and heterogeneous influence on "green" productivity: Evidence from China ［J］. Ecological Economics, 2017 （132）: 104 –112.

［510］Yang C. H, Y. H. Tseng, and C. P. Chen. Environmental regulations, induced R&D, and productivity: Evidence from Taiwan's manufacturing industries ［J］. Resource and Energy Economics, 2012, 34 （4）: 514 –532.

［511］Yang F. X, Yang M. Analysis on China's eco-innovations: Regulation context, intertemporal change and regional differences ［J］. European Journal of Operational Research, 2015 （247）: 1003 –1012.

［512］Young A. Lessons from the East Asian NICs: A contrarian view ［R］. NBER Working Paper No. 4482, 1994.

［513］Zeng, D, and L. Zhao. Pollution Havens and Industrial Agglomeration ［J］. Journal of Environmental Economics and Management, 2009, 58 （2）: 141 –153.

［514］Zhang C, Liu H, Bressers H. T. A, et al. Poductivity growth and environmental regulations-accounting for undesirable outputs: Analysis of China's thirty provincial regions using the Malmquist – Luenberger index ［J］. Ecological Economics, 2011, 70 (12): 2369 – 2379.

［515］ Zhang N, Wang B. A deterministic parametric meta-frontier Luenberger indicator for measuring environmentally-sensitive productivity growth: A Korean fossil-fuel power case ［J］. Energy Economics, 2015 (51): 88 – 98.

［516］ Zhang Y. Supply-side Structural Effect on Carbon Emissions in China ［J］. Energy Economics, 2010, 32 (1): 186 – 193.

［517］ Zhao X, Sun B. The influence of Chinese environmental regulation on corporation innovation and competitiveness ［J］. Journal of Cleaner Production, 2016, 112 (4): 1528 – 1536.

［518］ Zhao X, Y. Zhao, S. Zeng, and S. Zhang. Corporate behavior and competitiveness: impact of environmental regulation on Chinese firms ［J］. Journal of Cleaner Production, 2015 (86): 311 – 322.

［519］ Zhou Y, Zhu S. J, He C. F. How do environmental regulations affect industrial dynamics? Evidence from China's pollution-intensive industries ［J］. Habitat International, 2017 (60): 10 – 18.

［520］ Zilibotti F, Aghion P, Acemoglu D. Distance to frontier, selection, and economic growth ［J］. Journal of the European Economic Association, 2006, 4 (1): 37 – 74.